Wolfram von Eschenbach

herausgegeben

von

Albert Leitzmann.

Erstes heft:
Parzival buch I bis VI.

———————————— ——

Halle a. S.
Max Niemeyer.
1902.

Altdeutsche textbibliothek, herausgegeben von H. Paul.
Nr. 12.

Vorwort.

Die neue textrevision der werke Wolframs von
Eschenbach, die mit dem vorliegenden hefte zu er-
scheinen beginnt und so rasch gefördert werden soll,
als es mir meine sonstigen wissenschaftlichen arbeiten
gestatten, wird im ganzen fünf hefte umfassen, von denen
die drei ersten den Parzival, die beiden letzten den
Willehalm, den Titurel und die lieder enthalten sollen.
Ein schlussheft wird dann die allgemeine einführung in
das verständniss des dichters sowie die einleitungen in
die einzelnen werke und die sie angehenden probleme
bringen. Durch diese verteilung des stoffes ist es mög-
lich geworden jedes einzelne heft selbständig zu machen,
was mir im hinblick auf den gebrauch im akademischen
unterricht wünschenswert erschien. Es sind daher jedem
texthefte nur die notwendigsten kritischen bemerkungen
beigegeben worden, in denen ich zugleich die kritische
literatur möglichst vollständig verzeichnet habe, soweit
ich derselben für meine revision verpflichtet bin. Was
ich zur begründung derjenigen abweichungen von Lach-
manns ausgabe beibringen möchte, für die ich allein
einzustehen habe, wird den fachgenossen in einer be-
sonderen schrift in nicht allzu langer zeit vorgelegt
werden: bis zu deren erscheinen glaube man mir, dass

a*

ich für jede abweichung eine motivierte begründung habe, die mich geleitet hat. In dieser schrift wird auch alles dasjenige enthalten sein, was sich mir in nun über ein dezennium während intimer beschäftigung mit unserm dichter zur sachlichen erläuterung seiner werke, teils positives, teils polemisches, ergeben hat.

Meine ansichten über den kritischen wert und das gegenseitige verhältniss der handschriften des Parzival erörtert eingehend ein aufsatz, der in einem der nächsten hefte der Beiträge von Paul, Braune und Sievers erscheinen wird. Ich habe natürlich für meinen text nicht alle handschriften vollständig neu kollationiert, bin jedoch überall, wo es erforderlich schien, über die drucke hinweg auf die manuskripte zurückgegangen.

Bei der drucklegung hat mich neben dem herausgeber der textbibliothek, in dessen Freiburger seminar ich vor nunmehr fast sechzehn jahren zuerst liebe für Wolfram fassen und den richtigen standpunkt zur beurteilung von Lachmanns kritischer arbeit gewinnen lernte, besonders mein freund Gustav Rosenhagen in Hamburg durch reichliche randbemerkungen auf den einzelnen korrekturbogen freundlich unterstützt. Beiden danke ich auch an dieser stelle aufs herzlichste für vielfache förderung und anregung.

Jena, 14. juli 1902.

Albert Leitzmann.

Zur kritik des textes.

————

Im folgenden gebe ich ein verzeichniss der abweichungen meines textes von demjenigen Lachmanns; meine lesungen stehen vor, die Lachmanns hinter dem gleichheitszeichen. Zu grunde gelegt ist durchgängig die erste Lachmannsche ausgabe (Berlin 1833), da sie die einzige von ihm selbst besorgte ist und sich zudem durch eine ungemeine korrektheit des druckes auszeichnet, die sich in den späteren auflagen durch fortgeschleppte druckfehler mehr und mehr vermindert. Abweichungen in der gestaltung der wortformen, in der abmessung der absätze und in der orthographie sind nicht berücksichtigt, abweichungen in der interpunktion nur dann, wenn ein starkes interpunktionszeichen versetzt, also die innere gliederung des ganzen satzgefüges eine wesentlich andere geworden ist. Wo meine lesungen auf handschriftlicher gewähr oder auf früheren vorschlägen gelehrter fachgenossen beruhen, ist dies jedesmal bemerkt; für alle übrigen bin ich allein verantwortlich.

————

Parzival.

I.

1, 21 gelîchet *alle ausser D =* geleichet *komma = punkt*
27 innen *Dy =* inne (*Bock, Krit. bem. z. metr. Wolfr. s.* 61)
30 iedoch *D =* doch   **2,** 4 an *D =* von   10 beide *D*
= beidiu   22 bî *D =* mit   **3,** 22 herzen *D =* ir herzen
25 ich *D =* ich nû   **4,** 9 ich iu wil *D =* wil i'u   11 wîp-
lîches = wîplîchez   22 *komma = punkt*   28 *= punkt*
29. 30 *= ohne klammern*   **5,** 18 *= in klammern*   20 elder
D = elteste   26 und die *D =* unde   **6,** 3 ûz sînem *alle*
ausser G = ûzem (*Bock, Krit. bem. s.* 61)   10 geviengen *Dy*
= viengen   29 dô *D* (*vgl. Lachmanns lesarten*) = sus   29. 30
hêre : mêre *alle =* hêr : mêr   **7,** 8 daz des *Dgg =* dês
14 *= ohne klammern mit punkt*   diz *D =* daz   **8,** 27
siufzete *D =* siufte   **9,** 17 *punkt =* 18 *punkt*

11, 8 ez ist sus bewant *D =* ez ist mir sus gewant
12, 2 joch *D =* halt   21 *punkt =* 18 *punkt*   **13,** 13 niwan
D = wan   21 der *D =* den   24 gekrôntem *Gdgg =* krôntem
25 des bâruc ammet = dez bâruc-ambet   29 *punkt,* 30 *kolon*
= 30 *in klammern mit komma*   30 krümmen *D =* krümbe
14, 5 *punkt,* 6 *kolon =* 6 *in klammern mit kolon*   7 krefte *D*
= kreften   19 ûf sînem *D =* ûfme   25 *= kolon*   26 *= ohne*
klammern mit punkt   **16,** 7 *punkt =* 8 *punkt*   26 zelt *Dd*
(*Pfeiffer, Quellenmat. zu altd. dicht.* 2, 48) = gezelt   **17,** 1.
2 *= ohne eckige klammern (fehlen Dd)*   1 ir *Gg =* err   2 er
noch *gg =* noch   5 in = im   7 des *alle ausser G =* es
8 enrüngen *d* (*Pfeiffer, Quellenmat.* 2, 48) = rungen   22 Arâbî
d (*Pfeiffer, Quellenmat.* 2, 48) = Arâbîe   **18,** 11 ougen *d*
(*Pfeiffer, Quellenmat.* 2, 48) = ouge   **19,** 5 *punkt =* 6 *punkt*
nach derbî   6 dem *d* (*Pfeiffer, Quellenmat.* 2, 48) = den
7 noch *Dd* (*Pfeiffer, Quellenmat.* 2, 49) = och   9 hôhe *Dd*
(*Pfeiffer, Quellenmat.* 2, 49) = vil hôhe   **20,** 15 wâren ver-
bunden *alle =* schrunden

21, 11 er *D =* ez   19 *kolon = komma*   23 *komma*
= punkt   28 si heten *D =* sine heten   30 solde *Dd* (*Pfeiffer,*
Quellenmat. 2, 49) = solt in   **22,** 11 *punkt =* 10 *kolon*
13 *punkt =* 12 *punkt*   **23,** 2 *= ohne klammern*   3 diu harte
d (*Pfeiffer, Quellenmat.* 2, 50) = daz diu   12 *= punkt*

13 = *ohne klammern*   24 = *punkt*   25 = *ohne klammern*
was D = was sô   **24**, 9   *kolon* = 10 *punkt*   13 sach Dd
(*Pfeiffer, Quellenmat.* 2, 50) = wol sach   18 wesen leit D
= leit (*Bock Beitr.* 11, 184)   20 in mînem Dgg = im
25, 17 *punkt* = 18 *punkt*   19 *komma* = *ohne komma*   21 *punkt*
= 22 *punkt*   **26**, 3 geruochet *alle ausser* Gg = ruochet
15 der D = er   27 *punkt* = 28 *punkt*   30 schuof *alle*
ausser Gg = schüef   **27**, 1 *punkt* = 2 *punkt*   16 *punkt*
= *komma* (*San Marte Germ.* 2, 85; *Benecke im Mhd. wörterb.*
3, 869b)   17 *komma* = *klammer*   sîn = ein   18 = *klammer*
mit punkt   19 des dg = daz   23 *punkt* = 22 *punkt*   25 *in*
klammern = 24 Prôthizilas — 25 hiez *in klammern*   29 *punkt*
= 28 *punkt*   **29**, 4 hete D = het och   10 torste D = ge-
torste   20 entuon Dg = tuon   26 ich Ddd = i'u   **30**, 12 si
D = und   14 = 15 *beginn der direkten rede* (*Singer Abh.*
z. germ. philol. s. 415)   15 noch D = unde   *punkt nach* tac
= *punkt nach* zorn   24 — 26 *nicht zur rede* = *zur rede*
(*Wackernagel bei Lachmann s.* 639)   27 *komma* = *kolon*

31, 6 herzen nôt Dg = herzenôt   27 *komma nach* angers
und sandes = *komma nach* lützel   **33**, 13 huop D = bôt
23 lîbes D = lebens   25 an D = sân an   **34**, 18 ougen
D = ouge   24 iu Dg = iu hie   26 wæren G = wârn
30 herre Dg = helt   **35**, 20 ungemach (ungemacht D) = un-
maht (*Braune Zeitschr. f. d. alt.* 16, 425)   23 als = alsam
36, 1 diu senewe *alle ausser* D = die senwen   9 sâ D = dar
10 man D = er   30 *komma* = *punkt*   **37**, 1 *punkt* = *kolon*
8 minne D = minnen   17 inz D = in diz   **38**, 6 fîanze
Dgg = die fîanze   25 *kolon* = *ohne kolon* (*Lexer, Mhd.*
handwörterb. 3, 623)   **39**, 22 *komma* = *ausrufungszeichen*
40, 12 ez D = daz   15 ich enlâzes D = in lâz ius

41, 15 gein der D = für die   **43**, 5 *punkt* = 4 *punkt*
9 gesach D = ersach   17 *punkt* = *komma*   der D = und
44, 15 daz D = ez   **45**, 25 *komma* = *punkt*   26 und ouch
D = und   30 hovelîchen Dd = höfschlîchen   **46**, 3 alsô
Dd = als   4 Hiutegêr = Hiutegêrn   8 sprach er Dgg = er
sprach   **47**, 22 senften D = senftet   **48**, 3. 4 Dd = 4. 3
27 den dd (*Germ.* 35, 389) gg = die   28 . . . . ische *Lachmann*
(*lesarten*) = werlîche   **49**, 9 alsô Dd (*Germ.* 35, 389) gg = als
15 hût d (*Germ.* 35, 389) = hiut   **50**, 1 dâ en- DG = dâ

51, 11 *punkt* = 12 *punkt*   **52,** 3—8 = *ohne eckige klammern (fehlen Dd)*   3 *punkt* = 4 *punkt*   19 Gaschier = Gaschiern   29 = *kolon*   30—**53,** 2 = *ohne klammern*   3—6 *zur rede* = *nicht zur rede (Paul Beitr.* 2, 72)   3 = *ohne klammern*   11 tæte er = teter   **54,** 19 *kolon* = 18 *punkt (Bartsch)*   22 noch lieber *D* = lieber   28 dô *D* = dâ   **55,** 19 *punkt* = 18 *punkt*   **56,** 13 wæren *D* = wâren   gebruoder *D* = bruoder   21 daz geslehte *alle ausser DG* = geslehte   27 kein *Dd* = keinen   **57,** 13 trûtschaft = trûtscheft   29 dô *D* = nu   **58,** 2 dâ sîn hant = sîn hant dâ   die gunst *D* = sigenunft   10 swie er *Gdgg* = swer *(Mhd. wörterb.* 3, 575 a)   15 *punkt* = 16 *punkt*

II.

59, 3 er ouch *dgg* = ouch er   5 *punkt* = 6 *kolon (Paul Beitr.* 2, 74)   6 von *Ggg* = mit   12 dô *Dd* = sô   sperîser *D* = spers îser *(Bech zu Iw.* 5030)   **60,** 12 des = dês   15 und niht *Dg* = niht   30 ein *D* = der
61, 6 dâ schouwen *D* = schouwen   11 es *D* = ez   **62,** 1 alsô verrem = verrem   15 nû *D* = dô   mirz *D* = mir   26 wanne *D* = wan *(Paul Beitr.* 2, 74; *Bock, Krit. bem. s.* 58)   **63,** 8 *komma nach* floitieren = *kolon nach* vart   17 von der *Dd (Germ.* 35, 389) *g* = von   21 man daz *Dd (Germ.* 35, 389) = manz   **64,** 6 zucte *Dgg* = derzuct   23 ê *Dd (Germ.* 35, 389) = ie   **65,** 1 *komma* = *fragezeichen*   3 *komma,* 4 *punkt* = 3 *punkt,* 4 *ausrufungszeichen*   8 diu *Dg* = hie   17 durch *Gdgg* = mit   26 nû hie (nû *D* in 28) = hie   30 der künec *Dd (Germ.* 35, 389) = roys   **66,** 20 gebrechen *Dd (Germ.* 35, 389) = zebrechen   22 vruo *Dd (Germ.* 35, 389) = fruos   **67,** 1 *kolon* = 3 *kolon*   **68,** 7 *komma* = *fragezeichen*   12 müeze *g* = muoz   28 dehein ander *Gdgg* = dechein   30 under *D* = in   **69,** 3 *punkt* = 4 *punkt*   29—**70,** 6 *alle hinter* 71, 6 = *hinter* 69, 28 *(Bock Beitr.* 11, 186; *Heinzel, Üb. Wolfr. Parz. s.* 100)   29 *punkt* = *komma*   **70,** 1 *komma* = *kolon*   30 = *punkt*
71, 1. 2 = *ohne klammern mit punkt*   2 mohte = möhte   9 iemen *DG* = ie man   18 dâz = daz   22 Arâbîe *Gg* = Arâbî   28 wæte *D* = wât   **72,** 26 ûf sînem *Ddgg*

= ûfme   **73**, 9 hœre *D* = hôrt   10 hin an den ort *Gdgg*
= hindenort   24 er *DGg* = der   erden *D* = erde
74, 28 *kolon* = 27 *punkt*   **75**, 5 vil manec *Ddg* = manc
10 dâ erwurben *g* = derwurben   20 êrc *D* = diu êre
21 sin *D* = gir   **76**, 18 wâr geleite = wârgeleite   **77**, 12 mir
D = mir vil   19 mêre *DGg* = mêr   **78**, 10 lützel *D*
= wênic   16 lützel *Dg* = wênic   **79**, 5 ûz *D* = von
11 mohte = möhte   20 dâ *D* = dô   **80**, 7 von *Dg* = ûz
9 schildes spitze *Dgg* = spitze (*Bech Germ.* 7, 291)   24 dicke
envrâcte *D* = dicker frâgte
    81, 10 wâren gezalt *alle* = 11 wârn, diu (*Bock, Krit.*
bem. s. 61)   14 in *D* = wol in   **82**, 4 dâ erworben *Dg*
= derworben   25 *komma* = 26 *semikolon* (*San Marte Germ.*
2, 84)   27 *komma* = 28 *komma* (*San Marte ebenda*)   **83**, 5 diu
= [diu] (*vgl. s.* 639)   29 teppeche was *alle* = tepch   **84**, 6 *punkt*
= 7 *punkt*   10 *komma* = kolon   25 *punkt* = 26 *punkt*
85, 1 ir *D* = daz   2 lieht *D* = wol   **86**, 5 er sprach *Dd*
= *fehlt*   24 *komma* = *punkt*   **87**, 4 bete *Ddg* = beider
6 vürbaz *D* = fürder   25 *komma* = *fragezeichen*   **88**, 2 und
D = si   16 dar an *D* = an den   18 unde *D* = und sêre
20 *punkt* = 22 *punkt*   **89**, 20 dienest *D* = den dienest
21 Gascôn dô *D* = Gascône   28 *zur rede Kailets* = *zur*
rede des Hardiz (*San Marte Germ.* 2, 85)
    91, 1. 2 ritterschaft mich næme *D* = mich rîterschaft
næm   8 ein = [ein]   12 *zur rede* = *nicht zur rede*
13—15 = *ohne klammern*   16 fôle = Fôle (*Simrock*)   24 dir
daz *D* = ez dir   27 *punkt* = 28 *punkt*   28 der *Dd* = do'r
92, 1 habent *D* = hânt   18—20 = *ohne klammern*   **93**, 25 die
D = si   30 künege *DG* = künec (*Bock, Krit. bem. s.* 61)
94, 11 si sprach *Dd* = *fehlt*   19 *fragezeichen* = 18 *frage-*
zeichen   **95**, 3 = *in klammern*   10 niwan *D* = niht wan
96, 23 vroun = [frôn]   **97**, 5 nû nemt *D* = nemt   16 *punkt*
= 17 *punkt*   **98**, 1 wære des *Dd* = werdes   5 *punkt*
= 4 *punkt*   18 diu hât *D* = hât   **99**, 3 *punkt* = 4 *punkt*
8 ensol *D* = sol   19 *komma* = *fragezeichen* (*Zehme,* Soln
u. müezen *bei Wolfr. s.* 36)   **100**, 3. 4 = *ohne eckige klammern*
(*fehlen Dd*)   15 magetuoms *Dgg* = magettuom
    101, 3. 4 = *ohne eckige klammern* (*fehlen Dd*)   11 blôzer
D = blôzen   14 man *Ddgg* = manr   18 von ritterschefte

kom *Dgg* = kom von rîterschaft   20 minne man *D* = minne
27 von den *dg* (dem *D*) = von   30 *komma = punkt*
102, 3 Jûliuse *d* = Julîus   23 geschæhe *DG* = geschehe
(*Bock, Krit. bem. s.* 61)   26 alsô *D* = als   28 tugende *Dg*
= jugent   **103**, 3. 4 = *ohne eckige klammern (fehlen Dd)*
6 *kolon* = 5 *punkt*   14 mohtez = mühtez   17 wart *D* = was
28 sternblic *D* = sternen blic   **104**, 6 brinnendege *D*
= brinnde   8 grîfe *DGdgg* = grif (*Hagen, Der gral s.* 71)
17 muosten *Ddg* = muose   **105**, 20 an *D* = ûf   29 *punkt*
= 28 *punkt*   **106**, 11 vor *alle ausser Dg* = von   *punkt*
= 10 *punkt*   13 *punkt* = 14 *punkt*   15 = *ohne kolon*
20 eine plâne, diu *Dd* = einen plân, die (*Jänicke, De dic.
usu Wolfr. s.* 35; *Paul Beitr.* 2, 65)   **107**, 30 epitafium
DGgg = epitafum   **108**, 13 *punkt* = 14 *punkt*   19 stæte
Dd = stæte'n   **109**, 9 niht hulfen *Ddgg* = hulfen niht
10 diu *D* = si   12 in ein *Ggg* = in   15 diu *D* = si
27 *komma = punkt*   **110**, 1 erz mir *D* = er mirn   25 brüste
Ggg = brüstel (*Bock, Krit. bem. s.* 61 *anm.*)

111, 2 lebendec *Ddgg* = lebende   28 von ritterschefte
kom *Dg* = kom von ritterschaft   **112**, 2 man die *Dgg*
= man   10 bogen *g* (*Zeitschr. f. d. alt.* 28, 245) = begin
22 kindelîn *alle ausser g* = kindel (*Bock, Krit. bem. s.* 61)
24 begunden [in] allenthalben *alle* = begunde betalle (*Bock,
Krit. bem. s.* 65)   25 zwischen den *DGd* = zwischen
113, 7 tüttelînes grenselîn *Dd* = tüttels gränsel (*Bock, Krit.
bem. s.* 61 *anm.*)   8 vlenselîn *Dd* = vlänsel (*Bock ebenda*)
11 *punkt* = 12 *punkt*   15. 16 = *ohne eckige klammern
(fehlen D)*   17 vrou = [frou]   23—26 = *zur rede* (*Bock
Beitr.* 11, 191)   26 *komma = punkt*   **114**, 19 hânt mîn
die *D* = hân ich der   26 iedoch ensuln *D* = doch sulen
115, 1 gebære *D* = bærde

III.

116, 27 mîdentz (midens *Dd*) = mitenz (*Lachmann,
Ausw. s.* XXIV; *die besserung fehlt in den Klein. schr.* 1, 174)
117, 1 an ir sô gar *Dg* = sô gar an ir   21 *punkt* = 20 *kolon*
23 *komma = punkt*   30 geborgen *D* = verborgen   **118**, 15 *punkt*
= *komma*   16 diu *Dg* = die (*Paul Beitr.* 2, 66)   21 ir *Dg*

= es ir   **119,** 19 *punkt* = 21 *punkt*   **120,** 8 er schôz *Dgg*
= errschôz   13 ein *alle* = en (*Paul Beitr.* 2, 74; *Singer*
Abh. z. germ. philol. s. 420)   25 ritter *D* = drî ritter
   122, 1 ê sô = sô   7 *punkt* = 8 *punkt*   8 er den *Ddgg*
= ern   **123,** 13 gunst *Dd* = kunst   15 *kolon* = *punkt*
(*Bartsch*)   21 got *Ddgg* = guot (*Kant, Scherz u. humor in
Wolfr. dicht. s.* 8 *anm.* 2; *Starck, Die darstellungsm. d. wolfr.
hum. s.* 3 *anm.* 2)   27 des = dez   30 die *D* = diu   **124,** 13 sô
enverwunte *DG* = so verwunt   14 von *D* = vor   26 = *punkt*
27 = *ohne klammern*   **125,** 2 vrâcte *Ddgg* = frâgte se
10 = *zur rede*   11 *komma* = *punkt*   17 *punkt* = 18 *punkt*
21 an *D* = ûf   **126,** 16 *komma nach* wie = *komma nach*
rehte   **127,** 6 gugeln *DGg* = gugel   **128,** 11 *kolon nach*
muoter, *komma nach* got = *komma nach* muoter, *kolon nach*
got (*Paul Beitr.* 2, 75)   16 vrou = [frou]   17 *kolon*
= *komma*   18 = *punkt* (*Bartsch*)   19 = *ohne klammern*
(*Bartsch*)   25 si *Dg* = se ie   **129,** 5 reit *D* = kêrt
16. 17 sich danne al ein huop *D* = 16 huop sich dan al ein
(*Bock Beitr.* 11, 186)   21 *punkt* = 20 *punkt*   29 minnec-
lîche *D* = wünneclîche   **130,** 15 sus *D* = sus wol   27 *punkt*
= 28 *punkt*   28 dô *D* = dâ
   131, 10 mohtet = möht   15 ê er *D* = er   **132,** 16 ouwê
D = wê   **133,** 11. 12 *D* = 12. 11   15 vorhte *Dgg* = forhten
20 daz nam *D* = nam   30 enhân *D* = hân   **134,** 9 iedoch
Dd = och   **136,** 16 lât *Ddgg* = lâts   17 = *ohne klammern
mit punkt*   23. 24 mêre : hêre *alle ausser Gd* = mêr : hêr
24 wært *Ddgg* = wert   25 *kolon* = *punkt* (*Braune Beitr.*
24, 190)   30 sitzende *Dgg* = sitzen   **137,** 8. 9 = *in klammern*
15 = *ohne klammern*   16 *komma* = *punkt*   28 hœher *Dg*
= hôhen   **138,** 8 riet mir *Dgg* = riet   11 *punkt* = 12 *punkt*
19 ûz ir *Ddgg* = ûzer   **139,** 1. 2 = *ohne eckige klammern*
(*fehlen D*)   6 man *D* = rîter   7 mac *D* = müge   16 wonten
Dg = wonte (*Paul Beitr.* 2, 65)   **140,** 1. 2 = *ohne eckige
klammern (fehlen Dd)*   4 in *alle ausser g* = in ê
   142, 2 grôzen *Ddgg* = grœzeren   9 daz *D* = ez
22. 23 iu ein halbez brôt niht *Dgg* = ein halbez brôt iu
niht   **143,** 3 ez *D* = daz   4 dô lachete *alle ausser dg*
= derlachte (*Braune Beitr.* 24, 193)   5 liebez *D* = süezez
6 alle *alle* = al (*Bock, Krit. bem. s.* 61)   9 Artûse *DG*

= Artûs   29. 30 Ênîte : Karsnafîte *Gdgg* = Enîde : Kars-
nafîde (*Haupt zu Erec* 431)   **144**, 2 gebucket *Ddgg* = ge-
brücket   14 alsolher *D* = sölher   **145**, 6 *komma = punkt*
(*Bech Germ.* 7, 291; *Förster, Zur spr. u. poesie Wolfr. s.* 40)
11 *komma = punkt*   **146**, 1 gegraben *D* = ergraben   7 ge-
bar *alle ausser G* = bar   11 *punkt = 12 punkt*   12 dar
alle ausser g = der (*Paul Beitr.* 2, 75; *Möbius, Die sprachl.
ausdr. f. gradverh. im Parz. s.* 23)   15 dem künege *D* = Artûse
al den *D* = den   17 *punkt = 18 punkt*   **147**, 3 *punkt*
= 4 *punkt*   17 ein *D* = der   *punkt* = 16 *kolon* (*Braune
Beitr.* 24, 194 *anm.*)   18 der bôt *D* = derbôt (*Braune Beitr.*
24, 194)   30 herren = [hêrren]   **148**, 4 die *D* = unt die
der = [der]   26 in *D* = an   27 *punkt = 28 punkt*   29 wart
er *Dd* = wart   29 *punkt = 30 punkt*   **149**, 8 gerne *D*
= vil gerne   9 mit = mit [dem]   13 *punkt = 12 punkt*
(*Bartsch; Zehme*, Soln *u.* müezen *bei Wolfr. s.* 18)   17 *punkt*
= 18 *punkt*   **150**, 1 aber mir *D* = mir aber   4 vüert *D*
= hât   11 milte *D* = unmilte   15 *punkt = 14 punkt*
22 nâch *D* = umb

    151, 5 und ouch *D* = unde   14 der *alle ausser D* = die
(*Paul Beitr.* 2, 65)   21 seneschalt *DGg* = scheneschlant
152, 17 *punkt* = 16 *punkt* (*Paul Beitr.* 2, 75)   18 ungevuoge
Ggg = unfuoge (*Paul ebenda*)   19 *ohne klammern mit
punkt*   **153**, 1 seneschalt *DGgg* = scheneschlant   15 *punkt*
= 16 *punkt*   29 verjæhe *Dg* = jæhe   **154**, 14 deiswâr,
daz *Ggg* = daz   17 *fragezeichen = komma*   **155**, 13 *punkt*
= 14 *punkt*   18 riuhe *Dd* = riwe   **156**, 6. 7 = *ohne
klammern* (*Paul Beitr.* 2, 76)   26 îser *Gg* = îsern
157, 4 Îwânet *Ddgg* = Iwâneten   9 *punkt* = 8 *punkt*
28 gewâpende = gewâpent   29 stegereifes *Dg* = stegereife
punkt = 30 *punkt*   **158**, 17 Îwâneten *Dg* = Ywânete
159, 2 sîn = [sîn]   16 *komma nach* zim = *punkt nach* zil
23 und des *D* = und   *punkt* = 24 *punkt*   25 = *ohne
klammern mit punkt*   28 = *punkt*   30 *punkt = komma*

    161, 3 *komma = punkt*   11 *punkt = 10 punkt*   16 sô er
D = swer   21 liez = lie'z   23 âbende *Dg* = dem âbent
ersach *D* = dersach (*Braune Beitr.* 24, 194)   **162**, 3 *punkt*
= 4 *kolon*   26 noch der *Gdgg* = noch   **163**, 11 kômen
= kom im   17 vuorten si in *D* = sin fuorten   19 *punkt*

= 18 *punkt*   **164**, 8 dô *D* = si   19 *ausrufungszeichen*
= 20 *punkt*   **165**, 2 *zur rede des Gurnemanz* = *zur rede
des ritters*   22 = *semikolon*   **166**, 7 sus sprach *D* = sprach
8 sliefe nno *Gdg* = slief duo (*Paul Bcitr.* 2, 77)   23 *punkt*
= 24 *punkt*   24 der *Dd* = da er   **167**, 2 mit *D* = in
168, 6 *punkt nach* in = *punkt nach* gesweich   10 = *in*
klammern (*Singer Abh. z. germ. philol. s.* 421)   **169**, 10 dâ
D = hêr, da   13. 14 *zur rede Parzivals* = *antwort des
Gurnemanz* (*Paul Beitr.* 2, 77; *Wiessner ebenda* 26, 489)
21 *punkt* = 22 *punkt*   26 ensol *D* = sol   30 und wie *D*
= wie   **170**, 1 vingerlîn *alle* = vingerl (*Bock, Krit. bcm.
s.* 61)   4 der ersiufte *Dg* = er dersiufte   und erbarmete in
alle = in derbarmt (*Braune Beitr.* 24, 194)   15 lât *Dg* = lâts
komma = *punkt*

    171, 6 brôte *alle ausser D* = porte (*Bech Germ.* 7, 293;
Wallner Zeitschr. f. d. alt. 40, 62)   10 herrenlîcher *D* = hêr-
lîcher   1S ensol *Dgg* = sol   25 die erberme *DGg* = der-
bärme   **172**, 3 *ausrufungszeichen* = *komma*   5. 6 = *ohne
eckige klammern* (*fehlen Dd*)   8 = *ohne klammern mit punkt*
iu guot *D* = guot   23 zelt *D* = mezzet   29 *punkt* = *kolon*
174, 2 mit *Dd* = nâch   schenkel *d* = schenkelen (*Braune
Beitr.* 24, 204)   16 des *alle ausser Dd* = deis   **175**, 26 dich
dgg = di'n   = *komma*   **176**, 20 der *D* = den   **177**, 20 ies-
lîchez *Dd* = ieslîch

IV.

    179, 23 *punkt* = 22 *punkt*   **180**, 1 ez = es   20 âbende
DGdg = âbent   *komma* = *punkt*
    181, 5 inz *Dd* = in daz   10 diu *Dgg* = diun   15 *kolon*
= 14 *kolon*   **182**, 24 zornec und *D* = zornec   26 *punkt
nach* dienet = *punkt nach* kan   27 = *ohne klammern mit
kolon*   **183**, 6 *punkt* = 5 *punkt*   15 *punkt* = 14 *punkt*
184, 9—18 = *ohne eckige klammern* (*fehlen D*)   16 in daz
alle = inz   21—26 = *ohne eckige klammern* (*fehlen D*)
185, 3 *punkt* = 2 *punkt*   8 dolte *Dd* = dulte   16 lât *D*
= solde   17. 18 = *ohne eckige klammern* (*fehlen Dd*)
186, 1 *kolon* = 3 *kolon*   5 verdecket vil *D* = verkrenket
15 gein einem *D* = geinme   **187**, 8 *kolon* = 9 *kolon*

188, 8. 9 *in klammern* = 9 *in klammern*   **189**, 10 = *ohne
klammern mit punkt*   **190**, 7 sagen *D* = klagen   30 kœme
ditze *D* = kœme'z
     192, 28 sô *D* = alsam   **193**, 20 leide und liebe *D*
= leit und liep   **194**, 7 dâ blôz *D* = blôz   8 von *D* = abe
15 seneschalt *Gg* = scheneschlant   22. 23 = *ohne klammern
mit kolon*   27 ûf *D* = an   30 gæbe *D* = gebe   **195**, 1 würde
Dg = werde   15 seneschalt *DGgg* = scheneschlant   16 er
gevalt *Dg* = mir sîn hant   17 mir vil *D* = gevellet
25 mînen *DG* = mîn   **196**, 10 gein der *D* = gein   12 er-
hôrte *D* = hôrte   28 *punkt* = 29 *punkt*   29 irz *D* = i'z
hânt *D* = hân   **197**, 7 darmgürteln *D* = darmgürtel   *kolon
nach* brâsten = *kolon nach* daz   8 ieweders (iewederr *D*) =
ietweder   22 seneschalt *DGg* = scheneschlant   **198**, 7 Schente-
flûreu *Dg* = Schenteflûr   9 daz saget = saget   20 in der
alle ausser D = in   28 unvuoge *D* = fuoge   **199**, 7 ê *D*
= ê daz   **200**, 14 des = dês   20 *kolon* = 22 *kolon*
27 sich *Dd* = se
     201, 2 die = ⌈die⌉   15 = *punkt*   16 = *ohne klammern
mit punkt*   17. 18 mêre : hêre *DG* = mêr : hêr   17 *punkt*
= 18 *punkt*   23 swer *D* = der   **202**, 5 ist lîhte *D* = lîht
ist   17. 18 = *zur rede*   18 *kolon*, 19 *punkt* = 18 *punkt,*
19 *kolon*   21 *punkt* = 20 *punkt*   **203**, 3 des *D* = daz
19 *kolon nach* genuoc = *punkt nach* hant   20 seneschalt
= scheneschlant   23. 24 = *ohne eckige klammern (fehlen Dd)*
204, 8 seneschalt *DG* = scheneschlant   22 dâ niemen *D*
= niemen   **205**, 15 armer man *D* = armman   21 *punkt*
= *ohne zeichen*   22 = *in klammern mit komma*   **206**, 1 eben-
hœhe *Ggg* = ir ebenhœhe   5 seneschalt *DG* = scheneschlant
11 gevangenen *D* = gevangen   16 der *D* = den   23 doch
D = dô   25 *ausrufungszeichen* = 26 *ausrufungszeichen*
26 seneschalt *DG* = scheneschlant   **207**, 19 *punkt* = 20 *kolon*
25 lebendec *Dgg* = lebende   26 von *D* = vom   30 an
der halden *dg* = anderhalben   **208**, 9 vor *Gddgg* = von
15 truoc den vanen *Dddgg* = 15. 16 den vanen truoc   16 = *ohne
klammern*   kunde ouch *D* = kunde   22 vromen *dd* = frum
209, 5 habet *D* = habt ir   **210**, 11 *kolon* = 12 *punkt*
17 *punkt* = 18 *punkt*   20 *klammer* = *kolon*   21 *klammer*
= *semikolon*

211, 23 *punkt* = 24 *punkt*   **212**, 4 daz der *Ddg* = der 12 *komma*, 13 *kolon* = 12 kolon, 13 *punkt*   23 *punkt* = 22 *punkt* (*Paul Beitr.* 12, 554)   **213**, 5 *punkt* = 6 *punkt*   11 *punkt*, 12 *ohne zeichen*, 13 *in klammern mit komma* = 11 *komma*, 12 *kolon*, 13 *punkt* (*Paul Beitr.* 2, 78)   **214**, 14 seneschalt *DG* = scheneschlant   21 zwelf *D* = fünfzehn   *punkt* = *ohne zeichen*   22. 23 = *in klammern*   30 *kolon* = *ohne zeichen*   **215**, 1 = *in klammern*   24 verhouwen *dg* = verhouwene   **216**, 9 *punkt* = 8 *punkt*   **217**, 15 vîeut *D* = vînde   23 *punkt* = 24 *punkt*   **218**, 2 = *fragezeichen* 3 = *ohne klammern mit punkt*   10 mir dâ *D* = mir 14 *punkt* = 16 *punkt*   18 diz mære wart *D* = wart diz mære   **219**, 1 schier *D* = fier   12 seneschalt *DG* = scheneschlant   21 *punkt* = *komma*   **220**, 6 künege *DG* = künec 14 mînem = mîn (*Wiessner Beitr.* 26, 490)   17 *punkt* = *komma* 22 gewâpent *D* = gevangen

221, 3 *kolon nach* vrouwe = *punkt nach* wert   28 ist *Dgg* = istz   **222**, 1 *punkt* = 2 *punkt*   25 *punkt* = 26 *punkt* **223**, 4 *kolon*, 5 *punkt* = 4 *punkt*, 5 *komma*   7 alsô *Dd* = als

V.

224, 13 nâch sus gesagetem *D* = noch sus gesagte 17 muoste er *D* = müeser   21 enwîste *D* = wîste **225**, 11 *komma* = *punkt*   12 = *ohne punkt nach* gefurriert 18 trûrege *DG* = trûric   22 uns hie *D* = hie   27 = *komma* 28 = *ohne klammern mit punkt*   29 iu die brücken *Ddgg* = die brüke iu   **226**, 3 = *komma*   4 = *ohne klammern mit kolon*   8 vil wol *alle ausser Dg* = wol   15 als *D* = reht als   27 vor = von   **227**, 3 *punkt* = 2 *punkt* 6 brücken *gg* = brükke   9 *kolon* = *ohne zeichen*   10. 11 = *in klammern*   **228**, 7 *punkt* = 6 *punkt*   10 = *semikolon*   26 al vrô *D* = vrô   **229**, 2 sider sêre *D* = sider   19 ensultz *D* = sultz   21 *klammern* = *kola*   25 = *komma*   27 alumme *D* = umbe   28 *punkt* = *ohne zeichen*   29 = *in klammern* 30 *komma* = *punkt*   **230**, 1 *punkt* = *komma*   2 zwischen *D* = enzwischen   3 *punkt* = 2 *punkt*   25 der *D* = er **231**, 3 *kolon* = 2 *punkt*   4 ûzen und innen *DGdgg* = ûze und inne (*Bock, Krit. bem. s.* 61)   8 aldâ *D* = dâ

10 *punkt nach* zobele = *punkt nach* galt   19 = *in klammern
mit kolon*   **232,** 11 = *punkt*   12 = *ohne klammern mit
punkt (Bartsch; Bätjer, Die verw. d. konj.* daz *in Wolfr. Parz.
s.* 34)   17 bluomen *alle ausser G* = blüemîn   **233,** 12 nû
seht *D* = seht   14 *kolon = punkt*   **234,** 3 ehte = aht
9 vrouwen *Dg* = juncfrouwen   12 cuns = der grâve   13 Rîle
dgg = Rîl   14 mîle *alle ausser D* = mîl   21 herte unde
Dg = herte   **235,** 6 ich *D* = i'z   28 ir *Ddgg* = er
29. 30 diu *DG* = die (*Kinzel Zeitschr. f. d. philol.* 18, 453)
236, 1 = *kolon*   2 = *ohne klammern mit semikolon*   12 diz
Ddgg = dez   13 *kolon* = 14 *kolon*   23 dâ *Gg* = dô
237, 1 hundert muosten *D* = muosen hundert   2 dô *D* = dâ
7 = *kolon*   8 = *ohne klammern mit punkt*   hôchmuote *Dd*
(*Zeitschr. f. d. alt.* 22, 368) = hôhem muote   15 dienstes *alle
ausser Dg* = diens   **238,** 22 alsolh *D* = ein sülh   **239,** 7 heten
D = hete   vor dem *G* = vome   **240,** 5 wande erz *D*
= wan do erz   *kolon* = *komma*   13 ê *D* = dô   24 ersach
D = sach   30 wîzer *D* = grâwer

   241, 4 werden *D* = werdent   22 = *kolon*   23—25 = *ohne
klammern mit punkt (Lachmann s.* 639; *vgl. schon Ausw.
s.* 112)   **242,** 3 *punkt* = 2 *punkt*   8 min *D* = minner
15 *kolon* = *komma*   27 wol *D* = alsô   **243,** 13 *punkt
nach* kulter = *punkt nach* saz   25 *punkt* = 24 *punkt*
244, 21 dienstes *dgg* = diens   **245,** 13 etslîch *Dd* = etslîche
246, 5 sus *D* = dô   10 wæne ich *alle ausser Gg* = wætlîch
21 alsô *dgg* = alse   **248,** 6 dan scheiden *D* = scheiden
dan   24 aldâ *D* = da   25 in *D* = an   29. 30 = *ohne
eckige klammern (fehlen D)*   **250,** 2 wannen *DG* = wanne
3 ist = [ist]   8 und wol *D* = und   12 ir *D* = ir hînt
16 inner *D* = in

   251, 6 *kolon nach* Frimutel = *punkt nach* sun   20 un-
genande = ungenâde (*Lachmann in den lesarten; vgl. schon
Klein. schr.* 1, 175)   25 zuo der *D* = zer   **252,** 3 *punkt*
= 2 *punkt*   **253,** 5 varwe *alle* = var   **254,** 16 hâstû *D*
= habestu   29 *punkt,* 30 *fragezeichen* = 29 *komma,* 30 *punkt*
255, 5 = *kolon*   6. 7 = *ohne klammern*   6 *komma,* 7 *aus-
rufungszeichen* = 6 *ausrufungszeichen,* 7 *semikolon*   12 *komma*
= *fragezeichen*   **256,** 14 muoste *D* = daz muose   15 *punkt*
= 16 *punkt*   20 = *punkt*   21. 22 = *ohne klammern mit*

punkt **257**, 5 *punkt* = 4 *punkt* 10 daz $D = $ 'z 14 hete
$D = $ fuorte 23. 24 = *in eckigen klammern* (*Kant, Scherz
u. humor in Wolfr. dicht. s.* 80 *anm.* 3) **258**, 25 *punkt*
= 26 *punkt* (*Paul Beitr.* 2, 79) **259**, 13 mîne nôt Dg
= mînen tôt 14 kiest den tôt $D = $ komts in nôt 15 dô
sprach er $Ddgg = fehlt$ 24 nû $D = $ nune **260**, 2 alsô
= als 5 *Parzivals antwort = zur rede der Jeschute*
 261, 14. 15 = *ohne klammern* 15 *komma = punkt*
18 schinnelier $d = $ schillier 23 *kolon = 24 kolon* **262**, 21 *punkt*
= 22 *punkt* 27 *komma nach* hende = *punkt* **263**, 5 *komma*
= *punkt* 11 ûfe $G = $ ûf 14 gediende $Dg = $ gedient hie
25 *punkt* = 26 *punkt* 27 zein ander vlugen *alle ausser g*
= ein ander schuben 28 vor $Ggg = $ von **264**, 1 sage
iu $D = $ wil iu sagen 19 der = [der] 21 Orilus $DGgg$
= Oriluses 24 kom in $D = $ kom schimphes $Dd = $ smeiches
25 haben $Dgg = $ hân **265**, 12 in ouch dg (ouch D) = ouch
in 14 garben $D = $ garbe 26 unbetwungen $D = $ niht
bedwungen **266**, 2 sô $D = $ als 4 junc $D = $ küene
268, 11 *punkt* = 12 *punkt* 12 der $Dd = $ do'r 30 der
hiez $D = $ hiez **269**, 2 heilectuom $Dg = $ heiltuom 4 = *kolon*
5—7 = *ohne klammern mit punkt* 16 = *kolon* 17 = *ohne
klammern mit punkt* **270**, 8 verdecket $Dgg = $ verdact
10 vingerlîn *alle ausser G* = vingerl (*Bock, Krit. bem. s.* 61)
12 der $D = $ die (*Paul Beitr.* 2, 65) 15 wâpenrücke *alle*
= wâpenroc 16 wæren *alle* = wære (*Paul Beitr.* 2, 65;
Bock, Krit. bem. s. 61)
 271, 23 *punkt*, 24 *kolon = 23 komma*, 24 *punkt* (*Bock
Beitr.* 11, 191) 26 sîniu (sîne Dd) = sîn **272**, 23 *punkt*
= 24 *punkt* 28—30 = 28 wie — 29 *in klammern ohne
zeichen,* 30 *fragezeichen* **273**, 10 Plimizôl $Gdgg = $ Plimizœl
22 vürstinne $D = $ fürstîn 27 *punkt* = 28 *punkt* 28 dô D
= dâ **274**, 5 küenem $D = $ küenen 13 dan zehant $Ddgg$
= dan 14 gein Lalant $Ddgg = $ sân 15 bat $Ddgg = $ gein
Lalant bat **275**, 8 um si $Dgg = $ si 18 künec und (und
alle) = der künec (*Bartsch; Schulze, Zwei ausgew. kap. d.
lehre v. d. mhd. wortstell. s.* 60) 19 in und *alle ausser Ggg*
= in 23 *punkt* = 24 *punkt* **276**, 23 den dienest *alle
ausser D* = dienest **277**, 2 rittern und $DGgg = $ rittern
3. 4 Plimizôl : Îdôl $Gdgg = $ Plimizœl : Idœl 24 *komma*

$= punkt$ **278**, 11 *punkt* $= 10$ *punkt*   14 als ez *alle ausser*
$d =$ als (*Bock Beitr.* 11, 188)   **279**, 6 dienstes *alle ausser*
$D =$ diens   19 ir hînte $D =$ ir   28 Oriluse $D =$ Orilus
29 dâ $Dg =$ daz

VI.

280, 2 Karidôl *alle* $=$ Karidœl   3 *fragezeichen* $= 4$ *frage-*
zeichen   13. 14 Kingrûnen : Bertûnen *Ddgg* $=$ Kingrûn
: Bertûn
     281, 3 alsô $D =$ als   5 trage $D =$ hân   9 *zur rede*
$=$ *nicht zur rede*   23. 24 Karidôl : Plimizôl *alle* $=$ Karidœl
: Plimizœl   24 zuo dem $Dg =$ zem   **282**, 5 sîn $D =$ sîns
(*Bock, Krit. bem. s.* 57 *anm.* 1)   7 und über $=$ und [über]
11 $= kolon$ 12 $=$ *ohne klammern mit semikolon*   **283**, 6 *punkt*
$= 4$ *punkt*   25 $= kolon$ 26 $=$ *ohne klammern mit punkt*
29 *punkt* $= 30$ *punkt* (*Paul Beitr.* 2, 79)   **284**, 12 wesen
$D =$ sîn   19 Artûsen *Ddg* $=$ Artûs   **285**, 9 *kolon nach*
getast $=$ *kolon nach* kalt   24 manegiu $D =$ manec   **286**, 16 des
$=$ dês   23 *punkt* $= 22$ *punkt*   25 *punkt* $= 26$ *punkt*
287, 2 sîn *ddgg* $=$ s   12 die sinne *Gdgg* $=$ sinne   28 des
biten *Gddgg* $=$ biten   **288**, 25 *punkt* $=$ *komma*   29 dâ D
$=$ do   30 in stricte $D =$ stricte in   **289**, 7 genuoge *DGg*
$=$ genuoc   15 *punkt nach* haben $=$ *punkt nach* geschehen
20 oder der in $D =$ od   **290**, 4 diz $D =$ z
     291, 19 *kolon* $= 20$ *punkt*   25 $=$ *komma* (*Bartsch*)
26 $=$ *ohne klammern mit semikolon* (*Bartsch*)   29 *kolon*
$=$ *komma*   **292**, 3 der *dgg* $=$ dar   **293**, 9 kiusche D
$=$ süeze   11 roine de $=$ diu künegîn von   **294**, 24 $=$ *ohne*
gänsefüsschen (*Wilmanns, Leb. u. dicht. Walth. v. d. Vogelw.*
s. 453)   27 Wâleisen $=$ Wâleise   **295**, 15 durch Parzivâles
(Parzivâlen D) $=$ durchs Wâleis   23 zwischen dem *Ddgg*
$=$ zwischem   24 der zeswe *Dd* $=$ zeswer   undz *Dg* $=$ und
26 [und] satelgeschelle *Ggg* $=$ satel, geschelle (*Meier Zeitschr.*
f. d. philol. 24, 548)   **296**, 5 sîn pensieren *Ggg* $=$ sîne ge-
danke   8 *komma* $=$ *punkt*   9 wan trûren $D =$ trûren
21 *punkt* $= 20$ *punkt*   23 im mîn *Gdgg* $=$ mîn   26 ritter D
$=$ liute   27 *punkt* $= 28$ *punkt* (*Bartsch*)   **297**, 7 *punkt*
$= 8$ *kolon*   13 $=$ *punkt*   14 $=$ *ohne klammern mit kolon*

16 Düringen *alle ausser G* = Dürgen (*Bock, Krit. bem. s.* 65)
298, 1 Plimizôles *Ggg* = Plimizœles   17 *ausrufungszeichen*
= 18 *ausrufungszeichen*   19 daz mîn hant *D* = mîn hant
daz   **299**, 5 iedoch *d* (iu doch *Ggg*) = doch   9 vater-
halben *D* = vaterhalp   **300**, 1 *punkt* = 2 *punkt*   12 ders
Dd = dies (*Paul Beitr.* 2, 65)   17. 18 sîn : pîn *alle* = sîne
: pîne (*Kraus Abh. z. germ. philol. s.* 135 *anm.* 2)   18 ge-
erbeter *alle* = gerbete   29 selben *D* = selbe
    301, 9 *punkt* = *komma*   12 *kolon* = *punkt*   13 *punkt*
= 16 *punkt*   **302**, 12 ouwê *D* = wê   30 und beidiu *D*
= beidiu   **303**, 13 *punkt* = 12 *punkt*   **304**, 5 erbiutes
Dgg = erbütes   27 *kolon* = 29 *kolon*   **305**, 16 vil vrô *D*
= vrô   23 wæren dar *alle* = dar (*Paul Beitr.* 2, 80; *Bock,
Krit. bem. s.* 65)   **306**, 9 kusten *D* = kust in   sâzen *Dy*
= sazt in   21 = *komma*   **307**, 15 *punkt* = 16 *punkt*
308, 8 sprach in = sprâchen   11 Wâleis = Wâleise   21 und
gerochen *Ddgg* = ungerochen   **309**, 5 *komma* = *punkt*
11 muoste *alle ausser d* = muoz   12 dâ ze *D* = ze   21 *kolon*
= *komma*   22 = *semikolon*   23 = *ohne klammern mit kolon*
29 *punkt* = 28 *punkt*   **310**, 16 aldez = [altez]   28. 29 mit
riuwen mich liezt *Dd* = mich mit riwen liezt
    311, 5. 6 Plimizôl : Îdôl *alle ausser D* = Plimizœl : Idœl
9 *punkt* = 8 *punkt*   12 *komma* = *punkt*   13 jugent *D*
= jugende   17 trüeber *Dd* = trüeberm   18 von sînem *alle*
= vonme (*Bock, Krit. bem. s.* 65)   *punkt* = 19 *kolon*
312, 6 = *punkt*   15 var *D* = gevar   28 = *kolon*   29 = *ohne
klammern mit punkt*   wan der *D* = wand er   **313**, 25 hâres
snuor *D* = hârsnuor   26 mit *Dg* = durch   29 *kolon*
= 30 *kolon* (*Paul Beitr.* 2, 80)   **314**, 2 si vuorte *D* = fuorte
se   20 = *kolon*   21. 22 = *ohne klammern mit punkt*
315, 9 *punkt* = 10 *punkt*   11 der *D* = den   19 der = [der]
30 *fragezeichen* = *punkt*   **316**, 2 *komma* = *ausrufungs-
zeichen*   9 alsô *D* = als   9 *punkt* = 10 *punkt*   12. 20 *komma*
= *ausrufungszeichen*   29 ausrufungszeichen = 28 *ausrufungs-
zeichen* (*Hoffmann, Der einfl. d. reims auf d. spr. Wolfr. s.* 67)
317, 5 *punkt* = 7 *punkt*   11 *kolon* = 12 *punkt*   19 ir *Dgg*
= sîn   **318**, 26 dannen *D* = vome ringe   **319**, 17 *kolon*
= 18 *punkt*   27 des = dez   **320**, 5 ûzen zuo dem *alle
ausser g* = ûz zem   27 im enwirt *D* = dem wirt

321, 5 *punkt* = 7 *punkt*   18 über = [über]   19 künege
DG = künec   20 hôhen stat *D* = houbetstat   22 in kamphes
Dg = kampfes   vâr = var (*besserung Pauls*)   **322**, 3 *punkt*
= 4 *punkt*   24 enmachet *D* = machet   **323**, 2 *komma*
= *kolon*   3 ûf und *alle ausser D* = ûf   30 ichz laster
müeste *D* = ich müesez laster   **325**, 2 Plimizôles *alle*
= Plimizœles   12 êre *D* = êren   **326**, 12 Parzivâl *D*
= der Wâleis   15 Klâmidên *Dd* = Clâmidê   **327**, 3 *punkt*
= 4 *punkt*   11 *punkt* = 12 *punkt*   15 *punkt* = 16 *punkt*
22 und Artûs *D* = Artûs   30 *punkt* = *komma*   **328**, 1 *komma*
= *punkt*   8 *kolon*, 9 *punkt* = 8 *punkt*, 9 *komma*   17 ist
er = [ist er]   20 dâ her *D* = her   25 niemen *D* = nie man
   331, 9 *punkt* = 8 *kolon*   17 dienstes *alle ausser Dg*
= diens   **332**, 3 *punkt* = 4 *punkt*   5 dienstes *alle ausser Dg*
= diens   11 *punkt*, 13 *komma* = 11 *semikolon*, 13 *kolon*
333, 4 îserharnas = îsernharnasch   13 *punkt* = 14 *punkt*
22 rætet *D* = râte   **334**, 13 = *ohne klammern mit punkt*
21 dritte *D* = dritte heizt   **335**, 14. 15 = *ohne klammern*
mit kolon   17 mære *D* = wâre   21 starke *Ddgg* = starc
336, 5. 6 Plimizôl : Karidôl *alle* = Plimizœl : Karidœl   17 *punkt*
= 16 *punkt*   **337**, 18 von kiusche *D* = kiusche   26 ze-
brechen *D* = brechen   30 stegereifen *D* = stegreif

Parzival.

I.

1   Ist zwîvel herzen nâchgebûr,
     daz muoz der sêle werden sûr.
     gesmæhet und gezieret
     ist, swâ sich parrieret
   5 unverzaget mannes muot,
     als agelstern varwe tuot.
     der mac dennoch wesen geil,
     wande an im sint beidiu teil,
     des himels und der helle.
  10 der unstæte geselle
     hât die swarzen varwe gar
     und wirt ouch nâch der vinster var:
     sô habet sich an die blanken
     der mit stæten gedanken.
  15   diz vliegende bîspel
     ist tummen liuten gar ze snel,
     si enmugens niht erdenken:
     wande ez kan vor in wenken
     rehte alsam ein schellec hase.
  20 zin anderhalp an dem glase
     gelîchet und des blinden troum,
     die gebent antlitzes roum,
     doch mac mit stæte niht gesîn
     dirre trüebe lîhte schîn:
  25 er machet kurze vreude alwâr.
     wer roufet mich, dâ nie dehein hâr
     gewuohs, innen an mîner hant?

der hât vil nâhe griffe erkant.
spriche ich gein den vorhten och,
30 daz gelîchet mîner witze iedoch.
2   wil ich triuwe vinden,
aldâ si kan verswinden
als viur in dem brunnen
und daz tou an der sunnen?
5   ouch erkande ich nie sô wîsen man,
er enmöhte gerne künde hân,
welher stiure disiu mære gernt
und waz si guoter lêre wernt.
dar an si nimmer des verzagent,
10 beide si vliehent unde jagent,
si entwîchent unde kêrent,
si lasternt und êrent.
swer mit disen schanzen allen kan,
an dem hât witze wol getân,
15 der sich niht versitzet noch vergêt
und sich anders wol verstêt.
valsch geselleclîcher muot
ist zuo dem helleviure guot
und ist hôher werdekeit ein hagel.
20 sîn triuwe hât sô kurzen zagel,
daz si den dritten biz niht galt,
vuor si bî bremen in den walt.
dise maneger slahte underbint
iedoch niht gar von manne sint:
25 vür diu wîp stôze ich disiu zil.
swelhiu mîn râten merken wil,
diu sol wizzen, war si kêre
ir prîs und ir êre
und wem si dâ nâch sî bereit
30 minne und ir werdekeit,
3   sô daz si niht geriuwe
ir kiusche und ir triuwe.
vor gote ich guoten wîben bite,
daz in rehtiu mâze volge mite:
5 schame ist ein slôz ob allen siten.
ich endarf in niht mêr heiles biten.

diu valsche erwirbet valschen prîs.
wie stæte ist ein dünnez îs,
daz ougestheize sunnen hât?
10 ir lop vil balde alsus zergât.
manec wîbes schœne an lobe ist breit:
ist dâ daz herze konterfeit,
die lobe ich, als ich solde
daz safer in dem golde.
15 ich enhân daz niht vür lîhtiu dinc,
swer in den kranken messinc
verwürket edeln rubîn
und al die âventiure sîn:
dem gelîche ich rehten wîbes muot.
20 diu ir wîpheit rehte tuot,
dâ ensol ich varwe prüeven niht
noch herzen dach, daz man siht.
ist si innerhalp der brust bewart,
sô ist werder prîs dâ niht verschart.
25   solde ich wîp unde man
ze rehte prüeven, als ich kan,
dâ vüere ein langez mære mite.
nû hœrt dirre âventiure site.
diu lât iuch wizzen beide
30 von liebe und von leide:
4   vreude und angest vert dâ bî.
nû lât mîn eines wesen drî,
der ieslîcher sunder phlege,
daz mîner künste widerwege:
5 dar zuo gehôrte wilder vunt,
ob si iu gerne tæten kunt,
daz ich iu eine künden wil.
si heten arbeite vil.
    ein mære ich iu wil niuwen,
10 daz saget von grôzen triuwen,
wîplîches wîbes reht
und mannes manheit alsô sleht,
diu sich gein herte nie gebouc.
sîn herze in dar an niht betrouc,
15 er stahel, swâ er ze strîte quam,

sîn hant dâ sigelîchen nam
vil manegen lobelîchen prîs.
er küene, træclîche wîs
(den helt ich alsus grüeze),
20 er wîbes ougen süeze
und dâ bî wîbes herzen suht,
vor missewende ein wâriu vluht,
den ich hie zuo hân erkorn,
er ist mæreshalp noch ungeborn,
25 dem man dirre âventiure giht
und wunders vil, des dran geschiht.

    Si phlegents noch, als mans dô phlac,
swâ liget und walsch gerihte lac
(des phliget ouch tiuscher erde ein ort:
30 daz habet ir âne mich gehôrt):
5   swer ie dâ phlac der lande,
der gebôt wol âne schande
(daz ist ein wârheit sunder wân),
daz der eldest bruoder solde hân
5 sîns vater ganzen erbeteil.
daz was der jungern unheil,
daz in der tôt die phlihte brach,
als in ir vater leben verjach.
dâ vor was ez gemeine:
10 sus hâtz der elder eine.
daz schuof iedoch ein wîse man,
daz alter guot solde hân.
jugent hât vil werdekeit,
daz alter siuften unde leit:
15 ez enwart nie niht als unvruot
sô alter und armuot.
künege, grâven, herzogen,
daz sage ich iu vür ungelogen,
daz die dâ huobe enterbet sint
20 unz an daz elder kint,
daz ist ein vremdiu zeche.
    der kiusche und der vreche
Gahmuret der wîgant

verlôs sus bürge unde lant,
25 dâ sîn vater schône
truoc zepter und die krône
mit grôzer küneclîcher kraft,
unz er lac tôt an ritterschaft.
dô klagete man in sêre.
30 die ganzen triuwe und êre
6   brâhte er unz an sînen tôt.
sîn elder sun vür sich gebôt
den vürsten ûz sînem rîche.
die kômen ritterlîche,
5 wan si ze rehte solden hân
von im grôz lêhen sunder wân.
dô si ze hove wâren komen
und ir reht was vernomen,
daz si ir lêhen alle emphiengen,
10 nû hœrt, wie siz an geviengen.
si gerten, als ir triuwe riet,
rîche und arme, gar diu diet,
einer kranken ernstlîchen bete,
daz der künec an Gahmurete
15 bruoderlîche triuwe mêrte
und sich selben êrte,
daz er in niht gar verstieze
und im sîns landes lieze
hantgemælde, daz man möhte sehen,
20 dâ von der herre müeste jehen
sîns namen und sîner vrîheit.
daz was dem künege niht ze leit.
er sprach: 'ir kunnet mâze gern:
ich wil iuch des und vürbaz wern.
25 wan nennet ir den bruoder mîn
Gahmuret Anschevîn?
Anschouwe ist mîn lant:
dâ wesen beide von genant.'
sô sprach der künec hêre:
30 'mîn bruoder der mac sich mêre
7   der stæten helfe an mich versehen,
denne ich sô gâhes welle jehen.

er sol mîn ingesinde sîn.
deiswâr, ich tuon iu allen schîn,
5 daz uns beide ein muoter truoc.
er hât wênec und ich genuoc:
daz sol im teilen sô mîn hant,
daz des mîn sælde niht sî phant
vor dem, der gît unde nimt.
10 ûf reht in beider der gezimt.'
   dô die vürsten rîche
vernâmen al gelîche,
daz ir herre triuwen phlac
(diz was in ein lieber tac),
15 ieslîcher im sunder neic.
Gahmuret niht langer sweic
der volge, als im sîn herze jach.
zem künege er guotlîche sprach:
'herre unde bruoder mîn,
20 wolde ich ingesinde sîn
iuwer oder deheines man,
sô hete ich mîn gemach getân.
nû prüevet dar nâch mînen prîs
(ir sît getriuwe unde wîs)
25 und râtet, als ez geziehe nuo:
dâ grîfet helflîche zuo.
niht wan harnas ich hân:
hete ich dar inne mêr getân,
daz virrec lop mir bræhte,
30 etswâ man mîn gedæhte.'
8   Gahmuret sprach aber sân:
'sehzehen knappen ich hân,
der sehse von îser sint.
dar zuo gebet mir vier kint
5 mit guoter zuht von hôher art.
vor den wirt nimmer niht gespart,
des ie bejagen mac mîn hant.
ich wil kêren in diu lant:
ich hân ouch ê ein teil gevarn.
10 ob mich gelücke wil bewarn,
sô erwirbe ich guotes wîbes gruoz.

ob ich ir dar nâch dienen muoz
und ob ich des wirdec bin,
sô rætet mir mîn bester sin,
15 daz ichs mit rehten triuwen phlege.
got wîse mich der sælden wege.
wir vuoren geselleclîche
(dennoch hete iuwer rîche
unser vater Gandîn):
20 manegen kummerlîchen pîn
wir beide dolten umme liep.
ir wâret ritter unde diep,
ir kundet dienen unde heln:
wan kunde ouch ich nû minne steln!
25 ouwê, wan hete ich iuwer kunst
und anderhalp die wâren gunst!'
    der künec siufzete unde sprach:
'ouwê daz ich dich ie gesach,
sît dû mit schimphlîchen siten
30 mîn ganzez herze hâs versniten
9 und tuos, ob wir uns scheiden.
mîn vater hât uns beiden
gelâzen guotes harte vil,
des stôze ich dir gelîchiu zil:
5 ich bin dir herzenlîchen holt.
lieht gesteine, rôtez golt,
liute, wâpen, ors, gewant,
des nim sô vil von mîner hant,
daz dû nâch dînem willen vars
10 und dîne miltekeit bewars.
dîn manheit ist ûz erkorn:
wærstû von Gilstram geborn
oder komen her von Ranculat,
ich hete dich immer an der stat,
15 als ich dich sus vil gerne hân.
dû bist mîn bruoder sunder wân.'
    'herre, ir lobet mich umme nôt.
sît ez iuwer zuht gebôt,
dar nâch tuot iuwer helfe schîn.
20 welt ir und diu muoter mîn

mir teilen iuwer varnde habe,
sô stîge ich ûf und ninder abe.
mîn herze iedoch nâch hœhe strebet:
ich enweiz, war um ez alsus lebet,
25 daz mir swillet sus mîn winster brust.
ouwê, war jaget mich mîn gelust?
ich solz versuochen, ob ich mac.
nû nâht mîn urloubes tac.'
    der künec in alles werte,
30 mêr denne er selbe gerte:

10   vünf ors erwelt und erkant,
diu besten über al sîn lant,
küene, starc, niht ze laz,
manec tiure goltvaz
5 und manegen guldînen klôz.
den künec wênec des verdrôz,
er envultes im vier soumschrîn.
gesteines muoste ouch vil dar în.
dô si gevüllet lâgen,
10 knappen, die des phlâgen,
wâren wol gekleidet und geriten.
dâ enwart jâmer niht vermiten,
dô er vür sîne muoter gienc
und si in sô vaste zuo ir vienc.
15 'fil li roi Gandîn,
wiltû niht langer bî mir sîn?'
sprach daz wîplîche wîp.
'ouwê, nû truoc dich doch mîn lîp:
dû bist ouch Gandînes kint.
20 ist got an sîner helfe blint
oder ist er dran betoubet,
daz er mir niht geloubet?
sol ich nû niuwen kummer haben?
ich hân mîns herzen kraft begraben,
25 die süeze mîner ougen:
wil er mich vürbaz rouben
und ist doch ein rihtære,
sô liuget mir daz mære,
als man von sîner helfe saget,

30 sît er an mir ist sus verzaget.'

11   dô sprach der junge Anschevîn:

'got trœste iuch, vrouwe, des vater mîn:

den suln wir beidiu gerne klagen.

iu enmac nie man von mir gesagen

5 deheiniu klagelîchiu leit.

ich var durch mîne werdekeit

nâch ritterschaft in vremdiu lant.

vrouwe, ez ist sus bewant.'

dô sprach diu küneginne:

10 'sît dû nâch hôher minne

wendes dienest unde muot,

lieber sun, lâ dir mîn guot

ûf die vart niht versmâhen.

heiz von mir emphâhen

15 dîne kamerære

vier soumschrîn swære:

dâ ligent inne phelle breit,

ganze, die man nie versneit,

und manec tiure samît.

20 süezer man, lâ mich die zît

hœren, wenne dû wider kums:

an mînen vreuden dû mir vrums.'

'vrouwe, des enweiz ich niht,

in welhem lande man mich siht:

25 wan swar ich von iu kêre,

ir habet nâch ritters êre

iuwer werdekeit an mir getân.

ouch hât mich der künec lân,

als im mîn dienest danken sol.

30 ich getrûwe iu des vil wol,

12   daz ir in deste werder hât,

swie joch mir mîn dinc ergât.'

als uns diu âventiure saget,

dô hete der helt unverzaget

5 emphangen durch liebe kraft

und durch wîplîch geselleschaft

kleinœtes tûsent marke wert.

swâ noch ein jude phandes gert,

er möhtez dâ vür emphâhen:
10 ez endorfte im niht versmâhen.
daz sande im ein sîn vriundin.
an sînem dienste lac gewin,
der wîbe minne und ir gruoz:
doch wart im selten kummers buoz.
15   urloup nam der wîgant.
muoter, bruoder noch des lant
sîn ouge nimmer mêr erkôs:
dar an doch maneger vil verlôs,
der sich hete an im erkant,
20 ê daz er wære dan gewant,
mit deheiner slahte günste zil.
den wart von im gedanket vil:
es dûhte in mêre denne genuoc.
durch sîne zuht er nie gewuoc,
25 daz siz tæten umme reht:
sîn muot was ebener denne sleht.
swer selbe saget, wie wert er sî,
dâ ist lîhte ein ungeloube bî:
es solden die ummesæzen jehen
30 und ouch die hêten gesehen
13   sîniu werc, dâ er vremde wære,
sô geloupte man daz mære.
Gahmuret der site phlac,
den rehtiu mâze widerwac
5 und ander schanze enkeine:
sîn rüemen daz was kleine,
grôze êre er lîdenlîche leit,
der lôse wille in gar vermeit.
doch wânde der gevüege,
10 daz niemen krône trüege,
künec, keiser, keiserîn,
des massenîe er wolde sîn,
niwan eines, der die hœsten hant
trüege ûf erde über elliu lant.
15 der wille in sînem herzen lac.
im wart gesaget, ze Baldac
wære ein sô gewaldec man,

daz im der erde undertân
diu zwei teil wæren oder mêr.
20 sîn name heidensch was sô hêr,
daz man in hiez der bâruc.
er hete an krefte alsolhen zuc,
vil künege wâren sîne man,
mit gekrôntem lîbe undertân.
25 des bâruc ammet hiute stêt.
seht, wie man kristen ê begêt
ze Rôme, als uns der touf vergiht,
heidensch orden man dort siht:
ze Baldac nement si ir bâbestreht.
30 daz dunkt si âne krümmen slcht:

14 der bâruc in vür sünde
gît wandels urkünde.
    zwêne bruoder von Babilôn,
Pompêjus und Ipomidôn,
5 den nam der bâruc Ninivê.
daz was al ir vordern ê:
si tâten wer mit krefte schîn.
dar kom der junge Anschevîn:
dem wart der bâruc vil holt.
10 jâ nam nâch dienste aldâ den solt
Gahmuret der werde man.
nû erloupt im, daz er müeze hân
ander wâpen, denne im Gandîn
dâ vor gap, der vater sîn.
15 der herre phlac mit gernden siten
ûf sîne kovertiur gesniten
anker lieht hermîn:
dâ nâch muoste ouch daz ander sîn,
ûf sînem schilte und an der wât.
20 noch grüener denne ein smârât
was geprüevet sîn gereite gar
und nâch dem achmardî var:
daz ist ein sîdîn lachen.
dar ûz hiez er im machen
25 wâpenroc und kursît
(ez ist bezzer denne der samît),

hermîn anker drûf genæt,
guldîniu seil dran gedræt.
   sîne anker heten niht bekort
30 ganzes landes noch landes ort:
15   dâ enwâren si ninder în geslagen.
der herre muoste vürbaz tragen
disen wâpenlîchen last
in manegiu lant, der werde gast,
5 nâch dem anker disiu mâl,
wande er deheiner slahte twâl
hete ninder noch gebite.
wie vil er lande durchrite
und in schiffen ummevüere?
10 ob ich iu dâ nâch swüere,
sô saget iu ûf mînen eit
mîn ritterlîchiu sicherheit,
als mir diu âventiure giht.
ich enhân nû mêr geziuges niht.
15 diu saget, sîn manlîchiu kraft
behielt den prîs in heidenschaft,
ze Marroch und ze Persiâ.
sîn hant bezalte ouch anderswâ,
ze Dômas und ze Hâlap
20 und swâ man ritterschaft dâ gap,
zArâbîe und vor Arâbî,
daz er was gegenstrîtes vrî
vor ieslîchem einem man.
disen ruoft er dâ gewan.
25 sîns herzen gir nâch prîse greif:
ir aller tât vor im zesleif
und was vil nâch entnihtet.
sus was ie der berihtet,
der gein im tjostierens phlac.
30 man jach im des ze Baldac,
16   sîn ellen strebete sunder wanc.
   von dan vuor er gein Zazamanc
in daz künecrîche.
die klageten al gelîche
5 Îsenharten, der den lîp

in dienste verlôs um ein wîp:
des twanc in Belacâne.
diu süeze valsches âne,
daz si im ir minne nie gebôt,
10 des lac er nâch ir minne tôt.
den râchen sîne mâge
offenlîche und an der lâge:
die vrouwen twungen si mit her.
diu was mit ellenthafter wer,
15 dô Gahmuret kom in ir lant,
daz von Schotten Vridebrant
mit schiffes her verbrande,
ê daz er dannen wande.
    nû hœrt, wie unser ritter var.
20 daz mer warf in mit sturme dar,
sô daz er kûme iedoch genas.
gein der küneginne palas
kom er gesigelt in die habe:
dâ wart er vil geschouwet abe.
25 dô sach er ûz an daz velt:
dâ was geslagen manec zelt
alum die stat, wan gein dem mer.
dâ lâgen zwei kreftegiu her.
dô hiez er vrâgen der mære,
30 wes diu burc wære:
17   [wan ir künde nie gewan
    er noch dehein sîn schifman.]
    si tæten sînen boten kunt,
    ez wære Patelamunt.
5 daz wart in minneclîche enboten.
si manden in bî ir goten,
daz er in hülfe: des wære in nôt,
si enrüngen niht wan um den tôt.
    dô der junge Anschevîn
10 vernam ir kummerlîchen pîn,
er bôt sîn dienest umme guot,
als noch vil dicke ein ritter tuot,
oder daz si im sageten, umme waz
er solde doln der vînde haz.

15 dô sprach ûz einem munde
     der sieche und der gesunde,
     daz im wære al gemeine
     ir golt und ir gesteine,
     des solde er alles herre wesen
20 und er möhte wol bî in genesen.
     doch bedorfte er wênec soldes:
     von Arâbî des goldes
     hete er manegen knollen brâht.
     liute vinster sô diu naht
25 wâren alle die von Zazamanc.
     bî den dûhte in diu wîle lanc:
     doch hiez er herberge nemen.
     des mohte ouch si vil wol gezemen,
     daz si im die besten gâben.
30 die vrouwen dennoch lâgen

18

     zen venstern unde sâhen dar:
     si næmen des vil rehte war,
     sîne knappen und sîn harnas,
     wie daz gefeitieret was.
5 dô truoc der helt milte
     ûf einem hermîn schilte
     ich enweiz wie manegen zobelbalc:
     der küneginne marschalc
     hetez vür einen anker grôz.
10 ze sehen in wênec dar verdrôz.
     dô muosten sîniu ougen jehen,
     daz er hete ê gesehen
     disen ritter oder sînen schîn.
     daz muoste zAlexandrîe sîn,
15 dô der bâruc dâ vor lac:
     sînen prîs dâ niemen widerwac.
       sus vuor der muotes rîche
     in die stat behagenlîche.
     zehen soumære hiez er vazzen,
20 die zogeten hin die gazzen.
     dâ riten zweinzec knappen nâch.
     sîn bovel man dort vor ersach:
     garzûne, koche und ir knaben

heten sich hin vür erhaben.
25 stolz was sîn gesinde.
zwelf wol geborner kinde
dâ hinden nâch den knappen riten
an guoter zuht mit süezen siten:
etslîcher was ein Sarrazîn.
30 dar nâch muoste ouch getrecket sîn
19   aht ors mit zindâle
verdecket al zemâle,
daz niunde sînen satel truoc.
ein schilt, des ich ê gewuoc,
 5 den vuorte ein knappe vil gemeit.
dâ bî nâch dem selben reit
pusûner, der man noch bedarf.
ein tambûrer sluoc und warf
hôhe sîne tambûr.
10 den herren nam vil untûr,
dâ enriten floitierre bî
und guoter videlære drî.
den was allen niht ze gâch.
selbe reit er hinden nâch
15 und sîn marnære,
der wîse und der mære.
   swaz dâ was volkes inne,
mœre und mœrinne
was beidiu wîp unde man.
20 der herre schouwen began
manegen schilt zebrochen,
mit spern gar durchstochen:
der was dâ vil gehangen vür
an die wende und an die tür.
25 si heten jâmer unde guft.
in diu venster gein dem luft
was gebettet manegem wunden man,
swenne er den arzât gewan,
daz er doch mohte niht genesen.
30 der was bî vînden gewesen:
20   sus warp ie, der ungerne vlôch.
vil orse man im widerzôch,

durchstochen und verhouwen.
manege tunkele vrouwen
5 sach er beidenthalben sîn,
nâch rabens varwe was ir schîn.
    sîn wirt in minneclîche emphienc,
daz im nâch vreuden sît ergienc.
daz was ein ellens rîcher man:
10 mit sîner hant hete er getân
manegen stich unde slac,
wande er einer porten phlac.
bî dem er manegen ritter vant,
die ir hende hiengen in diu bant
15 und den ir houbet wâren verbunden.
die heten solhe wunden,
daz si doch tâten ritterschaft:
si heten lâzen niht ir kraft.
der burcgrâve von der stat
20 sînen gast dô minneclîchen bat,
daz er niht verbære
al daz sîn wille wære
über sîn guot und über den lîp.
er vuorte in, dâ er vant sîn wîp,
25 diu Gahmureten kuste,
des in doch wênec geluste.
dar nâch vuor er enbîzen sân.
    dô diz alsus was getân,
der marschalc vuor von im zehant,
30 aldâ er die küneginne vant,

21   und iesch vil grôziu botenbrôt.
er sprach: 'vrouwe, unser nôt
ist mit vreuden zegangen.
den wir hie haben emphangen,
5 daz ist ein ritter sô getân,
daz wir ze vlêhen immer hân
unsern goten, die in uns brâhten,
daz si des ie gedâhten.'
    'nû sage mir ûf die triuwe dîn,
10 wer der ritter müge sîn.'
'vrouwe, er ist ein degen fier,

des bâruckes soldier,
ein Anschevîn von hôher art.
âvoi, wie wênec wirt gespart
15 sîn lîp, swâ man in læzet an!
wie rehte er dar unde dan
entwîchet unde kêret!
die vînde er schaden lêret.
ich sach in strîten schône:
20 dâ die Babilône
Alexandrîe lœsen solden
und dô si dannen wolden
den bâruc trîben mit gewalt,
waz ir dâ nider wart gevalt
25 an der schumphentiure!
dâ begienc der gehiure
mit sînem lîbe solhe tât,
si heten vliehens deheinen rât.
dar zuo hôrte ich in nennen,
30 man solde wol erkennen,

22   daz er den prîs über manegiu lant
hete al eine ze sîner hant.'
     'nû sich et wenne oder wie
und vüege, daz er mich spreche hie.
5 wir hân doch vride al disen tac:
dâ von der helt wol rîten mac
her ûf ze mir oder sol ich dar?
er ist anders denne wir gevar:
ouwî, wan tæte im daz niht wê!
10 daz hete ich gerne ervunden ê,
ob mirz die mîne rieten.
ich solde im êre bieten,
geruochet er mir nâhen.
wie sol ich in emphâhen?
15 ist er mir dar zuo wol geborn,
daz mîn kus niht sî verlorn?'
'vrouwe, erst vür küneges künne erkant:
des sî mîn lîp genennet phant.
vrouwe, ich wil iuwern vürsten sagen,
20 daz si rîchiu kleider tragen

und daz si vor iu bîten,
unz daz wir zuo ziu rîten.
daz saget ir iuwern vrouwen gar.
wan swenne ich nû hin nider var,
25 sô bringe ich iu den werden gast,
dem süezer tugende nie gebrast.'
   harte wênec des verdarp,
vil behendeclîchen warp
der marschalc sîner vrouwen bete.
30 balde wart dô Gahmurete

23 rîchiu kleider dar getragen
(diu legete er an, sus hôrte ich sagen),
diu harte tiure wæren.
anker die swæren
5 von arâbeschem golde
wâren drûfe, als er wolde.
dô saz der minnen geltes lôn
ûf ein ors, daz ein Babilôn
gein im durch tjostieren reit.
10 den stach er drabe, daz was dem leit.
ob sîn wirt iht mit im var?
er und sîne ritter gar
(jâ deiswâr, si sint es vrô),
si riten mit ein ander dô
15 und erbeizten vor dem palas,
dâ manec ritter ûfe was,
die muosten wol gekleidet sîn.
sîniu kinder liefen vor im în,
ie zwei ein ander an der hant.
20 ir herre manege vrouwen vant,
gekleidet wünneclîche.
   der küneginne rîche
ir ougen vuocten hôhen pîn,
dô si gesach den Anschevîn
25 (der was minneclîch gevar),
daz er entslôz ir herze gar,
ez wære ir liep oder leit:
daz beslôz dâ vor ir wîpheit.
ein wênec si gein im dô trat,

30 ir gast si sich küssen bat.
24   si nam in selbe mit der hant,
      gein den vînden an die want
      sâzen si in diu venster wît
      ûf einen kulter, gesteppet samît,
 5 dar under ein weichez bette lac.
   ist iht liehters denne der tac,
   dem gelîchte niht diu künegin.
   si hete wîplîchen sin
   und was aber anders ritterlîch:
10 der touwegen rôsen ungelîch
   nâch swarzer varwe was ir schîn,
   ir krône ein liehter rubîn.
   ir houbet man dâ durch sach.
      diu wirtîn zir gaste sprach,
15 daz ir liep wære sîn komen.
   ʻherre, ich hân von iu vernomen
   vil ritterlîcher werdekeit.
   durch iuwer zuht lât iu niht wesen leit,
   ob ich iu mînen kummer klage,
20 den ich nâhe in mînem herzen trage.ʼ
   ʻmîn helfe iuch, vrouwe, niht irret.
   swaz iu war oder wirret,
   swâ daz wenden sol mîn hant,
   diu sî ze dienste dar benant.
25 ich bin niht wan einec man:
   swer iu tuot oder hât getân,
   dâ biute ich gegen mînen schilt.
   die vînde wênec des bevilt.ʼ
      mit zühten sprach ein vürste sân:
30 ʻhete wir einen houbetman,
25   wir solden vînde wênec sparn,
      sît Vridebrant ist hin gevarn.
      der lœset dort sîn eigen lant.
      ein künec, heizet Hernant,
 5 den er durch Herlinde sluoc,
   des mâge tuont im leit genuoc,
   si enwellent sichs niht mâzen.
   er hât hie helde lâzen,

                          2*

den herzogen Hiutegêr,
10 des rittertât uns manegiu sêr
vrumt, und sîn geselleschaft.
ir strît hât kunst unde kraft.
sô hât hie manegen soldier
von Normandîe Gaschier,
15 der wîse degen hêre.
noch hât hie ritter mêre
Kailet von Hoscurast.
manegen zornegen gast
die bræhten alle in ditze lant,
20 der Schotten künec Vridebrant
und sîner genôze viere.
mit manegem soldiere
westerhalp dort an dem mer
dâ liget Îsenhartes her
25 mit vliezenden ougen.
offenlîch noch tougen
gesach si nimmer mêr dehein man,
si enmüesten jâmers wunder hân.
ir herzen regen die güsse warp,
30 sît an der tjost ir herre starp.'

26   der gast zer wirtinne
sprach mit ritters sinne:
'saget mir, ob irs geruochet,
durch waz man iuch sô suochet
5 zornlîche mit gewalt.
ir habet sô manegen degen balt:
mich müet, daz si sint verladen
mit vînde hazze nâch ir schaden.'
'daz sage ich iu, herre, sît irs gert.
10 mir diende ein ritter, der was wert.
sîn lîp was tugende ein bernde rîs.
der helt was küene unde wîs,
der triuwe ein reht beklibeniu vruht.
sîn zuht wac vür alle zuht.
15 der was noch kiuscher denne ein wîp,
vrecheit und ellen truoc sîn lîp.
sô engewuohs an ritter milter hant

vor im nie über elliu lant.
ich enweiz, waz nâch uns sül geschehen:
20 des lâzen ander liute jehen.
er was gein valscher vuore ein tôr,
in swarzer varwe als ich ein môr.
sîn vater hiez Tancanîs,
ein künec, der hete ouch hôhen prîs.
25 mîn vriunt der hiez Îsenhart.
mîn wîpheit was unbewart,
dô ich sîn dienst nâch minne emphienc.
daz ez im nâch vreuden niht ergienc,
des muoz ich immer jâmer tragen.
30 si wænent, daz ich in schuof erslagen:
27 verrâtens ich doch wênec kan.
swie mich des zîhen sîne man,
er was mir lieber danne in.
âne geziuge ich des niht bin,
5 mit den ichz sol bewæren noch:
die rehten wârheit wizzen doch
mîne gote und ouch die sîne.
er gap mir manege pîne.
nû hât mîn schamdiu wîpheit
10 sîn lôn erlenget und mîn leit.
dem helde erwarp mîn magetuom
an ritterschefte manegen ruom.
dô versuochte ich in, ob er kunde sîn
ein vriunt: daz wart vil balde schîn.
15 er gap durch mich sîn harnas
enwec. daz als ein palas
dort stêt, daz ist sîn hôch gezelt:
daz brâhten Schotten ûf diz velt.
dô des der helt âne wart,
20 sîn lîp dô wênec wart gespart:
des lebens in dâ nâch verdrôz.
manege âventiure suochte er blôz,
dô diz alsô was.
ein vürste Protizilas
25 (der hiez mîn massenîe),
vor zageheit der vrîe,

ûz durch âventiure reit,
dâ grôz schade in niht vermeit,
zem fôreist in Azagouc.

30 ein tjost im sterben niht erlouc,

28 die er tet ûf einen küenen man,
der ouch sîn ende aldâ gewan:
daz was mîn vriunt Îsenhart.
ir ieweder innen wart

5 eins spers durch schilt und durch den lîp.
daz klage ich noch vil armez wîp:
ir beider tôt mich immer müet,
ûf mîner triuwe jâmer blüet.
ich enwart nie wîp deheines man.'

10   Gahmureten dûhte sân,
swie si wære ein heidenin,
mit triuwen wîplîcher sin
in wîbes herze nie geslouf.
ir kiusche was ein reiner touf

15 und ouch der regen, der si begôz,
der wâc, der von ir ougen vlôz
ûf ir zobel und an ir brust.
riuwen phlege was ir gelust
und rehtiu jâmers lêre.

20 si sagete im vürbaz mêre:
'dô suochte mich von über mer
der Schotten künec mit sînem her:
der was sîns œheimes sun.
si enmohten mir niht mêr getuon

25 schaden, denne mir was geschehen
an Îsenharte, ich muoz es jehen.'
    diu vrouwe ersiufte dicke.
durch die zeher manege blicke
si schamde gastlîchen sach

30 an Gahmureten: dô verjach

29 ir ougen dem herzen sân,
daz er wære wol getân.
si kunde ouch liehte varwe spehen,
wan si hete ê gesehen

5 manegen liehten heiden.

aldâ wart under in beiden
ein vil getriulîchiu ger:
sie sach dar und er sach her.
　　dar nâch hiez si schenken sân.
10 torste si, daz wære verlân:
ez müete si, daz ez niht beleip,
wande ez die ritter ie vertreip,
die gerne sprâchen wider diu wîp.
doch was ir lîp sîn selbes lîp:
15 ouch hete er ir den muot gegeben,
sîn leben was der vrouwen leben.
dô stuont er ûf unde sprach:
'vrouwe, ich tuon iu ungemach:
ich kan ze lange sitzen.
20 daz entuon ich niht mit witzen.
mir ist vil dienestlîchen leit,
daz iuwer kummer ist sô breit.
vrouwe, gebietet über mich:
swar ir welt, darst mîn gerich.
25 ich diene iu allez, daz ich sol.'
si sprach: 'herre, des trûwe ich wol.'
　　der burcgrâve, sîn wirt,
nû vil wênec des verbirt,
er enkürze im sîne stunde.
30 ze vrâgen er begunde,
30　　ob er wolde baneken rîten
'und schouwet, wâ wir strîten,
wie unser porten sîn behuot.'
Gahmuret der degen guot
5 sprach, er wolde gerne sehen,
wâ ritterschaft dâ wære geschehen.
　　her abe mit dem helde reit
manec ritter vil gemeit,
hie der wîse, dort der tumme.
10 si vuorten in alumme
vür sehzehen porten.
si beschieden im mit worten,
daz der deheiniu wære bespart,
'sît würde gerochen Îsenhart

15 an uns mit zorne, naht noch tac.
unser strît vil nâch gelîche wac:
man beslôz ir deheine sît.
uns gît vor ehte porten strît
des getriuwen Îsenhartes man,
20 die hânt uns schaden vil getân.
si ringent mit zorne,
die vürsten wol geborne,
des küneges man von Azagouc.'
vor ieslîcher porte vlouc
25 ob küener schar ein liehter vane,
ein durchstochen ritter drane.
'als Îsenhart den lîp verlôs,
sîn volc diu wâpen dâ nâch kôs:
dâ gein hân wir einen site,
30 dâ stille wir ir jâmer mite.

31 unser vanen sint erkant,
daz zwêne vinger ûz der hant
biutet gein dem eide,
ir engeschæhe nie sô leide,
5 wan sît daz Îsenhart lac tôt
(mîner vrouwen vrumte er herzen nôt),
sus stêt diu künegîn gemâl,
vrou Belacâne, sunder twâl
in einen blanken samît
10 gesniten von swarzer varwe, sît
daz wir diu wâpen kurn an in:
ir triuwe an jâmer hât gewin.
die steckent ob den porten hôch.
vür die andern ehte uns suochet noch
15 des stolzen Vridebrandes her,
die getouften von über mer.
ieslîcher porte ein vürste phliget,
der sich strîtes ûz bewiget
mit sîner baniere.
20 wir haben Gaschiere
gevangen einen grâven abe,
der biutet uns vil grôze habe.
der ist Kailetes swester sun:

swaz uns der nû mac getuon,
25 daz muoz ie dirre gelten.
   solh gelücke kumt uns selten.
   grüenes angers, lützel sandes,
   wol drîzec poinder landes
   ist zir gezelten von dem graben:
30 dâ wirt vil manec tjost erhaben.'

32   disiu mære sagete im gar sîn wirt:
   'ein ritter nimmer daz verbirt,
   er enkome durch tjostieren vür.
   ob der sîn dienest dort verlür
 5 an ir, diu in sande her,
   waz hülfe in denne sîn vrechiu ger?
   daz ist der stolze Hiutegêr.
   von dem mac ich wol sprechen mêr,
   sît wir hie sîn besezzen,
10 daz der helt vermezzen
   ie smorgens vil bereite was
   vor der porte gein dem palas.
   ouch ist von dem küenen man
   kleinœtes vil gevüeret dan,
15 daz er durch unser schilte stach,
   des man vür grôze koste jach,
   sôz die krîgierre brâchen drabe.
   er valte uns manegen ritter abe.
   er læt sich gerne schouwen,
20 in lobent ouch unser vrouwen.
   swen wîp lobent, der wirt erkant:
   er hât den prîs ze sîner hant
   und sînes herzen wunne.'
      dô hete diu müede sunne
25 ir liehten blic hin zir gelesen.
   des banekens muoste ein ende wesen,
   der gast mit sînem wirte reit.
   er vant sîn ezzen al bereit.
   ich muoz iu von ir spîse sagen:
30 diu wart mit zühten vür getragen,
33   man diende in ritterlîche.
   diu küneginne rîche

kom stolzlîch vür sînen tisch.
hie stuont der reiger, dort der visch.
5 si was durch daz hin zim gevarn,
si wolde selbe daz bewarn,
daz man sîn phlæge wol ze vromen.
si was mit juncvrouwen komen.
si kniete nider (daz was im leit),
10 mit ir selber hant si sneit
dem ritter sîner spîse ein teil.
diu vrouwe was ir gastes geil.
dô huop si im sîn trinken dar
und phlac sîn wol: ouch nam er war,
15 wie was gebærde und ir wort.
zende an sînes tisches ort
sâzen sîne spilman
und anderhalp sîn kappelân.
   al schemde er an die vrouwen sach,
20 harte blûclîche er sprach:
'ich enhân michs niht genietet,
als ir mirz, vrouwe, bietet,
mîns lîbes mit solhen êren.
ob ich iuch solde lêren,
25 sô wære hînt an iuch gegert
eins phlegens, des ich wære wert,
sô enwært ir niht her abe geriten.
getar ich iuch des, vrouwe, biten,
sô lât mich in der mâze leben.
30 ir habet mir êre ze vil gegeben.'
34   si enwolde ouch des niht lâzen,
dâ sîniu kinder sâzen,
diu bat si ezzen vaste.
diz bôt si zêren ir gaste.
5 gar disiu juncherrelîn
wâren holt der künegîn.
dar nâch diu vrouwe niht vergaz,
si gienc ouch, dâ der wirt saz
und des wîp, diu burcgrâvîn.
10 den becher huop diu künegîn,
si sprach: 'lâ dir bevolhen sîn

unsern gast: diu êre ist dîn.
dar um ich iuch beide mane.'
si nam urloup, dô gienc si dane
15 aber hin wider vür ir gast.
des herze truoc ir minnen last,
daz selbe ouch ir von im geschach,
des ir herze und ir ougen jach:
diu muostens mit ir phlihte hân.
20 mit zühten sprach diu vrouwe sân:
'gebietet, herre, (swes ir gert,
daz schaffe ich, wande ir sît es wert)
und lât mich iuwer urloup hân.
wirt iu guot gemach getân,
25 des vreu wir uns über al.'
guldîn wæren ir kerzstal,
vier lieht man vor ir drûfe truoc.
si reit ouch, dâ si vant genuoc.
si enâzen ouch niht langer dô.
30 der herre was trûrec unde vrô.
35 er vreute sich, daz man im bôt
grôz êre. in twanc doch ander nôt:
daz was diu strenge minne,
diu neiget hôhe sinne.
5 diu wirtîn vuor an ir gemach,
harte schiere daz geschach.
man bette dem helde sân,
daz wart mit vlîze getân.
der wirt sprach zem gaste:
10 'nû sult ir slâfen vaste
und ruowet hînt: des wirt iu nôt.'
der wirt den sînen daz gebôt,
si solden dannen kêren.
des gastes junchêren,
15 der bette alum daz sîne lac,
ir houbet dran, wande er des phlac.
dâ stuonden kerzen harte grôz
und brunnen lieht. den helt verdrôz,
daz sô lanc was diu naht.
20 in brâhte dicke in ungemach

diu swarze mœrinne,
des landes küneginne.
er want sich dicke als ein wit,
daz im kracheten diu lit:
25 strît und minne was sîn ger.
nû wünschet, daz mans in gewer.
sîn herze gap von stôzen schal,
wande ez nâch ritterschefte swal.
daz begunde dem recken
30 sîne brust beide erstrecken,
36 sô diu senewe tuot daz armbrust.
dâ was ze dræte sîn gelust.
   der herre âne allez slâfen lac,
unz er erkôs den grâwen tac:
5 der gap dennoch niht liehten schîn.
dô solde ouch dâ bereite sîn
zer messe ein sîn kappelân,
der sanc si gote und ime sân.
sîn harnas truoc man sâ zehant.
10 er reit, dâ man tjostieren vant.
   dô saz er an der stunde
ûf ein ors, daz beidiu kunde
hurtlîchen dringen
und snelleclîchen springen,
15 bekêrec, swâ manz wider zôch.
sînen anker ûf dem helme hôch
man gein der porte vüeren sach.
aldâ wîp unde man verjach,
si engesæhen nie helt sô wünneclîch,
20 ir gote im solden sîn gelîch.
man vuorte ouch starkiu sper dâ bî.
wie er gezimicret sî?
sîn ors von îser truoc ein dach,
daz was vür slege des gemach.
25 dar ûf ein ander decke lac,
ringe, diu niht swære wac:
daz was ein grüener samît.
sîn wâpenroc, sîn kursît
was ouch ein grüenez achmardî:

30 daz was geworht dâ zArâbî,

37 dar an ich liuge niemen.

sîne schiltriemen,

swaz der dar zuo gehôrte,

was ein unverblichen borte

5 mit gesteine harte tiure.

geliutert in dem viure

was sîn buckel rôt golt.

sîn dienest nam der minne solt:

ein scharpher strît in ringe wac.

10 diu künegîn in dem venster lac,

bî ir sâzen vrouwen mêr.

nû seht, dort hielt ouch Hiutegêr,

aldâ im ê der prîs geschach.

dô er disen ritter komen sach

15 zuo zim kalopieren hie,

dô dâhte er: 'wenne oder wie

kom dirre Franzois inz lant?

wer hât den stolzen her gesant?

hete ich den vür einen môr,

20 sô wære mîn bester sin ein tôr.'

diu doch von sprungen niht beliben,

ir ors mit sporn si beide triben

ûz dem walap in die rabîn.

si tâten ritters ellen schîn:

25 der tjost ein ander si niht lugen:

die sprîzen gein den lüften vlugen

von des küenen Hiutegêres sper,

ouch valte in sînes strîtes wer

hinderz ors ûf daz gras.

30 vil ungewent er des was.

38 er reit ûf in und trat in nider.

des erholte er sich dicke wider:

er tet werlîchen willen schîn,

doch steckete in dem arme sîn

5 diu Gahmuretes lanze.

der iesch fîanze.

sînen meister hete er vunden.

'wer hât mich überwunden?'

alsô sprach der küene man.
10 der sigehafte jach dô sân:
'ich bin Gahmuret Anschevîn.'
er sprach: 'mîn sicherheit sî dîn.'
die emphienc er unde sande in în.
des muoste er vil geprîset sîn
15 von den vrouwen, die daz sâhen.
    dort her begunde gâhen
von Normandîe Gaschier,
der ellens rîche degen fier,
der starke tjostiure.
20 hie hielt ouch der gehiure
Gahmuret zer andern tjost bereit.
sînem sper was daz îser breit
und der schaft veste.
aldâ werten die geste
25 ein ander: ungelîche ez wac.
Gaschier dar nider lac
mit orse mit alle
von der tjoste valle
und wart betwungen sicherheit,
30 ez wære im liep oder leit.
39   Gahmuret der wîgant
sprach: 'mir sichert iuwer hant:
diu was bî manlîcher wer.
nû rîtet gein der Schotten her
5 und bitet si, daz si uns verbern
mit strîte, ob si des wellen gern,
und komt nâch mir in die stat.'
swaz er gebôt oder bat,
endehaft ez wart getân:
10 die Schotten muosten strîten lân.
    dô kom gevarn Kailet.
von dem kêrte Gahmuret,
wande er was sîner muomen sun:
waz solde er im dô leides tuon?
15 der Spânôl rief im nâch genuoc.
einen strûz er ûf dem helme truoc,
gezimieret was der man,

als ich dâ von ze sagen hân,
mit phelle wît unde lanc.
20 daz gevilde nâch dem helde klanc:
sîne schellen gâben gedœne.
er bluome an mannes schœne,
sîn varwe an schœne hielt den strît
unz an zwêne, die nâch im wuohsen sît,
25 Bêâcurs, Lôtes kint,
und Parzivâl, die dâ niht sint:
die wâren dennoch ungeborn
und wurden sît vür schœne erkorn.
    Gaschier in mit dem zoume nam:
30 'iuwer wilde wirt vil zam
40   (daz sage ich ûf die triuwe mîn),
bestêt ir den Anschevîn,
der mîne sicherheit dort hât.
ir sult merken mînen rât
5 und dar zuo, herre, mîne bete.
ich hân geheizen Gahmurete,
daz ich iuch alle wende.
daz lobete ich sîner hende.
durch mich lât iuwer streben sîn:
10 er tuot iu kraft an strîte schîn.'
dô sprach der künec Kailet:
'ist ez mîn neve Gahmuret,
fil li roi Gandîn,
mit dem lâze ich mîn strîten sîn.
15 lât mir den zoum.' 'ich enlâzes niht,
ê daz mîn ouge alrêst ersiht
iuwer blôzez houbet.
daz mîne ist mir betoubet.'
den helm er im her abe dô bant.
20   Gahmuret mêr strîtes vant.
ez was wol mitter morgen dô.
die von der stat des wâren vrô,
die dise tjost ersâhen.
si begunden alle gâhen
25 an ir werlîchen letze.
er was vor in ein netze:

swaz drunder kom, daz was beslagen.
ein ander ors, sus hœre ich sagen,
dar ûf saz der werde.

30 daz vlouc und ruorte die erde,

41   gereht ze beiden sîten,
küene, dâ man solde strîten,
verhalden unde dræte.
waz er dar ûfe tæte?

5 des muoz ich im vür ellen jehen:
er reit, dâ in môren mohten sehen,
aldâ die lâgen mit ir her,
westerhalp dort an dem mer.
    ein vürste Razalîc dâ hiez.

10 deheinen tac daz nimmer liez
der rîcbeste von Azagouc
(sîn geslehte im des niht louc,
von küneges vrühte was sîn art),
der huop sich immer dannewart

15 durch tjostieren gein der stat.
aldâ tet sîner krefte mat
der helt von Anschouwe.
daz klagete ein swarziu vrouwe,
diu in hete dar gesant,

20 daz in dâ iemen überwant.
ein knappe bôt al sunder bete
sînem herren Gahmurete
ein sper, dem was der schaft ein rôr.
dâ mite stach er den môr

25 hinderz ors ûf den griez:
niht langer er in ligen liez,
dâ twanc in sicherheit sîn hant.
dô was daz urliuge gelant
und im ein grôzer prîs geschehen.

30 Gahmuret begunde sehen

42   aht vanen sweimen gein der stat,
die er balde wenden bat
den küenen sigelôsen man.
dar nâch gebôt er im dô sân,

5 daz er kêrte nâch im în.

daz tet er, wande ez solde et sîn.
　Gaschier sîn komen ouch niht verbirt.
an dem innen wart der wirt,
daz sîn gast was komen ûz.
10 daz er niht îsen als ein strûz
und starke vlinse verslant,
daz machte, daz er ir niht envant.
sîn zorn begunde limmen
und als ein lewe brimmen.
15 dô brach er ûz sîn eigen hâr.
er sprach: 'nû sint mir mîniu jâr
nâch grôzer tumpheit bewant.
die gote heten mir gesant
einen küenen werden gast:
20 ist er verladen mit strîtes last,
sô enmac ich nimmer werden wert.
waz touc mir schilt unde swert?
er sol mich schelten, swer michs mane.'
dô kêrte er von den sînen dane,
25 gein der porte er vaste ruorte.
ein knappe im widervuorte
einen schilt, ûzen und innen dran
gemâlt als ein durchstochen man,
geworht in Îsenhartes lant.
30 einen helm er vuorte ouch in der hant
43　und ein swert, daz Razalîc
durch ellen brâhte in den wîc.
dâ was er von gescheiden,
der küene swarze heiden,
5 des lop was virrec unde wît.
starp er âne toufen sît,
sô erkenne sich über den degen balt,
der aller wunder hât gewalt.
　dô der burcgrâve daz gesach,
10 sô rehte liebe im nie geschach.
diu wâpen er erkande,
hin ûz der porte er rande.
sînen gast sach er dort halden,
den jungen, niht den alden,

15 al gernde strîteclîcher tjost.
dô nam in Lahfilirost,
sîn wirt. der zôch in vaste wider,
er enstach dâ mêr deheinen nider.
Lahfilirost schahtelacunt
20 sprach: 'herre, ir sult mir machen kunt,
hât betwungen iuwer hant
Razalîgen? unser lant
ist kamphes sicher immer mêr.
der ist ob al den môren hêr,
25 des getriuwen Îsenhartes man,
die uns den schaden hânt getân.
sich hât verendet unser nôt.
ein zornec got in daz gebôt,
daz si uns hie suochten mit ir her:
30 nûst enschumphieret ir wer.'

44
     er vuorte in în, daz was im leit.
diu künegîn im widerreit.
sînen zoum nam si mit ir hant,
si entstricte der vinteilen bant.
5 der wirt in muoste lâzen.
sîne knappen niht vergâzen,
si enkêrten vaste ir herren nâch.
durch die stat man vüeren sach
ir gast die küneginne wîs,
10 der dâ behalden hete den prîs.
si erbeizte, aldâ sis dûhte zît.
'wê, wie getriuwe ir knappen sît!
ir wænt verliesen disen man:
dem wirt âne iuch gemach getân.
15 nemt sîn ors und vüert daz hin:
sîn geselle ich hie bin.'
     vil vrouwen er dort ûfe vant.
entwâpent mit swarzer hant
wart er von der künegîn.
20 ein declachen zobelîn
und ein bette wol gehêret,
dar an im wart gemêret
ein heimlîchiu êre.

aldâ was niemen mêre:
25 die juncvrouwen giengen vür
und sluzzen nâch in zuo die tür.
dô phlac diu küneginne
einer werden süezen minne
und Gahmuret, ir herzen trût.
30 ungelîch was doch ir zweier hût.

45   si brâhten ophers vil ir goten,
die von der stat. waz wart geboten
dem küenen Razalîge,
dô er schiet von dem wîge?
5 daz leiste er durch triuwe:
doch wart sîn jâmer niuwe
nâch sînem herren Îsenhart.
der burcgrâve des innen wart,
daz er kom: dô wart ein schal.
10 dar kômen die vürsten über al
ûz der künegîn lant von Zazamanc.
die sageten im des prîses danc,
den er hete aldâ bezalt.
ze rehter tjost hete er gevalt
15 vier und zweinzec ritter nider
und zôch ir ors almeistec wider.
dâ wâren gevangen vürsten drî,
den reit manec ritter bî
ze hove ûf den palas.
20 entslâfen und enbizzen was
und wünneclîch gefeitet,
mit kleidern wol bereitet
was des hœsten wirtes lîp.
diu ê hiez maget, diu was nû wîp.
25 diu in her ûz vuorte an ir hant,
si sprach: 'mîn lîp und ouch mîn lant
ist disem ritter undertân,
ob ez im vînde wellent lân.'
dô wart gevolget Gahmurete
30 einer hovelîchen bete:

46   'gêt nâher, mîn her Razalîc:
ir sult küssen mîn wîp.

3*

    alsô tuot ouch ir, her Gaschier.'
    Hiutegêr den Schotten fier
5 bat er si küssen an ir munt,
    der was von sîner tjoste wunt.
    er bat si alle sitzen,
    al stênde sprach er mit witzen:
    'ich sæhe ouch gerne den neven mîn,
10 möhte ez mit sînen hulden sîn,
    der in hie gevangen hât.
    ich enhâns von sippe deheinen rât,
    ich enmüeze in ledec machen.'
    diu künegin begunde lachen.
15 si hiez balde nâch im springen.
    dort her begunde dringen
    der minneclîche bêâ cunt.
    der was von ritterschefte wunt
    und hetez ouch dâ vil guot getân.
20 Gaschier der Ormân
    in dar brâhte, er was kurtois.
    sîn vater was ein Franzois,
    er was Kailetes swester barn.
    in wîbes dienste er was gevarn,
25 er hiez Killirjacac,
    aller manne schœne er widerwac.
      dô in Gahmuret gesach
    (ir antlitze sippe jach,
    diu wâren ein ander vil gelîch),
30 er bat die küneginne rîch
47 in küssen unde vâhen zir.
    er sprach: 'nû ginc ouch her ze mir.'
    der wirt in kuste selbe dô:
    si wâren ze sehen ein ander vrô.
5 Gahmuret sprach aber sân:
    'ouwê, junc süezer man,
    waz solde her dîn kranker lîp?
    sage an, gebôt dir daz ein wîp?'
    'die gebietent wênec, herre, mir.
10 mich hât mîn veter Gaschier
    her brâht, er weiz wol selbe wie.

ich hân im tûsent ritter hie
und stên im dienestlîche bî.
ze Rœmes in Normandî
15 kom ich zer samenunge.
ich brâhte im helde junge,
ich vuor von Schampâne durch in.
nû wil kunst unde sin
der schade an in kêren,
20 ir enwelt iuch selben êren.
gebietet ir, sô lât in mîn
geniezen, senften sînen pîn.'
'den rât nim dû vil gar ze dir.
var dû und mîn her Gaschier
25 und brinct mir Kaileten her.'
dô wurben si des heldes ger,
si brâhten in durch sîne bete.
dô wart ouch er von Gahmurete
minneclîche emphangen
30 und dicke ummevangen
48   von der küneginne rîch.
si kuste den degen minneclîch:
er was ir mannes muomen sun
(si mohtez wol mit êren tuon)
5 und was von arte ein künec hêr.
der wirt sprach lachende mêr:
'got weiz, her Kailet,
ob ich iu næme Dôlet
und iuwer lant ze Spâne
10 durch den künec von Gascâne,
der iu dicke tuot mit zornes gir,
daz wære ein untriuwe an mir,
wande ir sît mîner muomen kint.
die besten gar mit iu hie sint,
15 der ritterschefte herte.
wer twanc iuch dirre verte?'
dô sprach der stolze degen junc:
'mir gebôt mîn veter Schiltunc,
des tohter Vridebrant dâ hât,
20 daz ich im diende, ez wære sîn rât.

der hât von sînem wîbe
hie von mîn eines lîbe
sehs tûsent ritter wol bekant,
die tragent werlîche hant.
25 ich brâhte ouch ritter mêr durch in,
der ist ein teil gescheiden hin.
hie wâren durch den Schotten
die .... ische rotten.
im kom von Gruonlanden
30 helde zen handen,

49

zwêne künege mit grôzer kraft.
die vluot von der ritterschaft
si brâhten unde manegen kiel,
ir rotte mir vil wol geviel.
5 hie was ouch Môrolt durch in,
des strît hât kraft unde sin.
die sint nû hin gekêret.
swie mich mîn vrouwe lêret,
alsô tuon ich mit den mînen.
10 mîn dienst sol ir erschînen.
dû endarft mir dienstes danken niht,
wande es diu sippe sus vergiht.
die vrevelen helde sint nû dîn.
wæren si getoufet sô die mîn
15 und an der hût nâch in getân,
sô wart gekrœnet nie dehein man,
er enhete strîts von in genuoc.
mich wundert, waz dich her vertruoc:
daz sage mir rehte unde wie.'
20 ‘ich kom gestern, hiute bin ich hie
worden herre überz lant.
mich vienc diu künegîn mit ir hant:
dô werte ich mich mit minne.
sus rieten mir die sinne.'
25 ‘ich wæne, dir hât dîn süeziu wer
betwungen beidenthalp diu her.'
‘dû meins, durch daz ich dir entran.
vaste riefe dû mich an:
waz woltstû an mir ertwingen?

30 lâ mich sus mit dir dingen.'

50 'dâ enerkande ich niht des ankers dîn:
mîner muomen man Gandîn
hât in gevüeret selten ûz.'
'dô erkande aber ich wol dînen strûz,
5 an dem schilte ein sarapandratest:
dîn strûz stuont hôch sunder nest.
ich sach an dîner gelegenheit,
dir was diu sicherheit vil leit,
die mir tâten zwêne man:
10 die hetenz dâ vil guot getân.'
'mir wære ouch lîhte alsâm geschehen.
ich muoz des einem tiuvel jehen,
des vuore ich nimmer wirde vrô:
hete er den prîs behalten sô
15 an vrevelen helden sô dîn lîp,
vür zucker gæzen in diu wîp.'
'dîn munt mir lobes ze vil vergiht.'
'nein, ich enkan gesmeichen niht:
nim ander mîner helfe war.'
20 si riefen Razalîge dar.
mit zühten sprach dô Kailet:
'iuch hât mîn neve Gahmuret
mit sîner hant gevangen.'
'herre, daz ist ergangen.
25 ich hân den helt dâ vür erkant,
daz im Azagouc daz lant
mit dienste nimmer wirt verspart,
sît unser herre Îsenhart
aldâ niht krône solde tragen.
30 er wart in ir dienste erslagen,
51 diu nû ist iuwers neven wîp.
um ir minne er gap den lîp:
daz hât mîn kus an si verkorn.
ich hân herren und den mâc verlorn.
5 wil nû iuwer muomen sun
ritterlîche vuore tuon,
daz er uns wil ergetzen sîn,
sô valde ich im die hende mîn.

sô hât er rîcheit unde prîs
10 und al dâ mite Tancanîs
Îsenharten gerbet hât.
der gebalsemt in dem her dort stât,.
alle tage ich sîne wunden sach,
sît im diz sper sîn herze brach.'
15 daz zôch er ûz dem buosem sîn
an einer snüere sîdîn,
hin wider hiencz der degen snel
vür sîne brust an blôzez vel.
'ez ist noch vil hôher tac.
20 wil mîn her Killirjacac
inz her werben, als ich in bite,
sô rîtent im die vürsten mite.'
ein vingerlîn er sande dar.
die nâch der helle wâren gevar,
25 die kômen, swaz dâ vürsten was,
durch die stat ûf den palas.
    dô lêch mit vanen hin sîn hant
von Azagouc der vürsten lant.
ieslîcher was sîns ortes geil.
30 doch beleip der bezzer teil
52   Gahmurete, ir herren.
die selben wâren die erren.
[nâher drungen die von Zazamanc.
mit grôzer vuore niht ze kranc
5 si emphiengen, als ir vrouwe hiez,
von im ir lant und des geniez,
als ieslîchen an gezôch.
diu armuot ir herren vlôch.]
dô hete Protizilas,
10 der von arte ein vürste was,
lâzen ein herzentuom.
daz lêch er dem, der manegen ruom
mit sîner hant bejagete
(gein strît er nie verzagete):
15 Lahfilirost schahtelacunt
nam ez mit vanen sâ zestunt.
von Azagouc die vürsten hêr

nâmen den Schotten Hiutegêr
und Gaschier den Ormân,
20 si giengen vür ir herren sân:
der liez si ledec um ir bete.
des dancten si dô Gahmurete.
   Hiutegêr den Schotten
si bâten sunder spotten:
25 'lât mînem herren daz gezelt
hie um âventiure gelt.
ez zucte uns Îsenhartes leben,
daz Vridebrande wart gegeben
diu zierde unsers landes
30 (sîn vreude diu stuont phandes,

53

er stêt hie selbe ouch an dem rê:
unvergolten dienst im tet ze wê),
(ûf erde niht sô guotes was),
der helm, von arte ein adamas
5 dicke unde herte,
an dem strîte ein guot geverte.'
dô lobete Hiutegêres hant,
swenne er kœme in sînes herren lant,
daz erz wolde erwerben gar
10 und senden wider wol gevar,
daz tæte er unbetwungen.
   nâch urloube drungen
zem künege, swaz dâ vürsten was.
dô rûmden si den palas.
15 swie verwüestet wære sîn lant,
doch kunde Gahmuretes hant
swenken solher gâbe solt,
als al die boume trüegen golt.
er teilte grôze gâbe,
20 sîne man, sîne mâge
nâmen von im des heldes guot.
daz was der küeneginne muot.
   der brûtloufte hôchgezît
hete dâ vor manegen grôzen strît,
25 die wurden sus ze suone brâht.
ich enhân mirs selbe niht erdâht,

man sagete mir, daz Îsenhart
küneclîch bestatet wart.
daz tâten, die in erkanden.
30 den zins von sînen landen,
54 swaz der gelten mohte ein jâr,
den selben liezen si dâ gar.
daz tâten .si um ir selber muot.
Gahmuret daz grôze guot
5 sîn volc hiez behalden,
die muostens sunder walden.
smorgens vor der veste
rûmdenz gar die geste.
sich schieden, die dâ wâren,
10 und vuorten manege bâren.
daz velt herberge stuont al blôz,
wan ein gezelt, daz was vil grôz.
daz hiez der künec ze schiffe tragen.
dô begunde er dem volke sagen,
15 er woldez vüeren in Azagouc:
mit der rede er si betrouc.
dâ was der stolze küene man,
unz er sich vaste senen began,
daz er niht ritterschefte vant:
20 des was sîn vreude sorgen phant.
doch was im daz swarze wîp
noch lieber denne sîn selbes lîp:
ez enwart nie wîp geschicket baz.
der vrouwen herze nie vergaz,
25 im envüere ein werdiu volge mite,
an rehter kiusche wîplîch site.
von Sibilje ûz der stat
was geborn, den er dô bat
dan kêrens zeiner wîle.
30 der hete in manege mîle
55 dâ vor gevuort: er brâhte in dar.
er was niht als ein môr gevar.
der marnære wîse
sprach: 'ir sultz heln lîse
5 vor den, die tragent daz swarze vel.

mîne kocken sint sô snel,
si enmugen uns niht genâhen.
wir suln von hinnen gâhen.'
sîn golt hiez er ze schiffe tragen:
10 nû muoz ich iu von scheiden sagen:
die naht vuor dan der werde man,
daz wart verholne getân.
dô er entran dem wîbe,
dô hete si in ir lîbe
15 zwelf wochen lebendec ein kint.
vaste mente in dan der wint.
    diu vrouwe in ir biutel vant
einen brief, den schreip ir mannes hant
en franzois, daz si kunde.
20 diu schrift ir sagen begunde:
'hie entbiutet liep ein ander liep.
ich bin dirre verte ein diep:
die muoste ich dir durch jâmer steln.
vrouwe, ich enmac dich niht verheln,
25 wære dîn orden in mîner ê,
sô wære mir immer nâch dir wê:
und hân doch immer nâch dir pîn.
werde unser zweier kindelîn
an dem antlitze einem man gelîch,
30 deiswâr, der wirt ellens rîch.
erst erborn von Anschouwe.
diu minne wirt sîn vrouwe:
sô wirt aber er an strîte ein schûr,
den vînden herter nâchgebûr.
5 wizzen sol der sun mîn,
sîn ane der hiez Gandîn,
der lac an ritterschefte tôt.
des vater leit die selben nôt,
der was geheizen Adanz.
10 sîn schilt beleip vil selten ganz,
der was von arte ein Bertûn.
er und Utepandragûn
wæren zweier gebruoder kint,
die beide alhie geschriben sint:

15 daz was einer, Lazaliez,
    Brickus der ander hiez.
    der zweier vater hiez Mazadân.
    den vuorte ein feie in Feimurgân,
    diu hiez Terdelaschoie:
20 er was ir herzen boie.
    von in zwein kom daz geslehte mîn,
    daz immer mêr gît liehten schîn.
    ieslîcher sider krône truoc
    und heten werdekeit genuoc.
25 vrouwe, wiltû toufen dich,
    dû maht ouch noch erwerben mich.'
      des engerte si kein wandel niht.
    'ouwê, wie balde daz geschiht!
    wil er wider wenden,
30 schiere sol ichz enden.

57   wem hât sîn manlîchiu zuht
    hie lâzen sîner minne vruht?
    ouwê lieplîch geselleschaft,
    sol mir nû riuwe mit ir kraft
 5 immer twingen mînen lîp!
    sînem gote zêren,' sprach daz wîp,
    'ich mich gerne toufen solde
    und leben, swie er wolde.'
    der jâmer gap ir herzen wîc.
10 ir vreude vant den dürren zwîc,
    als noch diu turteltûbe tuot.
    diu hete ie den selben muot:
    swenne ir an trûtschaft gebrast,
    ir triuwe kôs den dürren ast.
15   diu vrouwe an rehter zît genas
    eins suns, der zweier varwe was,
    an dem got wunders wart enein:
    wîz und swarzer varwe er schein.
    diu künegîn kuste in sunder twâl
20 vil dicke an sîniu blanken mâl.
    diu muoter hiez ir kindelîn
    Feirefîz Anschevîn.
    der wart ein waltswende:

die tjoste sîner hende
25 manec sper zebrâchen,
    die schilte dürkel stâchen.
    als ein agelster wart gevar
    sîn hâr und ouch sîn vel vil gar.
      dô was ez ouch über des jâres zil,
30 daz Gahmuret geprîset vil

58   was worden dâ ze Zazamanc,
    dâ sîn hant die gunst erranc.
    dennoch swebete er ûf dem sê,
    die snellen winde im tâten wê.
5 einen sîdîn segel sach er roten:
    den truoc ein kocke und ouch die boten,
    die von Schotten Vridebrant
    vroun Belacânen hete gesant.
    er bat si, daz si ûf in verkür,
10 swie er den mâc durch si verlür,
    daz si von im gesuochet was.
    dô vuorten si den adamas,
    ein swert, einen halsberc und zwuo hosen.
    hie muget ir grôz wunder losen,
15 daz im der kocke widervuor.
    als mir diu âventiure swuor,
    si gâbenz im. dô lobete ouch er,
    sîn munt der botschefte ein wer
    würde, swenne er kœme zir.
20 si schieden sich. man sagete mir,
    daz mer in truoc in eine habe.
    ze Sibilje kêrte er drabe.
    mit golde galt der küene man
    sînem marnære sân
25 harte wol sîn arbeit.
    si schieden sich, daz was dem leit.

II.

Dâ ze Spâne in dem lande
er den künec erkande,
daz was sîn neve Kailet.
30 nâch dem kêrte er ze Dôlet.
59   der was nâch ritterschefte gevarn,
dâ man niht schilte dorfte sparn.
dô hiez er ouch bereiten sich
(sus wert diu âventiure mich)
5 mit spern wol gemâlen.
von grüenen zindâlen
ieslîchez hete ein banier,
drî hermîn anker dran sô fier,
daz man ir jach vür rîcheit.
10 si wâren lanc unde breit
und reichten vaste unz ûf die hant,
dô man si zem sperîser bant
dâ niderhalp eine spanne.
der wart dem küenen manne
15 hundert dâ bereitet
und wol hin nâch geleitet
von sînes neven liuten.
êren unde triuten
kunden si in mit werdekeit.
20 daz was ir herren niht ze leit.
    er streich ich enweiz wie lange nâch,
unz er geste herberge ersach
in dem lande ze Wâleis.
dâ was geslagen vür Kanvoleis

25 manec poulûn ûf die plâne.
   ich ensagez iu niht nâch wâne:
   gebietet ir, sô ist ez wâr.
   sîn volc hiez er ûf halden gar.
   der herre sande vor hin în
30 den kluogen meisterknappen sîn.

60   der wolde, als in sîn herre bat,
   herberge nemen in der stat:
   dô was im snellîchen gâch.
   man zôch im soumære nâch.
 5 sîn ouge ninder hûs dâ sach,
   schilde wæren sîn ander dach
   und die wende gar behangen
   mit spern al ummevangen.
   diu künegîn von Wâleis
10 gesprochen hete ze Kanvoleis
   einen turnei alsô gezilt,
   des manegen zagen noch bevilt,
   swâ er dem gelîche werben siht:
   von sîner hant es niht geschiht.
15 si was ein maget und niht ein wîp
   und bôt zwei lant und ir lîp,
   swer dâ den prîs bezalte.
   diz mære manegen valte
   hinderz ors ûf den sâmen.
20 die solh gevelle nâmen,
   ir schanze wart gein vlust gesaget.
   des phlâgen helde unverzaget.
   si tâten ritters ellen schîn:
   mit hurteclîcher rabîn
25 wart dâ manec ors ersprenget
   und swerte vil erklenget.
     ein schifbrücke ûf einem plân
   gienc über einen wazzers trân,
   mit einem tor beslozzen.
30 ein knappe unverdrozzen

61   tet ez ûf, als im ze muote was.
   dar obe stuont der palas.
   ouch saz diu küneginne

		zen venstern dar inne
	5 mit maneger werden vrouwen.
		die begunden dâ schouwen,
		waz dise knappen tâten.
		die heten sich berâten
		und sluogen ûf ein gezelt.
	10 um unvergolten minnen gelt
		wart es ein künec âne,
		des twanc in Belacâne.
		mit arbeit wart ûf geslagen,
		daz drîzec soumære muosten tragen,
	15 ein gezelt, daz zeicte rîcheit.
		ouch was der plân wol sô breit,
		daz sich die snüere stracten dran.
		Gahmuret der werde man
		die selben zît dort ûze enbeiz.
	20 dar nâch er sich mit vlîze vleiz,
		wie er höveschlîche kœme geriten.
		des enwart niht langer dô gebiten,
		sîne knappen an den stunden
		sîniu sper ze samene bunden,
	25 ieslîcher vünfiu an ein bant.
		daz sehste vuorte er an der hant
		mit einer baniere.
		sus kom gevarn der fiere.
			vor der künegîn wart vernomen,
	30 daz ein gast dâ solde komen
62		ûz alsô verrem lande,
		den niemen dâ erkande.
		'sîn volc daz ist kurteis,
		beidiu heidensch und franzeis.
	5 etslîcher mac ein Anschevîn
		mit sîner sprâche iedoch wol sîn.
		ir muot ist stolz, ir wât ist klâr,
		wol gesniten al vür wâr.
		ich was sînen knappen bî,
	10 die sint vor missewende vrî.
		si jehent, swer habe geruoche,
		ob der ir herren suoche,

den scheide er von swære.
von im vrâcte ich der mære:
15 nû sageten si mirz sunder wanc,
ez wære der künec von Zazamanc.'
disiu mære sagete ir ein garzûn:
'âvoi, welh ein poulûn!
iuwer krône und iuwer lant
20 wæren dâ vür niht halbez phant.'
'dû endarft mirz sô loben niht.
mîn munt hin wider dir des giht,
ez mac wol sîn eins werden man,
der niht mit armüete kan.'
25 alsus sprach diu künegîn:
'wê, wanne kumt er et selbe drîn?'
den garzûn si des vrâgen bat.
höveschlîchen durch die stat
der helt begunde trecken,
30 die slâfenden wecken.

63   vil schilte sach er schînen.
die hellen pusînen
mit krache vor im gâben dôz.
von würfen und mit slegen grôz
5 zwêne tambûre gâben schal:
der galm über al die stat erhal.
der dôn iedoch gemischet wart
mit floitieren, an der vart
eine reisenote si bliesen.
10 nû suln wir niht verliesen,
wie ir herre komen sî.
dem riten videlære bî.
dô legete der degen wert
ein bein vür sich ûf daz phert,
15 zwêne stivâle über blôziu bein.
sîn munt als ein rubîn schein
von der rœte, als ob er brünne:
der was dicke und niht ze dünne.
sîn lîp was allenthalben klâr.
20 lieht reideloht was im sîn hâr,
swâ man daz vor dem huote sach.

der was ein tiure houbetdach.
grüene samît was der mantel sîn,
ein zobel dâ vor gap swarzen schîn
25 ob einem hemde, daz was blanc.
    von schouwen wart dâ grôz gedranc.
vil dicke aldâ gevrâget wart,
wer wære der ritter âne bart,
der vuorte alsolhe rîcheit.
30 vil schiere wart daz mære breit,
si sagetenz in vür unbetrogen.
dô begunden si an die brücke zogen,
ander volc und ouch die sîne.
von dem liehten schîne,
5 der von der künegîn erschein,
zucte im neben sich sîn bein:
ûf rihte sich der degen wert
als ein vederspil, daz gert.
diu herberge dûhte in guot.
10 alsô stuont des heldes muot:
si dolte ouch wol, diu wirtîn,
von Wâleis diu künegîn.
    dô vriesch der künec von Spâne,
daz ûf der Lêôplâne
15 stüende ein gezelt, daz Gahmurete
durch des küenen Razalîges bete
beleip vor Patelamunt.
daz tet im ein ritter kunt.
dô vuor er springende als ein tier,
20 er was der vreuden soldier.
der selbe ritter aber sprach:
'iuwer muomen sun ich sach
komende, als er ê was fier.
ez sint hundert banier
25 zeinem schilte ûf grüene velt
gestôzen vür sîn hôch gezelt,
die sint ouch alle grüene.
ouch hât der helt küene
drî hermîn anker lieht gemâl
30 ûf ieslîchem zindâl.'

64

65
    'ist er gezimieret hie,
âvoi, sô sol man schouwen, wie
sîn lîp den poinder irret,
wie erz mit hurte wirret.
5 der stolze künec Hardîz
hât mit zorne sînen vlîz
nû lange vaste an mich gewant.
den sol diu Gahmuretes hant
mit sîner tjoste neigen.
10 mîn sælde ist niht der veigen.'
    sîne boten sande er sân,
dâ Gaschier der Ormân
mit grôzer massenîe lac
und der liehte Killirjacac:
15 die wâren dâ durch sîne bete.
zem poulûn si mit Kailete
vuoren durch geselleschaft.
dô emphiengen si durch liebe kraft
den werden künec von Zazamanc.
20 si dûhte ein beiten gar ze lanc,
daz si in niht ê gesâhen,
des si mit triuwen jâhen.
dô vrâcte er si der mære,
wer dâ ritter wære.
25   dô sprach sîner muomen kint:
'ûz verrem lande nû hie sint
ritter, die diu minne jaget,
vil küener helde unverzaget.
hie hât manegen Bertûn
30 der künec Utepandragûn.

66
    ein mære in stichet als ein dorn,
daz er sîn wîp hât verlorn,
diu Artûses muoter was.
ein phaffe, der wol zouber las,
5 mit dem diu vrouwe ist hin gewant,
dem ist Artûs nâch gerant.
ez ist nû in dem dritten jâr,
daz er sun und wîp verlôs vür wâr.
hie ist ouch sîner tohter man,

                                            4*

10 der wol mit ritterschefte kan,
   Lôt von Norwæge,
   gein valscheit der træge
   und der snelle gein dem prîse,
   der küene degen wîse.
15 hie ist ouch Gâwân, des sun,
   sô kranc, daz er niht mac getuon
   ritterschaft enkeine.
   er was bî mir, der kleine.
   er sprichet, möhte er einen schaft
20 gebrechen, trôste in des sîn kraft,
   er tæte gerne ritters tât.
   wie vruo sîn ger begunnen hât!
   hie hât der künec von Patrigalt
   von spern einen ganzen walt.
25 des vuore ist dâ engein gar ein wint,
   wan die von Portegâl hie sint:
   die heizen wir die vrechen,
   si welnt durch schilte stechen.
   hie hânt die Provenzâle
30 schilte wol gemâle.

67   hie sint die Wâleise:
   daz si behabent ir reise
   durch den poinder, swâ sis gernt,
   von der kraft ir landes si des wernt.
5 hiest manec ritter durch diu wîp,
   des niht erkennen mac mîn lîp.
   al die ich hie benennet hân,
   wir ligen mit wârheit sunder wân
   mit grôzer vuore in der stat,
10 als uns diu küneginne bat.
     ich sage dir, wer ze velde liget,
   die unser wer vil riuge wiget:
   der werde künec von Ascalûn
   und der stolze künec von Arragûn,
15 Cidegast von Lôgrois
   und der künec von Punturtois,
   der heizet Brandelidelîn.
   âsd touch der küene Lehelîn.

dâst Môrolt von Îrlant,
20 der brichet ab uns gæbiu phant.
dâ ligent ûf dem plâne
die stolzen Alemâne:
der herzoge von Brâbant
ist gestrichen in ditze lant
25 durch den künec Hardîzen.
sîne swester Alîzen
gap im der künec von Gascôn,
sîn dienst hât vor emphangen lôn.
die sint mit zorne hie gein mir.
30 nû sol ich wol getrûwen dir:
68 gedenke an die sippe dîn,
durch rehte liebe warte mîn.'
    dô sprach der künec von Zazamanc:
'dû endarft mir wizzen keinen danc,
5 swaz dir mîn dienst hie zêren tuot.
wir suln haben einen muot.
stêt dîn strûz noch sunder nest,
dû solt dîn sarapandratest
gein sînem halben grîfen tragen.
10 mîn anker vaste wirt geslagen
durch lenden in sîns poinders hurt.
er müeze selbe suochen vurt
hinderm orse ûf dem grieze.
der uns zein ander lieze,
15 ich valte in oder er valte mich:
des wer ich an den triuwen dich.'
    Kailet ze herbergen reit
mit grôzen vreuden sunder leit.
sich huop ein krîieren
20 vor zwein helden fieren:
von Poitouwe Schîolarz
und Gurnemanz de Grâharz,
die tjostierten ûf dem plân.
sich huop diu vesperîe sân.
25 hie riten sehse, dort wol drî,
den vuor vil lîhte ein tropel bî.
si begunden rehte ritters tât:

des enwas et dô dehein ander rât.
ez was dennoch wol mitter tac,
30 der herre under sînem gezelte lac.

69   dô vriesch der künec von Zazamanc,
daz die poinder wît und lanc
wâren ze velde worden.
al nâch ritters orden
5 er huop ouch sich des endes dar
mit maneger banier lieht gevar.
er enkêrte sich niht an gâhez schehen,
müezeclîche er wolde ersehen,
wiez ze beider sît dâ wære getân.
10 sînen teppech legete man ûf den plân,
dâ sich die poinder wurren
und diu ors von stichen kurren.
von knappen was um in ein rinc,
dâ bî von swerten klingâ klinc.
15 wie si nâch prîse rungen,
der klingen alsus klungen!
von spern was grôz krachen dà,
er endorfte niemen vrâgen wâ.
poinder wâren sîne wende,
20 die worhten ritters hende.
    diu ritterschaft sô nâhe was,
daz die vrouwen ab dem palas
wol sâhen der helde arbeit.
doch was der küneginne leit,
25 daz sich der künec von Zazamanc
dâ mit den andern niht endranc.
si sprach: 'wê, war ist er komen,
von dem ich wunder hân vernomen?'

70   7 ez wart dâ harte guot getân
von manegem küenen armman,
die doch der hœhe gerten niht,
10 des der küneginne zil vergiht,
ir lîbes und ir lande.
si gerten ander phande.
    nû was ouch Gahmuretes lîp
in harnase, dâ sîn wîp

15 wart einer suone bî gemant,
   daz ir von Schotten Vridebrant
   ze gebe sande vür ir schaden:
   mit strîte hete er si verladen.
   ûf erde niht sô guotes was.
20 dô schouwete er den adamas:
   daz was ein helm, dar ûf man bant
   einen anker, dâ man inne vant
   verwieret edel gesteine,
   grôz, niht ze kleine.
25 daz was iedoch ein swærer last.
   gezimieret wart der gast.
   wie sîn schilt gehêret sî?
   mit golde von Arâbî
   ein tiuriu buckel drûf geslagen,
30 swære, die er muoste tragen

71 (diu gap von rœte alsolhez brehen,
   daz man sich drinne mohte ersehen),
   ein zobelîn anker drunde.
   mir selben ich wol gunde,
 5 des er hete an den lîp gegert,
   wande ez was maneger marke wert.

69 29   nû was ouch rois de Franze tôt.
   des wîp in dicke in grôze nôt
70 brâhte mit ir minne,
   diu werde küneginne
   hete aldar nâch im gesant,
   ob er noch wider in daz lant
 5 wære komen von der heidenschaft.
   des twanc si grôzer liebe kraft.

71 7   sin wâpenroc was harte wît.
   ich wæne, keinen sô guoten sît
   iemen ze strîte vuorte.
10 des lenge den teppech ruorte.
   ob ich in geprüeven künne,
   er schein, als ob hie brünne
   bî der naht ein queckez viur.
   verblichen varwe was im tiur,
15 sîn glast die blicke niht vermeit:

ein bœsez ouge sich dran versneit.
mit golde er gebildet was,
dâz zer muntâne an Kaukasas
ab einem velse zarten
20 grîfen klâ, diez dâ bewarten
und ez noch hiute aldâ bewarnt.
von Arâbîe liute varnt,
die erwerbent ez mit listen dâ
(sô tiurez ist ninder anderswâ)
25 und bringentz wider zArâbî,
dâ man diu grüenen achmardî
würket und die phellel rîch.
ander wæte ist er vil ungelîch.
    den schilt nam er ze halse sân.
30 hie stuont ein ors vil wol getân,
72   gewâpent vaste unz ûf den huof,
hie garzûne ruofâ ruof.
sîn lîp spranc drûf, wande erz dâ vant.
vil starker sper des heldes hant
5 mit hurte verswande,
die poinder er zetrande,
immer durch, anderthalben ûz.
dem anker volcte nâch der strûz.
    Gahmuret stach hinderz ors
10 Poitwîn de Prienlascors
und anders manegen werden man,
an den er sicherheit gewan.
swaz dâ gekriuzter ritter reit,
die genuzzen des heldes arbeit:
15 diu gewunnen ors diu gap er in.
an im lac ir grôz gewin.
    gelîcher baniere
man gein im vuorte viere
(küene rotten riten drunde,
20 ir herre strîten kunde),
an ieslîcher eins grîfen zagel.
daz hinder teil was ouch ein hagel
an ritterschaft, des wâren die.
daz vorder teil des grîfen hie

25 der künec von Gascône truoc
   ûf sînem schilt, ein ritter kluoc.
   gezimieret was sîn lîp,
   sô wol geprüeven kunnen wîp.
   er nam sich vor den andern ûz,
30 dô er ûf dem helme ersach den strûz.
73   der anker kom doch vor an in.
   dô stach in hinderz ors dort hin
   der werde künec von Zazamanc
   und vienc in. dâ was grôz gedranc,
5 hôhe vürhe sleht getennet,
   mit swerten vil gekemmet.
   dâ wart verswendet der walt
   und manec ritter abe gevalt.
   si wunden sich (sus hœre ich sagen)
10 hin an den ort, dâ hielden zagen.
   der strît was wol sô nâhen,
   daz gar die vrouwen sâhen,
   wer dâ bî prîse solde sîn.
   der minnen gernde Rîwalîn,
15 von des sper snîte ein niuwe leis.
   daz was der künec von Lohneis,
   sîne hurte gâben kraches schal.
   Môrolt in einen ritter stal,
   ûz dem satel er in vür sich huop,
20 daz was ein ungevüeger uop.
   der hiez Killirjacac.
   von dem hete der künec Lac
   dâ vor emphangen solhen solt,
   den er vallende an der erden holt.
25 er hetez dâ vil guot getân.
   dô luste disen starken man,
   daz er in twünge sunder swert:
   alsus vienc er den degen wert.
   hinderz ors stach Kailetes hant
30 den herzogen von Brâbant.
74   der vürste hiez Lemmekîn.
   waz dô tæten die sîn?
   die beschutten in mit swerten,

       dic helde strîtes gerten.

5   dô stach der künec von Arragûn
den alten Utepandragûn
hinderz ors ûf die plâne,
den künec von Bertâne.
ez stuont dâ bluomen vil um in.
10 wê, wie gevüege ich doch bin,
daz ich den werden Berteneis
sô schône lege vür Kanvoleis,
dâ nie getrat vilânes vuoz,
ob ichz iu rehte sagen muoz,
15 noch lîhte nimmer dâ geschiht.
er endorfte sîn besezzen niht
ûf dem orse, aldâ er saz.
niht langer man sîn dô vergaz:
in beschutten, die ob im dâ striten.
20 dâ wart grôz hurten niht vermiten.
     dô kom der künec von Punturteis.
der wart alhie vor Kanvoleis
gevellet ûf sîns orses slâ,
daz er dâ hinder lac aldâ.
25 daz tet der stolze Gahmuret.
wetâ, herre, wetâ wet!
mit strîte vunden si geweten
sîner muomen sun Kaileton:
den viengen Punturteise.
30 dâ wart vil rûch diu reise.

75   dô der künec Brandelidelîn
wart gezucket von den sîn,
einen andern künec si viengen.
dâ liefen unde giengen
5 vil manec werder man in îsenwât,
den wart dâ gâlûnet ir brât
mit treten und mit kiulen.
ir vel truoc swarze biulen,
die helde gehiure
10 dâ erwurben quaschiure.
     ich ensagez iu niht vür wæhe,
dâ was diu ruowe smæhe.

die werden twanc diu minne dar,
manegen schilt wol gevar
15 und manegen gezimierten helm,
des dach was worden dâ der melm.
daz velt etswâ geblüemet was,
dâ stuont al kurz grüene gras:
dâ vielen ûf die werden man,
20 den êre enteil was getân.
mîn sin kan solher wünsche doln,
daz et ich besæze ûf dem voln.
    dô reit der künec von Zazamanc
hin dan, dâ in niemen dranc,
25 nâch einem orse, daz geruowet was.
man bant von im den adamas,
niwan durch des windes luft
und anders durch deheinen guft,
man stroufte im abe sîn hersenier.
30 sîn munt was rôt unde fier.

76   ein wîp, die ich ê genennet hân,
hie kom ein ir kappelân
und kleiner juncherren drî.
den riten starke knappen bî,
5 zwêne soumære giengen an ir hant.
die boten hete dar gesant
diu küneginne Amphlîse.
ir kappelân was wîse,
vil schiere bekande er disen man.
10 en franzois er in gruozte sân:
'bien sei venuz, bêâ sir,
mîner vrouwen unde mir.
daz ist roine de Franze,
die rüeret dîner minnen lanze.'
15 einen brief gap er im in die hant,
dar an der herre grüezen vant,
und ein kleine vingerlîn:
daz solde ein wâr geleite sîn,
wan daz emphienc sîn vrouwe
20 von dem von Anschouwe.
er neic, dô er die schrift ersach.

welt ir nû hœren, wie diu sprach?
  'dir enbiutet minne unde gruoz
mîn lîp, dem nie wart kummers buoz,
25 sît ich dîner minne emphant.
dîn minne ist slôz unde bant
mîns herzen und des vreude.
dîn minne tuot mich teude.
sol mir dîn minne verren,
30 sô muoz mir minne werren.
77   kum wider und nim von mîner hant
krône, zepter und ein lant.
daz ist mich an erstorben,
daz hât dîn minne erworben.
5 habe dir ouch ze soldiment
dise rîchen prîsent
in den vier soumschrîn.
dû solt ouch mîn ritter sîn
in dem lande ze Wâleis
10 vor der houbetstat ze Kanvoleis.
ich enruoche, ob ez diu künegîn siht:
ez mac mir geschaden niht.
ich bin schœner unde rîcher
und kan ouch minneclîcher
15 minne emphâhen und minne geben.
wiltû nâch werder minne leben,
sô habe dir mîne krône
nâch minne ze lône.'
  an disem brieve er niht mêre vant.
20 sîn hersenier eins knappen hant
wider ûf sîn houbet zôch.
Gahmureten trûren vlôch.
man bant im ûf den adamas,
der dicke unde herte was:
25 er wolde sich arbeiten.
die boten hiez er leiten
durch ruowen underz poulûn.
swâ gedrenge was, dâ machte er rûm.
  dirre verlôs, jener gewan.
30 dâ mohte erholn sich ein man,

78   hete er versûmet sîne tât:
      alhie was genuoger rât.
      si solden tjostieren,
      dort mit rotten punieren.
   5 si geloupten sich der sliche,
      die man heizet vriundes stiche.
      heimlîch gevaterschaft
      wart dâ zevuort mit zornes kraft.
      dâ wirt diu krümme selten sleht.
  10 man sprach dâ lützel ritters reht:
      swer iht gewan, der habete im daz.
      er enruochte, hetes der ander haz.
      si wâren von manegen landen,
      die dâ mit ir handen
  15 schildes ammet worhten
      und schaden lützel vorhten.
          aldâ wart von Gahmurete
      geleistet Amphlîsen bete,
      daz er ir ritter wære:
  20 ein brief sagete im daz mære.
      âvoi, nû wart er lâzen ane.
      ob minne und ellen in des mane?
      grôz liebe und starkiu triuwe
      sîne kraft im vrumte al niuwe.
  25 nû sach er, wâ der künec Lôt
      sînen schilt gein der herte bôt.
      der was umme nâch gewant.
      daz werte Gahmuretes hant:
      mit hurte er den poinder brach,
  30 den künec von Arragûn er stach
79   hinderz ors mit einem rôr.
      der künec hiez Schafillôr.
      daz sper was sunder banier,
      dâ mit er valte den degen fier:
   5 er hetez brâht ûz der heidenschaft.
      die sîne werten in mit kraft:
      doch vienc er den werden man.
      die innern tâten die ûzern sân
      vaste rîten ûf daz velt.

10 ir vesperîe gap strîtes gelt.
ez mohte sîn ein turnei,
wan dâ lac manec sper enzwei.
 dô begunde zürnen Lehelîn:
'sul wir sus entêret sîn?
15 daz machet, der den anker treget.
unser entweder den andern leget
noch hiute, dâ er unsanfte liget.
si hânt uns vil nâch an gesiget.'
ir hurte gap in rûmes vil.
20 dâ gienc ez ûz der kinde spil:
si worhten mit ir henden,
daz den walt begunde swenden.
diz was gelîche ir beider ger:
sperâ, herre, sperâ sper!
25 doch muoste et dulden Lehelîn
einen smæhlîchen pîn:
in stach der künec von Zazamanc
hinderz ors wol spers lanc,
daz in ein rôr geschiftet was.
30 sîne sicherheit er an sich las.

80 doch læse ich sanfter süeze birn,
swie die ritter vor im nider rirn.
der krîe dô vil maneger wielt,
swer vor sîner tjoste hielt:
5 'hie kumt der anker, fîâ fî!'
 zegegen kom im gehurtet bî
ein vürste von Anschouwe
(diu riuwe was sîn vrouwe)
mit ûf kêrter schildes spitze:
10 daz lêrte in jâmers witze.
diu wâpen er erkande.
war um er von im wande?
welt ir, ich bescheide iuch des.
si gap der stolze Gâlôes,
15 fil li roi Gandîn,
der vil getriuwe bruoder sîn,
dâ vor, unz im diu minne erwarp,
daz er an einer tjost erstarp.

dô bant er abe sînen helm.

20 wederz gras noch den melm
sîn strît dâ niht mêr bante:
grôz jâmer in des mante.
mit sînem sinne er bâcte,
daz er niht dicke envrâcte

25 Kaileten, sîner muomen sun,
waz sîn bruoder wolde tuon,
daz er niht turnierte hie.
daz enwesse er leider, wie
er starp vor Muntôrî.

30 dâ vor was im ein kummer bî:

81 des twanc in werdiu minne
einer rîchen küneginne.
diu kom ouch sît nâch im in nôt:
si lac an klageden triuwen tôt.

5 swie Gahmuret wære ouch mit klage,
doch hete er an dem halben tage
gevrumt sô vil der sper enzwei,
wære worden der turnei,
sô wære verswendet der walt.

10 geverwet hundert im wâren gezalt,
diu gar vertet der fiere.
sîne liehten baniere
wâren den krîierren worden.
daz was in ir orden.

15 dô reit er gein dem poulûn.
der Wâleisinne garzûn
huop sich nâch im ûf die vart.
der tiure wâpenroc im wart
durchstochen und verhouwen.

20 den truoc er vür die vrouwen.
er was von golde dennoch guot,
er gleste als ein glüendic gluot.
dar ane kôs man rîcheit.
dô sprach diu künegîn gemeit:

25 'dich hât ein werdez wîp gesant
bî disem ritter in ditze lant.
nû manet mich diu vuoge mîn,

daz die andern niht verkrenket sîn,
die âventiure brâhte dar.
30 ieslîcher neme mîns wunsches war,
82　　wan si sint mir alle sippe
von dem Adâmes rippe.
doch, wæne, et Gahmuretes tât
den hœsten prîs dâ erworben hât.'
5　　die andern tæten ritterschaft
mit sô bewanter zornes kraft,
daz siz wielken vaste unz an die naht.
die innern heten die ûzern brâht
mit strîte unz an ir poulûn.
10 niwan der künec von Ascalûn
und Môrolt von Îrlant,
durch die snüere in wære gerant.
dâ was gewunnen und verlorn:
genuoge heten schaden erkorn,
15 die andern prîs und êre.
nûst zît, daz man si kêre
von ein ander: niemen hie gesiht.
si enwert der phandære liehtes niht:
wer solde ouch vinsterlingen spiln?
20 es mac die müeden doch beviln.
der vinster man vil gar vergaz,
dâ mîn her Gahmuret dort saz,
als ez wære tac: des was ez niht.
dâ wâren aber ungevüegiu lieht,
25 von kleinen kerzen manec schoup,
geleget ûf ölboume loup
manec kulter rîche,
gestrecket vlîzeclîche
dâ vür manec teppech breit.
30 diu künegîn an die snüere reit
83　　mit maneger werden vrouwen:
si wolde gerne schouwen
den werden künec von Zazamanc.
vil müeder ritter nâch ir dranc.
5　　diu tischlachen wâren abe genomen,
ê si inz poulûn wære komen.

ûf spranc der wirt vil schiere
und gevangener künege viere,
den vuor ouch etslîch vürste mite.
10 dô emphienc er si nâch zühte site.
er geviel ir wol, dô si in ersach.
diu Wâleisinne mit vreuden sprach:
'ir sît hie wirt, dâ ich iuch vant:
sô bin ich wirtîn überz lant.
15 ruocht irs, daz ich iuch küssen sol,
daz ist mit mînem willen wol.'
er sprach: 'iuwer kus sol wesen mîn,
suln dise herren geküsset sîn.
sol künec oder vürste des enbern,
20 sô engetar ouch ichs von iu niht gern.'
'deiswâr, daz sol ouch geschehen.
ich enhân ir keinen ê gesehen.'
    si kuste, dies dâ wâren wert:
des hete Gahmuret gegert.
25 er bat sitzen die künegîn.
mîn her Brandelidelîn
mit zühten zuo der vrouwen saz.
grüene binz, von touwe naz,
dünne ûf die teppeche was gestreut.
30 dâ saz ûf, des sich hie vreut
84 diu werde Wâleisinne.
si twanc iedoch sîn minne:
er saz vür si sô nâhe nider,
daz si in begreif und zôch in wider
5 anderhalp vaste an ir lîp.
si was ein maget und niht ein wîp.
diu in sô nâhen sitzen liez,
welt ir nû hœren, wie si hiez?
diu künegîn Herzeloide.
10 und ir base Rischoide,
die hete der künec Kailet,
des muomen sun was Gahmuret.
vrou Herzeloide gap den schîn,
wæren erloschen gar die kerzen sîn,
15 dâ wære doch lieht von ir genuoc.

wan daz grôz jâmer under sluoc
die hœhe an sîner vreude breit,
sîn minne wære ir vil bereit.
   si sprâchen gruoz nâch zühte kür.
20 bî einer wîle giengen schenken vür
mit gezierde von Azagouc,
dar an grôz rîcheit niemen trouc.
die truogen juncherren în.
daz muosten tiure nephe sîn
25 von edelem gesteine.
wît, niht ze kleine
si wâren alle sunder golt:
ez was des landes zinses solt,
daz Îsenhart vil dicke bôt
30 vroun Belacânen vür grôze nôt.

85   dô bôt man in ir trinken dar
in manegem steine lieht gevar,
smârâde unde sardîn.
etslîcher was ein rubîn.
5   vür daz poulûn dô reit
zwêne ritter ûf ir sicherheit.
die wâren hin ûz gevangen
und kômen her în gegangen.
daz eine daz was Kailet.
10 der sach den künec Gahmuret
sitzen, als er wære unvrô.
er sprach: 'wie gebârstû sô?
dîn prîs ist doch dâ vür erkant,
vroun Herzeloiden und ir lant
15 hât dîn lîp errungen.
des jehent hie gar die zungen:
er sî Bertûn oder Îrschman
oder swer hie walsche sprâche kan,
Franzois oder Brâbant,
20 die jehent und volgent dîner hant,
dir enkünne an sô bewantem spiln
gelîche niemen hie geziln.
des lise ich hie den wâren brief.
dîn kraft mit ellen dô niht slief,

25 dô dise herren kômen in nôt,
    der hant nie sicherheit gebôt:
    mîn her Brandelidelîn
    und der küene Lehelîn,
    Hardîz und Schafillôr.
30 ouwê Razalîc der môr,
86   dem dû vor Patelamunt
    tæte ouch fîanze kunt!
    des gert dîn prîs an strîte
    der hœhe und ouch der wîte.'
5 er sprach: 'mîn vrouwe mac wænen, daz dû tobes,
    sît dû mich alsô verlobes.
    dû enmaht mîn doch verkoufen niht,
    wande etswer wandel an mir siht.
    dîn munt ist lobes ze vil vernomen.
10 sage et, wie bistû wider komen?'
    'diu werde diet von Punturteis
    hât mich und disen Schampaneis
    ledec lâzen über al.
    Môrolt, der mînen neven stal,
15 von dem sol er ledec sîn,
    mac mîn her Brandelidelîn
    ledec sîn von dîner hant.
    wir sîn noch anders beide phant,
    ich und mîner swester sun:
20 dû solt an uns genâde tuon.
    ein vesperîe ist hie erliten,
    daz turnieren wirt vermiten
    an dirre zît vor Kanvoleiz.
    die rehten wârheit ich des weiz,
25 wan diu ûzer herte sitzet hie.
    nû sprich et, wâ von oder wie
    möhtens uns vor gehalden?
    dû muost vil prîses walden.'
    diu künegîn sprach ze Gahmurete
30 von herzen eine süeze bete:
87   'swaz mînes rehtes an iu sî,
    dâ sult ir mich lâzen bî.
    dar zuo mîn dienst genâden gert.

    wirde ich der bete hie gewert,
5 sol iu daz prîs verkrenken,
    sô lât mich vürbaz wenken.'
      der künegîn Amphlîsen,
    der kiuschen und der wîsen,
    ûf spranc balde ir kappelân.
10 er sprach: 'niht! in sol ze rehte hân
    mîn vrouwe, diu mich in ditze lant
    nâch sîner minne hât gesant.
    diu lebet nâch im ins lîbes zer,
    ir minne hât an im gewer.
15 diu sol behalden sînen lîp,
    wan sist im holt vür elliu wîp.
    hie sint ir boten vürsten drî,
    kint vor missewende vrî.
    der heizet einer Lanzidant
20 von hôher art ûz Gruonlant,
    der ist ze Kerlingen komen
    und hât die sprâche an sich genomen.
    der ander heizet Lîedarz,
    fil li cunt Schîolarz.'
25 wer nû der dritte wære,
    des hœret ouch ein mære.
    des muoter hiez Bêâflûrs
    und sîn vater Pansâmûrs
    (die wâren von der feien art),
30 daz kint hiez Lîahturteltart.
    diu liefen elliu driu vür in
    und sprâchen: 'herre, hâstû sin
    (dir zelt roine de Franze
    der werden minne schanze),
5 sô mahtû spiln sunder phant.
    dîn vreude ist kummers ledec zehant.'
      dô diu botschaft was vernomen,
    Kailet, der ê was komen,
    saz der künegîn under ir mantels ort.
10 hin zim sprach si disiu wort:
    'sage an, ist dir iht mêr geschehen?
    ich hân slege an dir gesehen.'

dô begreif im diu gehiure
sîne quaschiure
15 mit ir linden handen wîz,
dar an lac der gotes vlîz.
dô was im gamesieret
unde zequaschieret
hiufel, kinne und an der nasen.
20 er hete der küneginne basen.
    diu dise êre an im begienc,
daz si in mit handen zir gevienc,
si sprach nâch zühte lêre
hin ze Gahmurete mêre:
25 'iu biutet vaste ir minne
diu werde Franzoisinne.
nû êret an mir elliu wîp
und lât ze rehte mînen lîp.
sît hie, unz ich mîn reht geneme:
30 ir lâzet anders mich in scheme.'

89
    daz lobete ir der werde man.
si nam urloup, dô vuor si dan.
si huop Kailet, der degen wert,
sunder schamel ûf ir phert
5 und gienc von ir hin wider în,
aldâ er sach die vriunde sîn.
    er sprach ze Hardîze:
'iuwer swester Alîze
mir minne bôt, die nam ich dâ.
10 diu ist bestatet anderswâ
und werdeclîcher denne ze mir.
durch iuwer zuht lât zornes gir.
si hât der vürste Lemmekîn.
al sül si niht gekrœnet sîn,
15 si hât doch werdekeit bekant:
Hânouwe und Brâbant
ir dient und manec ritter guot.
kêrt mir ze grüezen iuwern muot,
lât mich in iuwern hulden sîn
20 und nemt hin wider dienest mîn.'
    der künec von Gascôn dô sprach,

als im sîn manlîch ellen jach:
'iuwer rede was ie süeze.
swer iuch dar umme grüeze,
25 dem ir vil lasters hât getân,
der woldez doch durch vorhte lân.
mich vienc iuwer muomen sun.'
'der kan an niemen missetuon:
ir wert wol ledec von Gahmurete.
30 daz sol sîn mîn êrstiu bete,

90

swenne ir denne unbetwungen sît,
mîn dienst gelebet noch die zît,
daz ir mich zeinem vriunde nemt.
ir möht iuch nû wol hân verschemt.
5 swaz halt mir von iu geschiht,
mich enslüege doch iuwer swester niht.'
    der rede si lachten über al.
dô wart getrüebet in der schal:
den wirt sîn triuwe mente,
10 daz er sich wider sente,
wan jâmer ist ein scharpher gart.
ir ieslîcher innen wart,
daz sîn lîp mit kummer ranc
und al sîn vreude was ze kranc.
15 dô zurnde sîner muomen sun,
er sprach: 'dû kanst unvuoge tuon.'
    'nein, ich muoz bî riuwen sîn:
ich sene mich nâch der künegîn.
ich liez ze Patelamunt,
20 dâ von mir ist mîn herze wunt,
in reiner art ein süeze wîp.
ir werdiu kiusche mir den lîp
nâch ir minne jâmers mant.
si gap mir liute unde lant.
25 mich tuot vrou Belacâne
manlîcher vreuden âne:
ez ist doch vil manlich,
swer minnen wankes schamet sich.
der vrouwen huote mich ûf bant,
30 daz ich niht ritterschefte vant.

91   dô wânde ich, daz ritterschaft
          mich næme von ungemüetes kraft.
          der hân ich hie ein teil getân.
          nû wænt manec ungewisser man,
      5   daz mich ir swerze jagete dan:
          die sach ich vür die sunnen an.
          ir wîplîch prîs mir vüeget leit,
          sist ein buckel ob der werdekeit.
          einz undz ander muoz ich klagen:
     10   ich sach mîns bruoder wâpen tragen
          mit ûf kêrtem orte.'
              'ouwê mir dirre worte!'
          (daz mære wart dô jæmerlîch,
          von wazzer wurden diu ougen rîch
     15   dem werden Spânôle)
          'ouwî, künegîn fôle,
          durch dîne minne gap den lîp
          Gâlôes, den elliu wîp
          von herzen klagen solden
     20   mit triuwen, ob si wolden,
          daz ir site bræhte
          lop, swâ mans gedæhte.
          künegîn von Averre,
          swie lützel dir daz werre,
     25   den mâc ich doch durch dich verlôs,
          der ritterlîchen ende kôs
          von einer tjoste, diu in sluoc.
          der dîn kleinœte truoc,
          vürsten, die gesellen sîn,
     30   tuont herzenlîche ir klagen schîn:
92   si habent ir schiltes breite
          nâch jâmers geleite
          zer erden gekêret,
          grôz trûren si daz lêret.
      5   alsus tuont si ritterschaft.
          si sint verladen mit jâmers kraft,
          sît Gâlôes, mîner muomen sun,
          nâch minnen dienst niht solde tuon.'
              dô er vernam des bruoder tôt,

10 daz was sîn ander herzenôt.
    mit jâmer sprach er disiu wort:
    'wie hât nû mînes ankers ort
    in riuwe ergriffen landes habe!'
    der wâpen tet er sich dô abe:
15 sîn riuwe im hertes kummers jach.
    der helt mit wâren triuwen sprach:
    'von Anschouwe Gâlôes
    (vürbaz darf niemen vrâgen des,
    ez enwart nie manlîcher zuht
20 geborn), der wâren milte vruht
    ûz dînem herzen blüete
    nû erbarmet mich dîn güete.'
    er sprach ze Kailete:
    'wie gehabet sich Schôete,
25 mîn muoter vreuden arme?'
    'sô daz ez got erbarme.
    dô ir erstarp Gandîn
    und Gâlôes der bruoder dîn
    und dô si dîn bî ir niht sach,
30 der tôt ouch ir daz herze brach.'

93   dô sprach der künec Hardîz:
    'nû kêrt an manheit iuwern vlîz.
    ob ir manheit kunnet tragen,
    sô sult ir leit ze mâzen klagen.'
5 sîn kummer leider was ze grôz,
    ein güsse im von den ougen vlôz.
    er schuof den rittern ir gemach
    und gienc, dâ er sîne kamern sach,
    ein kleine gezelt von samît.
10 die naht er dolte jâmers zît.
      als der ander tac erschein,
    si wurden alle des enein,
    die innern und daz ûzer her,
    swer dâ mit strîteclîcher wer
15 wære, junc oder alt
    oder blœde oder balt,
    die ensolden tjostieren niht.
    dô schein der mitte morgen lieht,

si wâren mit strîte sô verriben
20 und diu ors mit sporn alsô vertriben,
daz die vrechen ritterschaft
ie dennoch twanc der müede kraft.
diu künegîn reit dô selbe
nâch den werden hin ze velde
25 und brâhte die mit ir in die stat.
die besten si dort inne bat,
daz si zer Lêôplâne riten.
dô enwart ir bete niht vermiten.
si kômen, dâ man messe sanc
30 dem trûregen künege von Zazamanc.

94   als der bendiz wart getân,
dô kom vrou Herzeloide sân.
an Gahmuretes lîp si sprach:
si gerte, als ir diu volge jach.
5 dô sprach er: 'vrouwe, ich hân ein wîp,
diu ist mir lieber danne der lîp.
ob ich der âne wære,
dennoch wesse ich ein mære,
dâ mit ich iu enbræste gar,
10 næme iemen mînes rehtes war.'
si sprach: 'ir sult die mœrinne
lân durch mîne minne.
des toufes segen hât bezzer kraft.
nû ânet iuch der heidenschaft
15 und minnet mich nâch unser ê,
wan mirst nâch iuwer minne wê.
oder sol mir gein iu schade sîn
der Franzoiser künegîn,
der boten sprâchen süeziu wort?
20 si spilten ir mære unz an den ort.'
'jâ diust mîn wâriu vrouwe:
ich brâhte in Anschouwe
ir rât und mîner zühte site.
mir wont noch hiute ir helfe mite,
25 dâ von daz mich mîn vrouwe zôch,
die wîbes missewende ie vlôch.
wir wâren kinder beidiu dô

und doch ze sehen ein ander vrô.
diu küneginne Amphlîse
30 wont an wîplîchem prîse.
95   mir gap diu gehiure
von dem lande die besten stiure:
ich was dô ermer denne nuo.
dâ greif ich willeclîchen zuo.
5 zelt mich noch vür die armen.
ich solde iuch, vrouwe, erbarmen:
mir ist mîn werder bruoder tôt.
durch iuwer zuht lât mich âne nôt.
kêrt minne, dâ diu vreude sî,
10 wan mir wont niwan jâmer bî.'
'lât mich den lîp niht langer zern:
saget an, wâ mite welt ir iuch wern?'
'ich sage nâch inwer vrâge ger.
ez wart ein turnei dâ her
15 gesprochen, des enwart hie niht.
manec geziuc mir des giht.'
'den hât ein vesperîe erlemt.
die vrechen sint sô hie gezemt,
daz der turnei dâ von verdarp.'
20 'iuwer stete wer ich warp
mit den, diez guot hie hânt getân.
ir sult mich nôtrede erlân:
ez tet hie manec ritter baz.
iuwer reht ist gein mir laz,
25 niwan iuwer gemeiner gruoz,
ob ich den von iu haben muoz.'
    als mir diu âventiure saget,
dô nam der ritter und diu maget
einen rihtære über der vrouwen klage.
30 dô nâhetez dem mitten tage.
96   man sprach ein urteil zehant:
'swelh ritter helm hie ûf gebant,
der her nâch ritterschaft ist komen,
hât er den prîs hie genomen,
5 den sol diu küneginne hân.'
dar nâch diu volge wart getân.

dô sprach si: 'herre, nû sît ir mîn.
ich tuon iu dienst nâch hulden schîn
und vüege iu solher vreuden teil,
10 daz ir nâch jâmer werdet geil.'
er hete iedoch von jâmer pîn.
dô was des aberellen schîn
zegangen, dar nâch komen was
kurz kleine grüene gras.
15 daz velt was gar vergrüenet,
daz blœdiu herzen küenet
und in gît hôchgemüete.
vil boume stuont in blüete
von dem süezen luft des meien.
20 sîn art von der feien
muoste minnen oder minne gern.
des wolde in vriundîn dâ gewern.
    an vroun Herzeloiden er dô sach,
sîn süezer munt mit zühten sprach:
25 'vrouwe, sol ich mit iu genesen,
sô lât mich âne huote wesen:
wan verlæt mich immer jâmers kraft,
sô tæte ich gerne ritterschaft.
lât ir niht turnieren mich,
30 sô kan ich noch den alten slich,
97   als dô ich mînem wîbe entran,
die ich ouch mit ritterschaft gewan.
dô si mich ûf von strîte bant,
ich liez ir liute unde lant.'
5 si sprach: 'herre, nû nemt iu selbe ein zil:
ich lâze iu iuwers willen vil.'
'ich wil vrumen noch vil der sper enzwei.
aller mânedgelîch ein turnei.
des sult ir, vrouwe, ruochen,
10 daz ich den müeze suochen.'
diz lobete si, wart mir gesaget:
er emphienc diu lant und ouch die maget.
    disiu driu juncherrelîn
Amphlîsen der künegîn
15 hie stuonden und ir kappelân,

dâ volge und urteil wart getân.
aldâ erz hôrte unde sach,
heimlîche er Gahmureten sprach:
'man tet mîner vrouwen kunt,
20 daz ir vor Patelamunt
den hœsten prîs behieltet
und dâ zweier krône wieltet.
si hât ouch lant unde muot
und gît iu lîp unde guot.'
25 'dô si mir gap die ritterschaft,
dô muoste ich nâch der ordens kraft,
als mir des schildes ammet saget,
dâ bî belîben unverzaget.
wan daz ich schilt von ir gewan,
30 ez wære noch anders ungetân.
98 ich wære des trûrec oder geil,
mich behabet hie ritters urteil.
vart wider, saget ir dienest mîn:
ich sül iedoch ir ritter sîn,
5 ob mir alle krône wæren bereit.
ich hân nâch ir mîn hœste leit.'
er bôt in sîne grôze habe:
sîner gebe tâten si sich abe.
die boten vuoren ze lande
10 gar âne ir vrouwen schande.
si engerten urloubes niht,
als lîhte in zorne noch geschiht.
ir knappen vürsten, disiu kint
wâren von weinen vil nâch blint.
15 die den schilt verkêrt dâ hânt getragen,
den begunde ir vriunt ze velde sagen:
'vrou Herzeloide diu künegîn,
diu hât behabet den Anschevîn.'
'wer was von Anschouwe dâ?
20 unser herre ist leider anderswâ,
durch ritters prîs zen Sarrazîn.
daz ist nû unser hœster pîn.'
'der hie den prîs hât bezalt
und sô manegen ritter abe gevalt

25 und der sô stach unde sluoc
und der den tiuren anker truoc
ûf dem helme lieht gesteinet,
daz ist, den ir dâ meinet.
mir saget der künec Kailet,
30 der Anschevîn wære Gahmuret.

99 dem ist hie wol gelungen.'
nâch den orsen si dô sprungen,
ir wât wart von den ougen naz.
dô si kômen, dâ ir herre saz,
5 si emphiengen in, er emphienc ouch sie.
vreude und jâmer daz was hie.
dô kuste er die getriuwen.
er sprach: 'iuch ensol niht riuwen
zunmâzer wîs der bruoder mîn.
10 ich mac iuch wol ergetzen sîn:
kêrt ûf den schilt nâch sîner art.
gehabet iuch an der vreuden vart:
ich sol mîns vater wâpen tragen.
sîn lant mîn anker hât beslagen.
15 der anker ist ein recken zil:
den trage und neme nû, swer der wil.
ich muoz nû lebelîche
gebâren: ich bin rîche.
wan solde ich volkes herre sîn,
20 den tæte wê der jâmer mîn.
vrou Herzeloide, helfet mir,
daz wir biten, ich und ir,
künege und vürsten, die hie sîn,
daz si durch den dienest mîn
25 belîben, unz ir mich gewert,
des minnen werc zer minnen gert.'
die bete warp ir beider munt,
die werden lobetenz sâ zestunt.
ieslîcher vuor an sîn gemach.
30 diu künegîn zir vriunde sprach:

100 'nû habet iuch an mîne phlege.'
si wîste in heimlîche wege.
[sîner geste phlac man wol ze vromen,

swar halt ir wirt wære komen.]
5 daz gesinde wart gemeine:
doch vuor er dan al eine,
wan zwei juncherrelîn.
juncvrouwen und diu künegîn
in vuorten, dâ er vreude vant
10 und al sîn trûren gar verswant.
enschumphieret wart sîn riuwe
und sîn hôchgemüete al niuwe:
daz muoste iedoch bî liebe sîn.
vrou Herzeloide diu künegîn
15 ir magetuoms dâ âne wart.
die munde wâren ungespart:
die begunden si mit küssen zern
und dem jâmer von den vreuden wern.
       dar nâch er eine zuht begienc:
20 si wurden ledec, die er dâ vienc.
Hardîzen und Kailet,
seht, die versuonde Gahmuret.
dâ ergienc ein solhiu hôchgezît,
swer der hât gelîchet sît,
25 des hant iedoch gewaldes phlac.
Gahmuret sich des bewac,
sîn habe was vil ungespart.
aræbesch golt geteilet wart
armen rittern al gemeine
30 und den künegen edel gesteine
101   teilte Gahmuretes hant
und ouch swaz er dâ vürsten vant.
[dâ wart daz varnde volc vil geil,
die emphiengen rîcher gâbe teil.]
5 lât si rîten, swer dâ geste sîn:
den gap urloup der Anschevîn.
       daz pantel, daz sîn vater truoc,
von zobele ûf sînen schilt man sluoc.
al kleine wîz sîdîn
10 ein hemde der künegîn,
als ez ruorte ir blôzer lîp,
diu nû worden was sîn wîp,

daz was sîns halsberges dach.
ahzeheniu man durchstochen sach
15 und mit swerten gar zehouwen,
ê er schiede von der vrouwen.
daz legete ouch si an blôze hût,
sô von ritterschefte kom ir trût,
der manegen schilt vil dürkel stach.
20 ir zweier minne man triuwen jach.
    er hete werdekeit genuoc,
dô in sîn manlîch ellen truoc
hin über gein der herte.
mich jâmert sîner verte.
25 im kom diu wâre botschaft,
sîn herre der bâruc wære mit kraft
überriten von den Babilôn:
einer hiez Ipomidôn,
der ander Pompêjus.
30 den nennet diu âventiure alsus,
102   daz was ein stolz werder man,
niht der von Rôme entran
Jûliuse dâ bevor.
der künec Nabuchodonosor
5 sîner muoter bruoder was,
der an trügelîchen buochen las,
er solde selbe sîn ein got.
daz wære nû der liute spot.
ir lîp, ir guot was ungespart.
10 die gebruoder wâren von hôher art,
von Nînus, der gewaldes phlac,
ê würde gestiftet Baldac
(der selbe stifte ouch Nînivê):
in tet schade und laster wê.
15 der jach der bâruc zurborn.
des wart gewunnen und verlorn
genuoc ze beiden sîten:
man sach dâ helde strîten.
dô schiffete er sich über mer
20 und vant den bâruc mit wer.
mit vreuden er emphangen wart,

swie mich jâmer sîner vart.

Waz dâ geschæhe, wiez dort ergê,
gewin und vlust, wie daz gestê,
25 des enweiz vrou Herzeloide niht.
diu was alsô diu sunne lieht
und hete minneclîchen lîp.
rîcheit bî tugende phlac daz wîp
und vreuden mêre denne ze vil.
30 si was gar ob dem wunsches zil.

103 si kêrte ir herze an guote kunst:
des bejagete si der werlde gunst.
[vrou Herzeloide diu künegin,
ir site an lobe vant gewin,]
5 ir kiusche was vür prîs erkant,
küneginne über driu lant:
Wâleis und Anschouwe,
dar über was si vrouwe,
si truoc ouch krône ze Norgâls
10 in der houbetstat ze Kingrivâls.
ir was ouch wol sô liep ir man,
ob ie kein vrouwe mêr gewan
sô werden vriunt, waz war ir daz?
si mohtez lâzen âne haz.
15 dô er ûze beleip ein halbez jâr,
sîns komens warte si vür wâr:
daz wart ir lîpgedinge.
dô brast ir vreuden klinge
mitten in dem hefte enzwei.
20 ouwê unde heiâ hei,
daz güete alsolhen kummer treget
und immer triuwe jâmer reget!
alsus vert diu mennischeit:
hiute vreude, morgen leit.
25 diu vrouwe um einen mitten tac
eins angestlîchen slâfes phlac:
ir kom ein vorhtlîcher schric.
si dûhte, wie ein sternblic
si gein den lüften vuorte,

30 dâ si mit kreften ruorte
manec viurîn donerstrâle.
die vlugen al zemâle
gein ir: dô sungelte unde sanc
von genstern ir zöphe lanc.
5 mit krache gap der doner duz,
brinnendege zeher was sîn guz.
ir lîp si dâ nâch wider vant,
dô zucte ein grîfe ir zeswen hant.
daz wart ir verkêrt hie mite:
10 si dûhte wunderlîcher site,
wie si wære eins wurmes amme,
der sît zevuorte ir wamme,
und wie ein trache ir brüste süge
und daz der gâhes von ir vlüge,
15 sô daz si in nimmer mêr gesach.
daz herze er ir ûz dem lîbe brach.
die vorhte muosten ir ougen sehen:
ez ist selten wîbe mêr geschehen
in slâfe kummer dem gelîeh.
20 dâ vor was si ritterlîch:
ach wênec, daz wirt verkêret gar.
si wirt nâch jâmer nû gevar.
ir schade wirt lanc unde breit,
ir nâhent komendiu herzenleit.
25 diu vrouwe dô begunde,
daz si dâ vor niht kunde,
beidiu zabeln unde wuofen,
in slâfe lûte ruofen.
vil juncvrouwen sâzen hie,
30 die sprungen dar und wacten sie.

dô kom geriten Tampanîs,
ir mannes meisterknappe wîs,
und kleiner juncherren vil.
dâ gienc ez ûz der vreuden zil:
5 die sageten klagende ir herren tôt.
des kom vrou Herzeloide in nôt,
si viel hin unversunnen.
die ritter sprâchen: ʻwiest gewunnen

mîn herre in sînem harnas,
10 sô wol gewâpent sô er was?'
  swie den knappen jâmer jagete,
den helden er doch sagete:
'mînen herren lebens lenge vlôch.
sîn hersenier von im er zôch:
15 des twanc in starkiu hitze.
gunêrtiu heidensch witze
hât uns verstoln den helt guot.
ein ritter hete bockes bluot
genomen in ein langez glas.
20 daz sluoc er an den adamas:
dô wart er weicher danne ein swamp.
den man noch mâlet vür daz lamp
und ouch daz kriuze in sîne klân,
den erbarme, daz dâ wart getân.
25   dô si mit scharn zein ander riten,
âvoi, wie dâ wart gestriten!
des bâruckes ritterschaft
sich werte wol mit ellens kraft
vor Baldac ûf dem gevilde.
30 durchstochen wart vil schilde,
106   dâ si zein ander gâhten.
die poinder sich dâ vlâhten,
sich wurren die banier:
dâ viel manec degen fier.
5 aldâ worhte mînes herren hant,
dâ von ir aller prîs verswant.
dô kom gevarn Ipomidôn.
mit tôde er mînem herren lôn
gap, daz er in nider stach,
10 dâz manec tûsent ritter sach
vor Alexandrîe.
mîn herre valsches vrîe
gein dem künege kêrte.
des tjost in sterben lêrte,
15 sînen helm versneit: des spers ort
durch sîn houbet wart gebort,
daz man den trunzûn drinne vant.

iedoch gesaz der wîgant,
al teude er ûz dem strîte reit
20 ûf eine plâne, diu was breit.
über in kom sîn kappelân.
er sprach mit kurzen worten sân
sîne bîhte und sande her
diz hemde und daz selbe sper,
25 daz in von uns gescheiden hât.
er starp âne alle missetât.
juncherren und die knappen sîn
bevalh er der künegîn.
    er wart geleget ze Baldac.
30 diu koste den bâruc ringe wac:
107   mit golde wart gehêret,
grôz rîcheit dran gekêret
mit edelem gesteine,
dâ inne liget der reine.
5 gebalsemt wart sîn junger rê.
vor jâmer wart vil liuten wê.
ein tiure rubîn ist der stein
ob sînem grabe, dâ durch er schein.
uns wart gevolget hie mite:
10 ein kriuze nâch der marter site,
als uns Kristes tôt lôste,
liez man stôzen im ze trôste
ze scherm der sêle überz grap.
der bâruc die koste gap:
15 ez was ein tiure smârât.
wir tâtenz âne der heiden rât:
ir orden kan niht kriuzes phlegen,
als Kristes tôt uns liez den segen.
ez betent heiden sunder spot
20 an in als an ir werden got,
niht durch des kriuzes êre
noch durch des toufes lêre,
der zem urteillîchen ende
uns lœsen sol gebende.
25 diu manlîche triuwe sîn
gît im ze himele liehten schîn

und ouch sîn riuwec bîhte.
der valsch was an im sîhte.
    in sînen helm, den adamas,
30 ein epitafium ergraben was,
108   versigelt ûfz kriuze ob dem grabe.
sus sagent die buochstabe:
'durch disen helm ein tjoste sluoc
den werden, der ellen truoc.
 5 Gahmuret was er genant,
gewaldec künec über driu lant.
ieglîchez im der krône jach,
dâ giengen rîche vürsten nâch.
er was von Anschouwe erborn
10 und hât vor Baldac verlorn
den lîp durch den bâruc.
sîn prîs gap sô hôhen ruc,
niemen reichet an sîn zil.
swâ man noch ritter prüeven wil,
15 er ist von muoter ungeborn,
zuo dem sîn ellen habe gesworn,
ich meine der schildes ammet hât.
helfe und manlîchen rât
gap er mit stæte vriunden sîn,
20 er leit durch wîp vil scharphen pîn.
er truoc den touf und kristen ê:
sîn tôt tet Sarrazînen wê
sunder liegen, daz ist wâr.
sîner zît versunnenlîchiu jâr
25 sîn ellen sô nâch prîse warp.
mit ritterlîchem prîse er starp:
er hete der valscheit an gesiget.
nû wünscht im heiles, der hie liget."
diz was, alsô der knappe jach.
30 Wâleise man vil weinen sach:
109   die muosten wol von schulden klagen.
    diu vrouwe hete getragen
ein kint, daz in ir lîbe stiez,
die man âne helfe ligen liez.
 5 ahzehen wochen hete gelebet,

des muoter mit dem tôde strebet,
vrou Herzeloide diu künegin.
die andern heten kranken sin,
daz si niht hulfen dem wîbe,
10 wan diu truoc in ir lîbe,
der aller ritter bluome wirt,
ob in ein sterben hie verbirt.
dô kom ein altwîser man
durch klage über die vrouwen sân,
15 dâ diu mit dem tôde ranc.
die zene er ir von ein ander twanc:
man gôz ir wazzer in den munt.
aldâ wart ir versinnen kunt.
    si sprach: 'ouwê, war kom mîn trût?'
20 diu vrouwe in klagete über lût:
'mînes herzen vreude breit
was Gahmuretes werdekeit.
daz nam mir sîn vrechiu ger.
ich was vil junger danne er
25 und bin sîn muoter und sîn wîp:
ich trage alhie doch sînen lîp
und sînes verhes sâmen,
den gâben unde nâmen
unser zweier mînne.
30 hât got getriuwe sinne,
110   sô lâze erz mir ze vrühte komen.
ich hân doch schaden ze vil genomen
an mînem stolzen werden man.
wie hât der tôt ze mir getân!
5 er emphienc nie wîbes minnen teil,
er enwære al ir vreuden geil:
in müete wîbes riuwe.
daz riet sîn manlîch triuwe,
wande er was valsches lære.'
10 nû hœrt ein ander mære,
waz diu vrouwe dô begienc.
kint und bûch si zir gevienc
mit armen und mit henden.
si sprach: 'mir sol got senden

15 die werden vruht von Gahmurete.
daz ist mînes herzen bete.
got wende mich sô tummer nôt:
daz wære Gahmuretes ander tôt,
ob ich mich selben slüege,
20 die wîle ich bî mir trüege,
daz ich von sîner minne emphienc,
der mannes triuwe an mir begienc.'
    diu vrouwe enruochte, wer daz sach:
daz hemde von der brust si brach.
25 ir brüste linde unde wîz,
dar an kêrte si ir vlîz:
si dructe si an ir rôten munt.
si tet wîplîche vuore kunt.
alsus sprach diu wîse:
30 'dû bist kaste eins kindes spîse.

111 die hât ez vor im her gesant,
sît ichz lebendec in dem lîbe vant.'
diu vrouwe ir willen dar an sach,
daz diu spîse was ir herzen dach,
5 diu milch in ir tüttelîn:
die dructe drûz diu künegîn.
si sprach: 'dû bist von triuwen komen.
hete ich des toufes niht genomen,
dû wæres wol mîns toufes zil.
10 ich sol mich begiezen vil
mit dir und mit den ougen
offenlîch und tougen,
wande ich wil Gahmureten klagen.'
    diu vrouwe hiez dar nâher tragen
15 ein hemde nâch bluote var,
dar inne ans bâruckes schar
Gahmuret den lîp verlôs,
der werlîchen ende kôs
mit rehter manlîcher ger.
20 diu vrouwe vrâcte ouch nâch dem sper,
daz Gahmurete gap den rê.
Ipomidôn von Nînivê
gap alsus werlîchen lôn,

der stolze werde Babilôn:
25 daz hemde ein hader was von slegen.
diu vrouwe woldez an sich legen,
als si dâ vor hete getân,
sô von ritterschefte kom ir man:
dô nâmen siz ir ûzer hant.
30 die besten über al daz lant
112 bestatten sper und ouch daz bluot
ze münster, sô man die tôten tuot.
in Gahmuretes lande
man jâmer dô bekande.
5 dannen über den vierzehenden tac
diu vrouwe eins kindelîns gelac,
eins suns, der solher lide was,
daz si vil kûme dran genas.
hiest der âventiure wurf gespilt
10 und ir bogen ist gezilt,
wande er ist alrêst geborn,
dem diz mære wart erkorn.
sîns vater vreude und des nôt,
beidiu sîn leben und sîn tôt,
15 des habet ir wol ein teil vernomen.
nû wizzet, wâ von iu sî komen
dises mæres sachewalte
und wie man den behalte.
man barc in vor ritterschaft,
20 ê er kœme an sîner witze kraft.
dô diu künegîn sich versan
und ir kindelîn wider zir gewan,
si und ander vrouwen
begunden allenthalben schouwen
25 zwischen den beinen sîn visellîn.
er muoste vil getriutet sîn,
dô er hete manlîchiu lit.
er wart mit swerten sît ein smit,
vil viures er von helmen sluoc:
30 sîn herze manlîch ellen truoc.
113 die künegîn des geluste,
daz si in vil dicke kuste.

si sprach hin zim in allen vlîz:
'bon fîz, scher fîz, bêâ fîz!'
5   diu künegîn nam dô sunder twâl
diu rôten velwelohten mâl,
ich meine ir tüttelînes grenselîn:
daz schoup si im in sîn vlenselîn.
selbe was sîn amme,
10 diu in truoc in ir wamme:
an ir brüste si in zôch.
die wîbes missewende vlôch,
si dûhte, si hete Gahmureten
wider an ir arm erbeten.
15 [si kêrte sich niht an lôsheit:
diemuot was ir bereit.]
vrou Herzeloide sprach mit sinne:
'diu hœste küneginne
Jêsus ir brüste bôt,
20 der sît durch uns vil scharphen tôt
an dem kriuze menneschlîche emphienc
und sîne triuwe an uns begienc.'
swes lîp sîn zürnen ringet,
des sêle unsanfte dinget,
25 swie kiusche er sî und wære,
des weiz ich wâriu mære,.
sich begôz des landes vrouwe
mit ir herzen jâmers touwe:
ir ougen regenden ûf den knaben.
30 si kunde wîbes triuwe haben:
114   beidiu siufzen unde lachen
kunde ir munt vil wol gemachen.
si vreute sich ir suns geburt:
ir schimph ertranc in riuwen vurt.

5 Swer nû wîben sprichet baz,
deiswâr, daz lâze ich âne haz:
ich vriesche gerne ir vreude breit.
wan einer bin ich unbereit
dienstlîcher triuwe:
10 mîn zorn ist immer niuwe

gein ir, sît ich si an wanke sach.
ich bin Wolfram von Eschenbach
und kan ein teil mit sange
und bin ein habendiu zange
15 mînen zorn gein einem wîbe:
diu hât mînem lîbe
erboten solhe missetât,
ich enhân si hazzens keinen rât.
dar um hânt mîn die andern haz.
20 ouwê, war umme tuont si daz?
alein sî mir ir hazzen leit,
ez ist iedoch ir wîpheit,
sît ich mich versprochen hân
und an mir selben missetân,
25 daz lîhte nimmer mêr geschiht.
iedoch ensuln si sich vergâhen niht
mit hurte an mîn hâmît:
si vindent werlîchen strît.
    ich enhân des niht vergezzen,
30 ich enkünne wol gemezzen
115   beide ir gebære und ir site.
swelhem wîbe volget kiusche mite,
der lobes kemphe wil ich sîn:
mir ist von herzen leit ir pîn.
5 sîn lop hinket an dem spat,
swer allen vrouwen sprichet mat
durch sîn eines vrouwen.
swelhiu mîn reht wil schouwen,
beidiu sehen und hœren,
10 die ensol ich niht betœren:
schildes ammet ist mîn art.
swâ mîn ellen sî gespart,
swelhiu mich minnet umme sanc,
sô dunket mich ir witze kranc.
15 ob ich guotes wîbes minne ger,
mac ich mit schilde und ouch mit sper
verdienen niht ir minne solt,
al dar nâch sî si mir holt.
vil hôhes topels er doch spilt,

20 der an ritterschaft nâch minnen zilt.
    hetenz wîp niht vür ein smeichen,
ich solde iu vürbaz reichen
an disem mære unkundiu wort,
ich spræche iu die âventiure vort.
25 swer des von mir geruoche,
der enzel si ze keinem buoche:
ich enkan deheinen buochstap.
dâ nement genuoge ir urhap:
disiu âventiure
30 vert âne der buoche stiure.
116   ê man si hete vür ein buoch,
ich wære ê nacket âne tuoch,
sô ich in dem bade sæze,
ob ich des questen niht vergæze.

III.

5   Ez machet trûrec mir den lîp,
    daz alsô manegiu heizet wîp.
    ir stimme sint gelîche hel:
    genuoge sint gein valsche snel,
    etslîche valsches lære.
10 sus teilent sich diu mære.
    daz die gelîche sint genamt,
    des hât mîn herze sich geschamt.
    wîpheit, dîn ordenlîcher site,
    dem vert und vuor ie triuwe mite.

15 Genuoge sprechent, armuot,
    daz diu sî ze nihte guot.
    swer die durch triuwe lîdet,
    helleviur die sêle mîdet.
    die dolte ein wîp durch triuwe:
20 des wart ir gâbe niuwe
    ze himele mit endelôser gebe.
    ich wæne, ir nû vil wênec lebe,
    die junc der erden rîchtuom
    liezen durch des himeles ruom:
25 ich erkenne ir nehein.
    man und wîp mir sint al ein:
    die mîdentz al gelîche.
      vrou Herzeloide diu rîche
    ir drîer lande wart ein gast:
30 si truoc der vreuden mangels last.

117   der valsch an ir sô gar verswant,
            ouge noch ôre in nie dâ vant.
            ein nebel was ir diu sunne.
            si vlôch der werlde wunne,
     5 ir was gelîch naht und der tac:
            ir herze niht wan jâmers phlac.
            sich zôch diu vrouwe jâmers balt
            ûz ir lande in einen walt,
            zer waste in Soltâne,
    10 niht durch bluomen ûf die plâne.
            ir herzen jâmer was sô ganz,
            si enkêrte sich an keinen kranz,
            er wære rôt oder val.
            si brâhte dar durch vlühtesal
    15 des werden Gahmuretes kint.
            liute, die bî ir dâ sint,
            müezen bûwen unde riuten.
            si kunde wol getriuten
            ir sun: ê daz sich der versan,
    20 ir volc si gar vür sich gewan,
            ez wære man oder wîp.
            den gebôt si allen an den lîp,
            daz si immer ritters würden lût,
            'wan vriesche daz mîns herzen trût,
    25 welh ritters leben wære,
            daz würde mir vil swære.
            nû habet iuch an der witze kraft
            und helt in alle ritterschaft.'
            der site vuor angestlîche vart.
    30   der knappe alsus geborgen wart
118   zer waste in Soltâne erzogen,
            an küneclîcher vuore betrogen,
            ez enmöhte an einem site sîn:
            bogen unde bölzelîn
     5 die sneit er mit sîn selbes hant
            und schôz vil vogele, die er vant.
            swenne aber er den vogel erschôz,
            des schal von sange ê was sô grôz,
            sô weinde er unde roufte sich,

10 an sîn hâr kêrte er gerich.
sîn lîp was klâr unde fier:
ûf dem plân an dem rivier
twuoc er sich alle morgen.
er enkunde niht gesorgen,
15 ez enwære ob im der vogelsanc.
diu süeze in sîn herze dranc:
daz erstracte im sîniu brüstelîn.
al weinde er lief zer künegîn.
sô sprach si: 'wer hât dir getân?
20 dû wære hin ûz ûf den plân.'
er enkunde ir gesagen niht,
als kinden lîhte noch geschiht.
    dem mære gienc si lange nâch.
eins tages si in kaphen sach
25 ûf die boume nâch der vogele schal.
si wart wol innen, daz zeswal
von der stimme ir kindes brust.
des twanc in art und sîn gelust.
vrou Herzeloide kêrte ir haz
30 an die vogele, si enwesse um waz:
119 si wolde ir schal verkrenken.
ir bûliute und ir enken
die hiez si vaste gâhen,
vogele würgen unde vâhen.
5 die vogele wâren baz geriten:
etslîches sterben wart vermiten,
der beleip dâ lebendec ein teil,
die sît mit sange wurden geil.
    der knappe sprach zer künegîn:
10 'waz wîzet man den vogelîn?'
er gerte in vrides sâ zestunt.
sîn muoter kuste in an den munt.
diu sprach: 'wes wende ich sîn gebot,
der doch ist der hœste got?
15 suln vogele durch mich vreude lân?'
der knappe sprach zer muoter sân:
'ouwê, muoter, waz ist got?'
'sun, ich sage dirz âne spot:

er ist noch liehter denne der tac.
20 der antlitzes sich bewac
nâch menschen antlitze,
sun, merke eine witze
und vlêhe in um dîne nôt:
sîn triuwe der werlde ie helfe bôt.
25 sô heizet einer der helle wirt:
der ist swarz, untriuwe in niht verbirt.
von dem kêre dîne gedanke
und ouch von zwîvels wanke.'
sîn muoter underschiet im gar
30 daz vinster und daz lieht gevar.

120   dar nâch sîn snelheit verre spranc.
er lernte den gabilôtes swanc,
dâ mit er manegen hirz erschôz,
des sîn muoter und ir volc genôz.
5 ez wære æber oder snê,
dem wilde tet sîn schiezen wê.
nû hœret vremdiu mære:
swenne er schôz daz swære,
des wære ein mûl geladen gennuoc,
10 als unzeworht hin heime erz truoc.
eins tages gienc er den weideganc
an einer halden, diu was lanc.
er brach durch blates stimme ein zwîc.
dâ nâhen bî im gienc ein stîc,
15 dâ hôrte er schal von huofslegen:
sîn gabilôt begunde er wegen.
dô sprach er: 'waz hân ich vernomen?
wan wolde et nû der tiuvel komen
mit grimme zorneclîche!
20 den bestüende ich sicherlîche.
mîn muoter vreisen von im saget:
ich wæne, ir ellen sî verzaget.'
alsus stuont er in strîtes ger.
nû seht, dort kom geschûftet her
25 ritter nâch wunsche var,
von vuoze ûf gewâpent gar.
der knappe wânde sunder spot,

daz ieslîcher wære ein got.
dô stuont ouch er niht langer hie,
30 in den phat viel er ûf sîniu knie.
121 lûte rief der knappe sân:
'hilf, got! dû maht wol helfe hân.'
der vorder zornes sich bewac,
dô der knappe in dem phade lac:
5 'dirre tœrsche Wâleise
unsich wendet gâher reise.'
ein prîs, den wir Beier tragen,
muoz ich von Wâleisen sagen:
die sint tœrscher denne beiersch her
10 und doch bî manlîcher wer.
swer in den zwein landen wirt,
gevuoge ein wunder an im birt.
dô kom geleischieret
und wol gezimieret
15 ein ritter, dem was harte gâch.
er reit in strîteclîchen nâch,
die verre wâren von im komen:
zwêne ritter heten im genomen
eine vrouwen in sînem lande.
20 den helt ez dûhte schande:
in müete der juncvrouwen leit,
diu jæmerlîche vor in reit.
dise drî wâren sîne man.
er reit ein schœne kastelân,
25 sîns schiltes was vil wênec ganz.
er hiez Karnahkarnanz
leh cons Ulterlec.
er sprach: 'wer irret uns den wec?'
sus vuor er zuo dem knappen sân.
30 den dûhte er als ein got getân:
122 er enhete ê sô liehtes niht erkant.
ûf dem touwe der wâpenroc erwant,
mit guldîn schellen kleine
vor iewederm beine
5 wâren die stegereife erklenget
und ze rehter mâze erlenget,

sîn zeswer arm von schellen klanc.
swar er den bôt oder swanc,
der was durch swertslege sô hel:
10 der helt was gein prîse snel.
sus vuor der vürste rîche,
gezimieret wünneclîche.

    aller manne schœne ein bluomen kranz
den vrâcte Karnahkarnanz:
15 'juncherre, sâht ir vür iuch varn
zwêne ritter, die sich niht bewarn
kunnen an ritterlîcher zunft?
si ringent mit der nôtnunft
und sint an werdekeit verzaget:
20 si vüerent roubes eine maget.'
der knappe wânde, swaz er sprach,
ez wære got, als im verjach
vrou Herzeloide diu künegîn,
dô si im underschiet den liehten schîn.
25 dô rief er lûte sunder spot:
'nû hilf mir, helferîcher got!'
vil dicke viel an sîn gebet
fil li roi Gahmuret.

    der vürste sprach: 'ich bin niht got,
30 ich leiste aber gerne sîn gebot.
123 dû maht hie vier ritter sehen,
ob dû ze rehte kundest spehen.'
der knappe vrâcte vürbaz:
'dû nennest ritter: waz ist daz?
5 hâstû niht gotlîcher kraft,
sô sage mir, wer gît ritterschaft?'
'daz tuot der künec Artûs.
juncherre, komt ir in des hûs,
der bringet iuch an ritters namen,
10 daz irs iuch nimmer durfet schamen.
ir muget wol sîn von ritters art.'
von den helden er geschouwet wart:
dô lac diu gotes gunst an im.
von der âventiure ich daz nim,
15 diu mich mit wârheit des beschiet:

nie mannes varwe baz geriet
vor im sît Adâmes zît.
des wart sîn lop von wîben wît.
   aber sprach der knappe sân,
20 dâ von ein lachen wart getân:
'ei ritter got, waz mahtû sîn?
dû hâs sus manec vingerlîn
an dînen lîp gebunden
dort oben und hie unden.'
25 aldâ begreif des knappen hant,
swaz er îsers an dem vürsten vant.
des harnasch begunde er schouwen:
'mîner muoter juncvrouwen
ir vingerlîn an snüeren tragent,
30 die niht sus an ein ander ragent.'
der knappe sprach durch sînen muot
zem vürsten: 'war zuo ist diz guot,
daz dich sô wol kan schicken?
ich enmac es niht abe gezwicken.'
5 der vürste im zeicte sâ sîn swert:
'nû sich, swer an mich strîtes gert,
des selben wer ich mich mit slegen:
vür die sîne muoz ich an mich legen
und vür den schuz und vür den stich
10 muoz ich alsus wâpen mich.'
   aber sprach der knappe snel:
'ob die hirze trüegen sus ir vel,
sô enverwunte ir niht mîn gabilôt.
der vellet maneger von mir tôt.'
15 die ritter zurnden, daz er hielt
bî dem knappen, der vil tumpheit wielt.
der vürste sprach: 'got hüete dîn!
ouwî, wan wære dîn schœne mîn!
dir hete got den wunsch gegeben,
20 ob dû mit witzen soldes leben.
diu gotes kraft dir virre leit!'
   die sîne und ouch er selbe reit
und gâhten harte balde
zeinem velde in dem walde.

124

25 dâ vant der gevüege
vrou Herzeloiden phlüege
(ir volke leider nie geschach),
die er balde eren sach:
si begunden sæn, dar nâch egen,
30 ir garte ob starken ohsen wegen.

125   der vürste in guoten morgen bôt
und vrâcte, ob si sæhen nôt
eine juncvrouwen lîden.
si enkunden niht vermîden,
5 swes er vrâcte, daz wart gesaget.
'zwêne ritter und ein maget
dâ riten hiute morgen.
diu vrouwe vuor mit sorgen,
mit sporn si vaste ruorten.'
10 die die juncvrouwen vuorten,
ez was Meljakanz,
den ergâhte Karnahkarnanz:
mit strîte er im die vrouwen nam.
diu was dâ vor an vreuden lam.
15 si hiez Imâne
von der Bêâfontâne.
     die bûliute verzageten.
dô die helde vür si jageten,
si sprâchen: 'wiest uns sus geschehen?
20 hât unser juncherre ersehen
an disen rittern helme schart,
sô enhân wir uns niht wol bewart.
wir suln der küneginne haz
von schulden hœren umme daz,
25 wande er mit uns dâ her lief,
hiute morgen, dô si dannoch slief.'
     der knappe enruochte ouch, wer dô schôz
die hirze kleine unde grôz:
er huop sich gein der muoter wider
30 und sagete ir mære. dô viel si nider:

126   sîner worte si sô sêre erschrac,
daz si unversunnen vor im lac.
dô diu küneginne

wider kom zir sinne,
5 swie si dâ vor wære verzaget,
dô sprach si: 'sun, wer hât gesaget
dir von ritters orden?
wâ bistûs innen worden?'
'muoter, ich sach vier man
10 noch liehter danne got getân:
die sageten mir von ritterschaft.
Artûs küneclîchiu kraft
sol mich nâch ritters êren
an schildes ammet kêren.'
15   sich huop ein niuwer jâmer hie.
diu vrouwe enwesse rehte wie,
daz si ir den list erdæhte
und in von dem willen bræhte.
der knappe tump unde wert
20 iesch von der muoter dicke ein phert.
daz begunde si in ir herzen klagen.
si dâhte: 'ich enwil im niht versagen,
ez muoz aber vil bœse sîn.'
dô gedâhte mêr diu künegîn:
25 'der liute vil bî spotte sint.
tôren kleider sol mîn kint
ob sînem liehten lîbe tragen.
wirt er geroufet und geslagen,
sô kumt er mir her wider wol.'
30 ouwê der jæmerlîchen dol!
127   diu vrouwe nam ein sactuoch,
si sneit im hemde unde bruoch,
daz doch an einem stücke erschein,
unz enmitten an sîn blankez bein:
5 daz wart vür tôren kleit erkant.
eine gugeln man obene drûfe vant.
al vrisch rûch kelberîn
von einer hût zwei ribalîn
nâch sînen beinen wart gesniten.
10 dâ wart grôz jâmer niht vermiten.
diu künegîn was alsô bedâht,
si bat belîben in die naht:

'dû ensolt niht hinnen kêren,
ich wil dich liste ê lêren.
15 an ungebanten strâzen
soltû tunkel vürte lâzen:
die sîhte unde lûter sîn,
dâ soltû al balde rîten în.
dû solt dich site nieten,
20 der werlde grüezen bieten.
ob dich ein grâ wîse man
zuht wil lêren, als er wol kan,
dem soltû gerne volgen
und wis im niht erbolgen.
25 sun, lâ dir bevolhen sîn,
swâ dû guotes wîbes vingerlîn
müges erwerben und ir gruoz,
daz nim: ez tuot dir kummers buoz.
dû solt zir kusse gâhen
30 und ir lîp vaste ummevâhen:
128   daz gît gelücke und hôhen muot,
ob si kiusche ist unde guot.
dû solt ouch wizzen, sun mîn,
der stolze küene Lehelîn
5 dînen vürsten abe ervaht zwei lant,
diu solden dienen dîner hant,
Wâleis und Norgâls.
ein dîn vürste Turkentâls
den tôt von sîner hende emphienc:
10 dîn volc er sluoc unde vienc.'
'diz riche ich, muoter: ruocht es got,
in verwundet noch mîn gabilôt.'
des morgens, dô der tac erschein,
der knappe balde wart enein,
15 im was gein Artûse gâch.
vrou Herzeloide in kuste und lief im nâch.
der werlde riuwe aldâ geschach:
dô si ir sun niht langer sach
(der reit enwec: wemst deste baz?),
20 dô viel diu vrouwe valsches laz
ûf die erde, aldâ si jâmer sneit,

sô daz si ein sterben niht vermeit.
ir vil getriulîcher tôt
der vrouwen wert die hellenôt.
25 ô wol si, daz si muoter wart!
sus vuor die lônes bernden vart
ein wurzel der güete
und ein stam der diemüete.
ouwê, daz wir nû niht enhân
30 ir sippe unz an den eilften spân!

129 des wirt gevelschet manec lîp.
doch solden nû getriuwiu wîp
heiles wünschen disem knaben,
der sich hie von ir hât erhaben.
5   dô reit der knappe wol getân
gein dem fôreist in Briziljân.
er kom an einen bach geriten,
den hete ein hane wol überschriten:
swie dâ stuonden bluomen unde gras,
10 durch daz sîn vluz sô tunkel was,
der knappe den vurt dar an vermeit.
den tac er gar dâ neben reit,
als ez sînen witzen tohte.
er beleip die naht, swie er mohte,
15 unz im der liehte tac erschein.
der knappe sich danne al ein
huop zeinem vurte lûter wol getân.
dâ was anderhalp der plân
mit einem gezelt gehêret,
20 grôz rîcheit dran gekêret
von drîer varwe samît.
ez was hôch unde wît,
ûf den næten lâgen borten guot.
dâ hienc ein liderîn huot,
25 den man drüber ziehen solde,
immer swenne ez regenen wolde.
duc Orilus de Lalander,
des wîp dort unde vander
ligende minneclîche,
30 die herzoginne rîche,

130   gelîche einem ritters trûte.
            si hiez Jeschûte.
                diu vrouwe was entslâfen.
            si truoc der minne wâfen,
        5   einen munt durchliuhtec rôt
            und gerndes ritters herzen nôt.
            innen des diu vrouwe slief,
            der munt ir von ein ander lief:
            der truoc der minne hitze viur.
       10   sus lac des wunsches âventiur.
            von snêwîzem beine
            nâhe bî ein ander kleine,
            sus stuonden ir die liehten zene.
            ich wæne, mich iemen küssens wene
       15   an einen sus gelobeten munt:
            daz ist mir selten worden kunt.
            ir deckelachen zobelîn
            erwant an ir hüffelîn,
            daz si durch hitze von ir stiez,
       20   dâ si der wirt al eine liez.
            si was geschicket und gesniten,
            an ir was künste niht vermiten:
            got selbe worhte ir süezen lîp.
            ouch hete daz minneclîche wîp
       25   langen arm und blanke hant.
                der knappe ein vingerlîn dâ vant,
            daz in gein dem bette twanc.
            dô er mit der herzoginne ranc,
            dô dâhte er an die muoter sîn:
       30   diu riet an wîbes vingerlîn.
131   ouch spranc der knappe wol getân
            von dem teppeche an daz bette sân.
            diu süeze kiusche unsanfte erschrac,
            dô der knappe an ir arme lac:
        5   si muoste iedoch erwachen.
            mit schame al sunder lachen
            diu vrouwe zuht gelêret
            sprach: 'wer hât mich entêret?
            juncherre, es ist iu gar ze vil:

10 ir mohtet iu nemen ander zil.'
diu vrouwe lûte klagete.
er enruochte, waz si sagete:
ir munt er an den sînen twanc.
dâ nâch was dô niht ze lanc,
15 ê er dructe an sich die herzogîn
und nam ir ouch ein vingerlîn.
an ir hemde ein vürspan er dâ sach:
ungevuoge erz dannen brach.
diu vrouwe was mit wîbes wer,
20 ir was sîn kraft ein ganzez her:
doch wart dâ ringens vil getân.
     der knappe klagete den hunger sân.
diu vrouwe was ir lîbes lieht,
si sprach: 'ir sult mîn ezzen niht.
25 wært ir ze vromen wîse,
ir næmt iu ander spîse.
dort stêt brôt unde wîn
und ouch zwei pardrîsekîn,
als si ein juncvrouwe brâhte,
30 dius wênec iu gedâhte.'

132   er enruochte, wâ diu wirtin saz:
einen guoten kroph er az,
dar nâch er swære trünke tranc.
     die vrouwen dûhte gar ze lanc
5 sîns wesens in dem poulûn.
si wânde, er wære ein garzûn
gescheiden von den witzen.
ir schame begunde switzen.
iedoch sprach diu herzogîn:
10 'juncherre, ir sult mîn vingerlîn
hie lâzen und mîn vürspan.
hebet iuch enwec: wan kumt mîn man,
ir müezet zürnen lîden,
daz ir gerner möhtet mîden.'
15 dô sprach der knappe wol geborn:
'ouwê, waz vürhte ich iuwers mannes zorn?
wan schadet ez iu an êren,
sô wil ich hinnen kêren.'

dô gienc er zuo dem bette sân:
20 ein ander kus dâ wart getân,
daz was der herzoginne leit.
der knappe âne urloup dannen reit.
iedoch sprach er: 'got hüete dîn!
alsus riet mir diu muoter mîn.'
25   der knappe des roubes was gemeit.
dô er eine wîle von dan gereit,
wol nâch gein der mîle zil,
dô kom, von dem ich sprechen wil.
der spürte an dem touwe,
30 daz gesuochet was sîn vrouwe.

133   der snüere ein teil was ûz getret:
dâ hete ein knappe daz gras gewet.
der vürste wert und erkant
sîn wîp dort unde al trûrec vant.
5 dô sprach der stolze Orilus:
'ouwê, vrouwe, wie hân ich sus
mîn dienst gein iu gewendet!
mir ist nâch laster gendet
manec ritterlîcher prîs:
10 ir habet ein ander âmîs.'
mit wazzerrîchen ougen
diu vrouwe bôt ir lougen
sô, daz si unschuldec wære:
er engeloupte niht ir mære.
15 iedoch sprach si mit vorhte siten:
'dâ kom ein tôr her zuo geriten:
swaz ich liute erkennet hân,
ich engesach nie lîp sô wol getân.
mîn vürspan und ein vingerlîn
20 daz nam er âne den willen mîn.'
'hei, sîn lîp iu wol gevellet.
ir habet iuch zim gesellet.'
dô sprach si: 'nû enwelle got!
sîniu ribalîn, sîn gabilôt
25 wâren mir doch ze nâhen.
diu rede iu solde smâhen:
vürstinne ez übele zæme,

ob si dâ minne næme.'
  aber sprach der vürste sân:
30 'vrouwe, ich enhân iu niht getân,
    ir enwelt iuch einer site schamen:
    ir liezet küneginne namen
    und hiezt durch mich ein herzogin.
    der kouf gît mir ungewin.
5 mîn manheit ist doch sô quec,
    daz iuwer bruoder Êrec,
    mîn swâger, fil li roi Lac,
    iuch wol dar umme hazzen mac.
    mich erkennet iedoch der wîse
10 an sô bewandem prîse,
    der ninder mac entêret sîn,
    wan daz er mich vor Prûrîn
    mit sîner tjoste valte.
    an im ich sît bezalte
15 hôhen prîs vor Karnant.
    ze rehter tjost stach in mîn hant
    hinderz ors durch fîanze:
    durch sînen schilt mîn lanze
    iuwer kleinœte brâhte.
20 vil wênec ich dô gedâhte
    iuwer minne einem andern trûte,
    mîn vrouwe Jeschûte.
    vrouwe, ir sult gelouben des,
    daz der stolze Gâlôes,
25 fil li roi Gandîn,
    tôt lac von der tjoste mîn.
    ir hieltet ouch dâ nâhen bî,
    dâ Plîopliherî
    gein mir durch tjostieren reit
30 und mich sîn strîten niht vermeit.
    mîn tjoste in hinderz ors verswanc,
    daz in der satel ninder dranc.
    ich hân dicke prîs bezalt
    und manegen ritter abe gevalt:
5 des enmohte ich nû geniezen niht.
    ein hôhez laster mir des giht.

si hazzent mich besunder,
die von der tavelrunder,
der ich ehte nider stach,
10 dâz manec wert juncvrouwe sach,
um den sparwære ze Kanedic.
ich behielt iu prîs und mir den sic.
daz sâhet ir und Artûs,
der mîne swester hât ze hûs,
15 die süezen Kunnewâren.
ir munt kan niht gebâren
mit lachen, ê si den gesiht,
dem man des hœsten prîses giht.
wan kœme mir doch der selbe man!
20 sô würde ein strîten hie getân
als hiute morgen, dô ich streit
und einem vürsten vrumte leit,
der mir sîn tjostieren bôt:
von mîner tjoste lac er tôt.
25   ich enwil iu niht von zorne sagen,
dâz maneger hât sîn wîp geslagen
um ir krenker schulde.
hete ich dienst oder hulde,
daz ich iu solde bieten,
30 ir müestet iuch mangels nieten.

136   ich ensol niht mêr erwarmen
an iuwern blanken armen,
dâ ich etswenne durch minne lac
manegen wünneclîchen tac.
5 ich sol velwen iuwern rôten munt
und iuwern ougen machen rœte kunt,
ich sol iu vreude entêren
und iuwer herze siuften lêren.'
      diu vürstîn an den vürsten sach.
10 ir munt dô jæmerlîchen sprach:
'nû êret an mir ritters prîs.
ir sît getriuwe unde wîs
und ouch wol sô gewaldec mîn,
ir muget mir geben hôhen pîn.
15 ir sult ê mîn gerihte nemen.

durch elliu wîp lât iuch gezemen
(ir muget mir dannoch vüegen nôt):
læge ich von andern handen tôt,
daz iu niht prîs geneicte,
20 swie schiere ich denne veicte,
daz wære mir ein süeziu zît,
sît iuwer hazzen an mir lît.'
   aber sprach der vürste mêre:
'vrouwe, ir wært mir gar ze hêre
25 des sol ich an iu mâzen:
geselleschaft wirt lâzen
mit trinken und mit ezzen,
bî ligens wirt vergezzen.
ir emphâhet mêr dehein gewant,
30 wan als ich iuch sitzende vant.
137 iuwer zoum muoz sîn ein bestîn seil,
iuwer phert bejaget wol hungers teil,
iuwer satel wol gezieret
der wirt enschumphieret.'
5 vil balde er zarte unde brach
den samît drabe. dô daz geschach,
er zesluoc den satel, dâ si inne reit.
ir kiusche und ir wîpheit
sîn hazzen lîden muosten:
10 mit bestînen buosten
bant er in aber wider zuo.
ir kom sîn hazzen alze vruo.
   dô sprach er an den zîten:
'vrouwe, nû suln wir rîten.
15 kœme ich an in (des würde ich geil),
der hie nam iuwer minne teil,
ich bestüende in doch durch âventiur,
ob sîn âtem gæbe viur
als eines wilden trachen.'
20 al weinde sunder lachen
diu vrouwe jâmers rîche
schiet dannen trûreclîche.
si enmüete niht, swaz ir geschach,
wan ir mannes ungemach:

25 des trûren gap ir grôze nôt,
   daz si noch sanfter wære tôt.
   nû sult ir si durch triuwe klagen:
   si beginnet nû hœher kummer tragen.
   wære mir aller wîbe haz bereit,
30 mich müete doch vroun Jeschûten leit.

138   sus riten si ûf der slâ hin nâch.
   dem knappen vor in ouch was vil gâch:
   doch wesse der unverzagete
   niht, daz man in jagete,
 5 wan swen sîn ougen sâhen,
   sô er dem begunde nâhen,
   den gruozte der knappe guoter
   und jach: 'sus riet mir mîn muoter.'
   sus kom unser tœrscher knabe
10 geriten eine halden abe.
   wîbes stimme er hôrte.
   vor eines velses orte
   ein vrouwe ûz rehtem jâmer schrei:
   ir was diu wâre vreude enzwei.
15 der knappe reit ir balde zuo.
   nû hœret, waz diu vrouwe tuo:
   dâ brach vrou Sigûne
   ir langen zöphe brûne
   vor jâmer ûz ir swarten.
20 der knappe begunde warten:
   Schîanatulander
   den vürsten tôt dâ vander
   der juncvrouwen in ir schôz.
   aller schimphe si verdrôz.
25 'er sî trûrec oder vreuden var,
   die bat mîn muoter grüezen gar.
   got halde iuch!' sprach des knappen munt.
   'ich hân hie jæmerlîchen vunt
   in iuwerm schôze vunden.
30 wer gap iu den ritter wunden?'

139   [der knappe unverdrozzen
   sprach: 'wer hât in erschozzen?]
   geschach ez mit einem gabilôt?

mich dunket, vrouwe, er lige tôt.
5 welt ir mir dâ von iht sagen,
wer iu den man habe erslagen,
ob ich in mac errîten,
ich wil gerne mit im strîten.'
dô greif der knappe mære
10 zuo sînem kochære:
vil scharphiu gabilôt er vant.
er vuorte ouch dannoch beidiu phant,
diu er von Jeschûten brach
und ein tumpheit dâ geschach.
15 hete er gelernt sîns vater site,
die werdeclîche im wonten mite,
diu buckel wære gehurtet baz,
dâ diu herzoginne al eine saz,
diu sît vil kummers durch in leit.
20 mêr danne ein ganzez jâr si meit
gruoz von ir mannes lîbe.
unrehte geschach dem wîbe.
    nû hœrt ouch von Sigûnen sagen:
diu kunde ir leit mit jâmer klagen.
25 si sprach zem knappen: 'dû hâs tugent.
gêret sî dîn süeziu jugent
und dîn antlitze minneclîch.
deiswâr, dû wirst noch sælden rîch.
disen ritter meit daz gabilôt:
30 er lac ze tjostieren tôt.
140 [dû bist geborn von triuwen,
daz er dich sus kan riuwen.']
ê si den knappen rîten lieze,
si vrâcte in, wie er hieze,
5 und jach, er trüege den gotes vlîz.
'bon fîz, scher fîz, beâ fîz,
alsus hât mich genennet,
der mich dâ heime erkennet.'
dô diu rede was getân,
10 si erkande in bî dem namen sân.
nû hœrt in rehter nennen,
daz ir wol müget erkennen,

wer dirre âventiure herre sî:
der hielt der juncvrouwen bî.
15   ir rôter munt sprach sunder twâl:
'deiswâr, dû heizes Parzivâl.
der name ist rehte mitten durch.
grôz liebe ier solh herzen vurch
mit dîner muoter triuwe:
20 dîn vater liez ir riuwe.
ich engihe dirs niht ze ruome,
dîn muoter ist mîn muome,
und sage dir sunder valschen list
die rehten wârheit, wer dû bist.
25 dîn vater was ein Anschevîn,
ein Wâleis von der muoter dîn
bistû geborn von Kanvoleiz.
die rehten wârheit ich des weiz.
dû bist ouch künec ze Norgâls,
30 in der houbetstat ze Kingrivâls

141 sol dîn houbet krône tragen.
dirre vürste wart durch dich erslagen,
wande er dîn lant ie werte.
sîne triuwe er nie verscherte.
5 junc vlætec süezer man,
die gebruoder hânt dir vil getân:
zwei lant nam dir Lehelîn,
disen ritter und den vetern dîn
ze tjostieren sluoc Orilus.
10 der liez ouch mich in jâmer sus.
mir diende âne alle schande
dirre vürste von dînem lande:
dô zôch mich dîn muoter.
lieber neve guoter,
15 nû hœre, waz disiu mære sîn.
ein brackenseil gap im den pîn.
in unser zweier dienste den tôt
hât er bejaget und jâmers nôt
mir nâch sîner minne.
20 ich hete kranke sinne,
daz ich im niht minne gap.

des hât der sorgen urhap
mir vreude verschrôten:
nû minne ich in alsô tôten.'
25   dô sprach er: 'niftel, mir ist leit
dîn kummer und mîn laster breit.
swenne ich daz mac gerechen,
daz wil ich gerne zechen.'
dô was im gein dem strîte gâch.
30   si wîste in unrehte nâch:
142   si vorhte, daz er den lîp verlür
und daz si grôzen schaden kür.
eine strâze er dô gevienc,
diu gein den Berteneisen gienc:
5   diu was gestrîchet unde breit.
swer im widergienc oder widerreit,
ez wære ritter oder koufman,
die selben gruozte er alle sân
und jach, daz wære sîner muoter rât.
10   diu gap in ouch âne missetât.
der âbent begunde nâhen,
grôz müede gein im gâhen.
dô ersach der tumpheit genôz
ein hûs ze guoter mâze grôz.
15   dâ was inne ein arger wirt,
als noch ûf ungeslehte birt:
daz was ein vischære
und aller güete lære.
den knappen hunger lêrte,
20   daz er dâ gegen kêrte
und klagete dem wirte hungers nôt.
der sprach: 'ich engæbe iu ein halbez brôt
niht ze drîzec jâren.
swer mîner milte vâren
25   vergebene wil, der sûmet sich.
ich ensorge um niemen danne um mich,
dar nâch um mîniu kindelîn.
ir enkomt tâlanc dâ her în.
hetet ir phenninge oder phant,
30   ich behielte iuch al zehant.'

143   dô bôt im der knappe sân
          vroun Jeschûten vürspan.
          dô ez der vilân ersach,
          sîn munt dô lachete unde sprach:
     5 'wiltû belîben, liebez kint,
          dich êrent alle, die hinne sint.'
          'wiltû mich hînt wol spîsen
          und morgen rehte wîsen
          gein Artûse (dem bin ich holt),
    10 sô mac belîben dir daz golt.'
          'diz tuon ich' sprach der vilân:
          'ich engesach nie lîp sô wol getân.
          ich bringe dich durch wunder
          vür des küneges tavelrunder.'
    15 die naht beleip der knappe dâ:
          man sach in smorgens anderswâ.
          des tages er kûme erbeite.
          der wirt ouch sich bereite
          und lief im vor, der knappe nâch
    20 reit: dô was in beiden gâch.
              mîn her Hartman von Ouwe,
          vrou Ginovêr, iuwer vrouwe,
          und iuwer herre, der künec Artûs,
          den kumt ein mîn gast ze hûs.
    25 bitet hüeten sîn vor spotte.
          er enist gîge noch diu rotte:
          si suln ein ander gampel nemen.
          des lâzen sich durch zuht gezemen.
          anders iuwer vrouwe Ênîte
    30 und ir muoter Karsnafîte
144   werdent durch die mül gezucket
          und ir lop gebucket.
          sol ich den munt mit spotte zern,
          ich wil mînen vriunt mit spotte wern.
     5   dô kom der vischære
          und ouch der knappe mære
          einer houbetstat sô nâhen,
          aldâ si Nantes sâhen.
          dô sprach er: 'kint, got hüete dîn!

10 nû sich, dort soltû rîten în.'
  dô sprach der knappe an witzen laz:
  'dû solt mich wîsen vürbaz.'
  'wie wol mîn lîp daz bewart!
  diu massenîe ist alsolher art,
15 genæhte ir immer vilân,
  daz wære vil sêre missetân.'
    der knappe al eine vürbaz reit
  ûf einen plân niht ze breit,
  der stuont von bluomen lieht gemâl.
20 in zôch dehein Kurvenâl:
  er kunde kurtôsîe niht,
  als ungevarnem man geschiht.
  sîn zoum der was bestîn
  und harte kranc sîn pherdelîn:
25 daz tet von strûchen manegen val.
  ouch was sîn satel über al
  unbeslagen mit niuwen ledern.
  samît, hermîner vedern
  man dâ vil lützel an im siht.
30 er enbedorfte der mantelsnüere niht:
145   vür suckenîe und vür surkôt,
  dâ vür nam er sîn gabilôt.
  des site man gein prîse maz,
  sîn vater was gekleidet baz
 5 ûf dem teppech vor Kanvoleiz.
    der geliez nie vorhtlîchen sweiz,
  im kom ein ritter widerriten.
  den gruozte er nâch sînen siten:
  'got halde iuch! riet mîn muoter mir.'
10 'juncherre, got lône iu und ir!'
  sprach Artûses basen sun,
  den zôch Utepandragûn.
  ouch sprach der selbe wîgant
  erbeschaft ze Bertâne ûfz lant:
15 ez was Îthêr von Gaheviez.
  den rôten ritter man in hiez:
  sîn harnas was gar sô rôt,
  daz ez den ougen rœte bôt.

sîn ors was rôt unde snel,
20 al rôt was sîn gügerel,
rôt samît was sîn kovertiur,
sîn schilt noch rœter danne ein viur,
al rôt was sîn kursît
und wol an in gesniten wît,
25 rôt was sîn schaft, rôt was sîn sper,
al rôt nâch des heldes ger
was im sîn swert gerœtet,
nâch der scherphe iedoch gelœtet.
der künec von Kukûmerlant,
30 al rôt von golde ûf sîner hant
146 stuont ein koph vil wol gegraben,
ob tavelrunder ûf erhaben.
blanc was sîn vel, rôt was sîn hâr.
der sprach zem knappen sunder vâr:
5 'gêret sî dîn süezer lîp:
dich brâhte zer werlde ein reine wîp.
ô wol der muoter, diu dich gebar!
ich engesach nie lîp sô wol gevar.
dû bist der wâren minne blic,
10 ir schumphentiure und ir sic:
vil wîbes vreude an dir gesiget.
dar nâch dir jâmer swære wiget,
lieber vriunt, wiltû dâ hin în,
sô sage mir durch den dienest mîn
15 dem künege und al den sînen,
ich ensül niht vlühtec schînen:
ich wil hie gerne beiten.
swer zer tjost sich sol bereiten,
ir neheiner habez vür wunder.
20 ich reit vür tavelrunder,
mîns landes ich mich underwant:
disen koph mîn ungevüegiu hant
ûf zucte, daz der wîn vergôz
vroun Ginovêren in ir schôz.
25 underwinden mich daz lêrte.
ob ich schoube umme kêrte,
sô würde ruozec mir mîn vel:

daz meit ich' sprach der degen snel.
'ich enhânz ouch niht durch roup getân:
30 des hât mîn krône mich erlân.

147   vriunt, nû sage der künegîn,
ich begüzze si âne den willen mîn,
aldâ die werden sâzen.
die rehter wer vergâzen,
5 ez sîn künege oder vürsten,
wes lânt si ir wirt erdürsten?
wan holnt si im hie sîn goltvaz?
ir sneller prîs wirt anders laz.'
der knappe sprach: 'ich wirbe dir,
10 swaz dû gesprochen hâs ze mir.'
er reit von im ze Nantes în.
dâ volcten im diu kindelîn
ûf den hof vür den palas,
dâ maneger slahte vuore was.
15 schiere wart um in gedranc:
Îwânet dar nâher spranc,
ein knappe valsches vrîe.
der bôt im kumpânîe.
der knappe sprach: 'got halde dich!
20 bat reden mîn muoter mich,
ê daz ich schiede von ir hûs.
ich sihe hie manegen Artûs:
wer sol mich ritter machen?'
Îwânet begunde lachen.
25 er sprach: 'dû ensihst des rehten niht,
daz aber schiere nû geschiht.'
er vuorte in în zem palas,
dâ diu werde massenîe was.
sus vil kunde er in schalle,
30 er sprach: 'got halde iuch herren alle,

148   benamen den künec und des wîp!
mir gebôt mîn muoter an den lîp,
daz ich die gruozte sunder.
die ob der tavelrunder
5 von rehtem prîse heten stat,
die selben si mich grüezen bat.

8*

dar an ein kunst mich verbirt,
ich enweiz niht, welher hinne ist wirt.
dem hât ein ritter her enboten
10 (den sach ich allenthalben roten),
er welle sîn dâ ûze bîten.
mich dunket, er welle strîten.
im ist ouch leit, daz er den wîn
vergôz ûf die künegîn.
15 ouwî, wan hete ich sîn gewant
emphangen von des küneges hant!
sô wære ich vreuden rîche,
wan ez stêt sô ritterlîche.'
der knappe unbetwungen
20 wart harte vil gedrungen,
gehurtet her unde dar.
si nâmen sîner varwe war.
diz was selpschouwet,
geherret noch gevrouwet
25 wart nie minneclîcher vruht.
got was in einer süezen zuht,
dô er Parzivâlen worhte.
der vreise wênec vorhte,
sus wart er vür Artûsen brâht.
30 an dem got wunsches hete erdâht,
149   im kunde niemen vîent sîn.
dô besach in ouch diu künegîn,
ê si schiede von dem palas,
dâ si dâ vor begozzen was.
5 Artûs an den knappen sach,
zuo dem tummen er dô sprach:
'juncherre, got vergelte iu gruoz,
den ich gerne dienen muoz
mit lîbe und mit dem guote.
10 des ist mir wol ze muote.'
'wolde et got, wan wære daz wâr!
der wîle dunket mich ein jâr,
daz ich niht ritter wesen sol.
daz tuot mir wirs denne wol:
15 nû ensûmet mich niht mêre,

phleget mîn nâch ritters êre.’
‘daz tuon ich gerne’ sprach der wirt.
‘ob werdekeit mich niht verbirt,
dû bist wol sô gehiure,
20 rîch an koste stiure
wirt dir mîn gâbe undertân.
deiswâr, ich solz ungerne lân.
dû solt unz morgen beiten:
ich wil dich wol bereiten.’
25 der wol geborne knappe
hielt gagernde als ein trappe.
er sprach: ‘ich enwil hie nihtes biten.
mir kom ein ritter widerriten:
mac mir des harnas werden niht,
30 ich enruoche, wer küneges gâbe giht.

150   sô gît aber mir diu muoter mîn:
ich wæne doch, diust ein künegîn.’
Artûs sprach zem knappen sân:
‘daz harnas vüert an im ein man,
5 daz ich dirs niht getörste geben.
ich muoz doch sus mit kummer leben
âne alle mîne schulde,
sît ich darbe sîner hulde.
ez ist Îthêr von Gaheviez,
10 der trûren mir durch vreude stiez.’
‘ir wæret ein künec milte,
ob iuch solher gâbe bevilte.
gebetz im dar’ sprach Keie sân
‘und lât in zuo zim ûf den plân,
15 sol iemen bringen uns den koph.
hie helt diu geisel, dort der toph:
lâtz kint in umme trîben,
sô lobet manz vor den wîben.
ez muoz noch dicke bâgen
20 und solhe schanze wâgen.
ich ensorge um ir deweders leben:
man sol hunde nâch ebers houbet geben.’
‘ungerne wolde ich im versagen,
wan daz ich vürhte, er werde erslagen,

25 dem ich helfen sol der ritterschaft'
sprach Artûs ûz triuwen kraft.
der knappe iedoch die gâbe emphienc,
dâ von ein jâmer sît ergienc.
    dô was im von dem künege gâch.
30 junge und alde im drungen nâch.

151   Îwânct in an der hende zôch
vür eine louben niht ze hôch.
dô sach er vür unde wider:
ouch was diu loube sô nider,
5 daz er drûfe hôrte und ouch ersach,
dâ von ein trûren im geschach.
dâ wolde ouch diu künegîn
selbe an dem venster sîn
mit rittern und mit vrouwen.
10 die begunden iu alle schouwen.
dâ saz vrou Kunnewâre,
diu fiere und diu klâre.
diu enlachete deheinen wîs,
si ensæhe in, der den hœsten prîs
15 hete oder solde erwerben:
si wolde ê sus ersterben.
allez lachen si vermeit,
unz daz der knappe vür si reit:
dô erlachete ir minneclîcher munt.
20 des wart ir rücke ungesunt.
dô nam Keie seneschalt
vroun Kunnewâren de Lalant
mit ir reiden hâre.
ir lange zöphe klâre
25 die want er umme sîne hant:
er spancte si âne türbant.
ir rücke wart dehein eit gestabet,
doch wart ein stap sô dran gehabet,
unz daz sîn siusen gar verswanc,
30 durch die wât und durch ir vel ez dranc.

152   dô sprach der unwîse:
'iuwerm werden prîse
ist gegeben ein smæhiu letze:

      ich bin sîn vengec netze,
  5 ich sol in wider in iuch smiden,
      daz irs emphindet ûf den liden.
      ez ist dem künege Artûs
      ûf sînen hof und in sîn hûs
      sô manec werder man geriten,
 10 durch den ir lachen hât vermiten,
      und lachet nû durch einen man,
      der niht mit ritters vuore kan.'
      in zorne wunders vil geschiht.
      sîns slages wære im erteilet niht
 15 vor dem rîche ûf dise maget,
      diu vil von vriunden wart geklaget,
      ob si halt schilt solde tragen.
      diu ungevuoge ist dâ geslagen
      (wan si was von arte ein vürstîn),
 20 Orilus und Lehelîn,
      ir bruoder, hetenz die gesehen,
      der slege minner wære geschehen.
         der verswigen Antanôr,
      der durch swîgen dûhte ein tôr,
 25 sîn rede und ir lachen
      was gezilt mit einen sachen:
      er enwolde nimmer wort gesagen,
      si enlachete, diu dâ wart geslagen.
      dô ir lachen wart getân,
 30 sîn munt sprach ze Keien sân:
153   'got weiz, her seneschalt,
      daz Kunnewâre de Lalant
      durch den knappen ist zebert,
      iuwer vreude es wirt verzert
  5 noch von sîner hende,
      er ensî nie sô ellende.'
      'sît iuwer êrste rede mir dreut,
      ich wæne, irs wênec iuch gevreut.'
      sîn brât wart gâlûnet,
 10 mit slegen vil gerûnet
      dem witzehaften tôren
      mit viusten in sîn ôren:

daz tet Keie sunder twâl.
dô muoste der junge Parzivâl
15 disen kummer schouwen.
Antanors und der vrouwen,
im was von herzen leit ir nôt:
vil dicke er greif zem gabilôt.
vor der künegîn was solh gedranc,
20 daz er durch daz vermeit den swanc.
urloup nam dô Îwânet
zem fil li roi Gahmuret,
des reise al eine wart getân
hin ûz gein Îthêr ûf den plân.
25 dem sagete er solhiu mære,
daz niemen dinne wære,
der tjostierens gerte.
'der künec mich gâbe werte.
ich sagete, als dû mir verjæhe,
30 wiez âne danc geschæhe,
154   daz dû den wîn vergüzze,
unvuoge dich verdrüzze.
ir deheinen lüstet strîtes.
gip mir, dâ dû ûfe rîtes,
5 und dar zuo al dîn harnas:
daz emphienc ich ûf dem palas,
dar inne ich ritter werden muoz.
widersaget sî dir mîn gruoz,
ob dû mirz ungerne gîs.
10 wer mich, ob dû bî witzen sîs.'
der künec von Kukûmerlant
sprach: 'hât Artûses hant
dir mîn harnas gegeben,
deiswâr, daz tæte er ouch mîn leben,
15 möhtestû mirz an gewinnen.
sus kan er vriunde minnen.
was er dir aber ê iht holt?
dîn dienst gedient sô schiere den solt.'
'ich getar wol dienen, swaz ich sol:
20 ouch hât er mich gewert vil wol.
gip her und lâz dîn lantreht:

ich enwil niht langer sîn ein kneht,
ich sol schildes ammet hân.'
er greif im nâch dem zoume sân:
25 'dû maht wol wesen Lehelîn,
von dem mir klagete diu muoter mîn.'
   der ritter umme kêrte den schaft
und stach den knappen sô mit kraft,
daz er und sîn pherdelîn
30 muosten vallende ûf die bluomen sîn.

155   der helt was zornes dræte:
er sluoc in, daz im wæte
von dem schafte ûzer swarten bluot.
Parzivâl der knappe guot
5 stuont al zornec ûf dem plân.
sîn gabilôt begreif er sân.
dâ der helm und diu barbier
sich locheten ob dem hersenier,
durchz ouge in sneit daz gabilôt
10 und durch den nac, sô daz er tôt
viel, der valscheit widersaz.
wîbe siufzen, herzen jâmers kraz
gap Îthêrs tôt von Gaheviez.
der wîben nazziu ougen liez,
15 swelhiu sîner minne emphant,
durch die vreude ir was gerant
und ir schimph enschumphieret,
gein der riuhe gekondewieret.
   Parzivâl der tumme
20 kêrte in dicke al umme:
er kunde im abe geziehen niht.
daz was ein wunderlîch geschiht:
helmes snüere noch sîniu schinnelier,
mit sînen blanken handen fier
25 kunde ers niht ûf gestricken
noch sus her abe gezwicken.
vil dicke erz doch versuochte,
wîsheit der unberuochte.
daz ors und daz pherdelîn
30 erhuoben einen sô hôhen grîn,

156 daz ez Îwânet erhôrte
     vor der stat ans graben orte,
     vroun Ginovêren knappe und ir mâc.
     dô er von dem orse erhôrte den bâc
   5 und dô er niemen drûfe sach
     (von sînen triuwen daz geschach,
     die er nâch Parzivâle truoc),
     dô gâhte dar der knappe kluoc.
     er vant Îthêren tôt
  10 und Parzivâlen in tummer nôt:
     snellîch er zin beiden spranc.
     dô sagete er Parzivâle danc
     prîses, des erwarp sîn hant
     an dem von Kukûmerlant.
  15 'got lône dir! nû rât, waz ich tuo
     (ich kan hie harte wênec zuo):
     wie bringe ichz ab im und an mich?'
     'daz kan ich wol gelêren dich.'
     sus sprach der stolze Îwânet
  20 zem fil li roi Gahmuret.
     entwâpent wart der tôte man
     aldâ vor Nantes ûf dem plân
     und an den lebenden geleget,
     den dannoch grôziu tumpheit reget.
  25   Îwânet sprach: 'diu ribalîn
     suln niht under dem îser sîn:
     dû solt nû tragen ritters kleit.'
     diu rede was Parzivâle leit.
     dô sprach der knappe guoter:
  30 'swaz mir gap mîn muoter,
157 des sol vil wênec von mir komen,
     ez gê ze schaden oder ze vromen.'
     daz dûhte wunderlîch genuoc
     Îwânet, der was kluoc:
   5 iedoch muoste er im volgen.
     er enwas im niht erbolgen.
     zwuo liehte hosen îserîn
     schuohte er im über diu ribalîn,
     sunder leder mit zwein borten.

10 zwêne sporn dar zuo gehôrten:
   er spien im an daz goldes werc.
   ê er im büte dar den halsberc,
   er stricte im um diu schinnelier.
   sunder twâl vil harte schier
15 von vuoze ûf gewâpent wol
   wart Parzivâl mit gernder dol.
     dô iesch der knappe mære
   sînen kochære.
   'ich enreiche dir dehein gabilôt:
20 diu ritterschaft dir daz verbôt'
   sprach Îwânet der knappe wert.
   der gurte im um ein scharphez swert,
   daz lêrte er in ûz ziehen
   und widerriet im vliehen.
25 dô zôch er im dar nâher sân
   des tôten mannes kastelân,
   daz truoc bein hôch und lanc.
   der gewâpende in den satel spranc:
   er engerte stegereifes niht.
30 dem man noch snelheite giht,
158 Îwâneten niht bevilte,
   er enlêrte in underm schilte
   künsteclîch gebâren
   und der vînde schaden vâren.
 5 er bôt im in die hant ein sper:
   daz was gar âne sîne ger,
   doch vrâcte er in: 'war zuo ist diz vrum?'
   'swer gein dir zer tjoste kum,
   dâ soltûz balde brechen,
10 durch sînen schilt verstechen.
   wiltû des vil getrîben,
   man lobet dich vor den wîben.'
   als uns diu âventiure giht,
   von Kölne noch von Mâstrieht
15 dehein schiltære entwürfe in baz,
   denne als er ûf dem orse saz.
     dô sprach er zÎwâneten sân:
   'lieber vriunt, mîn kumpân,

ich hân hie erworben, des ich bat.
20 dû solt mîn dienst in die stat
dem künege Artûse sagen
und ouch mîn hôhez laster klagen.
brinc im wider sîn goltvaz.
ein ritter sich an mir vergaz,
25 daz er die juncvrouwen sluoc,
durch daz si lachens mîn gewuoc.
mich müent ir jæmerlîchen wort,
diu enrüerent mir dehein herzen ort:
jâ muoz enmitten drinne sîn
30 der vrouwen ungedienter pîn.

159   nû tuoz durch dîne gesellekeit
und lâz dir sîn mîn laster leit.
got hüete dîn! ich wil von dir varn.
der mac uns beide wol bewarn.'
5 Îthêrn von Gaheviez
er jæmerlîche ligen liez.
der was, doch tôt, sô minneclîch:
lebende was er sælden rîch.
wære ritterschaft sîn endes wer
10 zer tjost durch schilt mit einem sper,
wer klagete denne die wunders nôt?
er starp von einem gabilôt.
Îwânet ûf in dô brach
der liehten bluomen zeinem dach.
15 er stiez den gabilôtes stil
zuo zim, nâch der marter zil
der knappe kiusche unde stolz
dructe en kriuzes wîs ein holz
durch des gabilôtes snîden.
20 dô enwolde er niht vermîden,
hin in die stat er sagete,
des manec wîp verzagete
und des manec ritter weinde.
der klagende triuwe erscheinde
25 (dâ wart jâmers vil gedolt),
der tôte schône wart geholt.
diu künegîn reit ûz der stat,

daz heilectuom si vüeren bat
ob dem künege von Kukûmerlant,
30 den tôte Parzivâles hant.
160   vrou Ginovêr diu künegin
sprach jæmerlîcher worte sin:
'ouwê unde heiâ hei!
Artûses werdekeit enzwei
5 sol brechen noch diz wunder,
der ob der tavelrunder
den hœsten prîs solde tragen,
daz der vor Nantes liget erslagen.
sîns erbeteils er gerte,
10 dâ man in sterbens werte.
er was doch massenîe alhie,
alsô daz dehein ôre nie
dehein sîn untât vernam.
er was vor wildem valsche zam:
15 der was vil gar von im geschaben.
nû muoz ich alze vruo begraben
ein slôz ob dem prîse.
sîn herze an zühten wîse,
ob dem slôze ein hantveste,
20 riet im benamen daz beste,
swâ man nâch wîbes minne
mit ellenthaftem sinne
solde erzeigen mannes triuwe.
ein berndiu vruht al niuwe
25 ist trûrens ûf diu wîp gesæt.
ûz dîner wunden jâmer wæt.
dir was doch wol sô rôt dîn hâr,
daz dîn bluot die bluomen klâr
niht rœter dorfte machen.
30 dû swendest wîplîch lachen.'
161   Îthêr der lobes rîche
wart bestatet küneclîche.
des tôt schoup siufzen in diu wîp,
sîn harnas im verlôs den lîp:
5 dar umme was sîn endes wer
des tummen Parzivâles ger.

sît dô er sich baz versan,
ungerne hete erz dô getân.
   daz ors einer site phlac:
10 grôz arbeit ez ringe wac,
ez wære kalt oder heiz.
ez enliez durch reise deheinen sweiz,
ez træte stein oder ronen.
er dorfte im keines gürtens wonen
15 doch eines loches nâher baz,
sô er zwêne tage drûfe saz.
gewâpent reitz der tumme man
den tac sô verre, ez hete lân
ein blôz wîser, solde erz hân geriten
20 zwêne tage, ez wære vermiten.
er liez et schûften, selten draben:
er kunde im lützel ûf gehaben.
hin gein âbende er ersach
eins turnes guphen und des dach.
25 den tummen dûhte sêre,
wie der türne wüehse mêre:
der stuont dâ vil ûf einem hûs.
dô wânde er, si sæte Artûs:
des jach er im vür heilekeit
30 und daz sîn sælde wære breit.
162   alsô sprach der tumme man:
'mîner muoter volc niht bûwen kan:
jâ enwehset niht sô lanc ir sât.
swaz si ir in dem walde hât,
5 grôz regen si selten dâ verbirt.'
   Gurnemanz de Grâharz hiez der wirt
ûf dirre burc, dar zuo er reit.
dâ vor stuont ein linde breit
ûf einem grüenen anger,
10 der was breiter noch langer
niht wan ze rehter mâze.
daz ors und ouch diu strâze
in truogen, dâ er sitzen vant,
des was diu burc und ouch daz lant.
15 ein grôziu müede in des betwanc,

daz er den schilt unrehte swanc,
ze verre hinder oder vür,
et ninder nâch der site kür,
die man dâ gein prîse maz.
20 Gurnemanz der vürste al eine saz.
ouch gap der linden tolde
ir schaten, als si solde,
dem houbetman der wâren zuht.
des site was vor valsche ein vluht,
25 der emphienc den gast. daz was sîn reht:
bî im was ritter noch der kneht.
sus antwurte im dô Parzivâl
ûz tummen witzen sunder twâl:
'mich bat mîn muoter nemen rât
30 ze dem, der grâwe locke hât.

163 dâ wil ich iu dienen nâch,
sît mir mîn muoter des verjach.'
'sît ir durch râtes schulde
her komen, iuwer hulde
5 müezet ir mir durch râten lân,
und welt ir râtes volge hân.'
dô warf der vürste mære
einen mûzersparwære
von der hende: in die burc er swanc,
10 ein guldîn schelle dran erklanc.
daz was ein bote: dô kômen sân
vil juncherren wol getân.
er bat den gast, den er dâ sach,
în vüeren und schaffen sîn gemach.
15 der sprach: 'mîn muoter saget al wâr:
altmannes rede stêt niht ze vâr.'
hin în vuorten si in al zehant,
dâ er manegen werden ritter vant
ûf dem hove an einer stat.
20 ieslîcher in erbeizen bat.
dô sprach, an dem was tumpheit schîn:
'mich hiez ein künec ritter sîn:
swaz halt drûfe mir geschiht,
ich enkum von disem orse niht.

25 gruoz gein iu riet mîn muoter mir.'
si dancten beidiu im und ir.
dô daz grüezen wart getân
(daz ors was müede und ouch der man),
maneger bete si gedâhten,
30 ê si in von dem orse brâhten
164   in eine kemenâten.
si begunden im alle râten:
'lâtz harnas von iu bringen
und iuwern liden ringen.'
5 schiere er muoste entwâpent sîn.
dô si diu rûhen ribalîn
und diu tôren kleit gesâhen,
dô erschrâken, die sîn phlâgen.
vil blûge ez wart ze hove gesaget:
10 der wirt vor schame was nâch verzaget.
ein ritter sprach durch sîne zuht:
'deiswâr, sô werdeclîche vruht
erkôs nie mîner ougen sehe.
an im liget der sælden spehe
15 mit reiner süezen hôhen art.
wiest der minnen blic alsus bewart?
mich jâmert immer, daz ich vant
an der werlde vreude alsolh gewant.
wol doch der muoter, diu in truoc!
20 an dem des wunsches liget genuoc,
sîn zimierde ist rîche.
daz harnas stuont ritterlîche,
ê ez kœme von dem gehiuren.
von einer quaschiuren
25 bluotege amesiere
kôs ich an im schiere.'
der wirt sprach zem ritter sân:
'daz ist durch wîbe gebot getân.'
'nein, herre! erst mit solhen siten,
30 er enkunde nimmer wîp gebiten,
165   daz si sîn dienest næme.'
'sîn varwe der minne zæme'
der wirt sprach: 'nû sul wir sehen,

an des wǽte ein wunder ist geschehen.'
 5   si giengen, dâ si vunden
Parzivâlen den wunden
von einem sper, daz beleip doch ganz.
sîn underwant sich Gurnemanz.
solh was sîn underwinden,
10   daz ein vater sînen kinden,
der sich triuwe kunde nieten,
möhtez in niht baz erbieten.
sîne wunden wuosch und ban'.
der wirt mit sîn selbes hant.
15   dô was ouch ûf geleget daz brôt.
des was dem jungen gaste nôt,
wande in grôz hunger niht vermeit:
al vastende er des morgens reit
von dem vischære.
20   sîn wunde und harnas swǽre,
die vor Nantes er bejagete,
im müede und hunger sagete
und diu verre tagereise
von Artûse dem Berteneise,
25   dâ man in allenthalben vasten liez.
der wirt in mit im ezzen hiez
der gast sich dâ gelabete:
in den barn er sich sô habete,
daz er der spîse swande vil.
30   daz nam der wirt gar zeinem spil.
166 dô bat in vlîzeclîche
Gurnemanz der triuwen rîche,
daz er vaste æze
und der müede sîn vergæze.
 5   man huop den tisch, dô des wart zît.
'ich wæne, daz ir müede sît'
sus sprach der wirt: 'wært ir iht vruo?'
'got weiz, mîn muoter sliefe nuo:
diu kan sô vil niht wachen.'
10   der wirt begunde lachen,
er vuorte in an die slâfstat.
der wirt in sich ûz sloufen bat:

ungerne erz tet, doch muoste ez sîn.
ein declachen hermîn
15 wart geleget über sînen blôzen lîp.
sô werde vruht gebar nie wîp.
   grôz müede und slâf in lêrte,
daz er sich selten kêrte
an die andern sîten:
20 sus kunde er tages erbîten.
dô gebôt der vürste mære,
daz ein bat bereite wære
reht um den mitten morgens tac.
zende an dem teppech, der dâ lac,
25 daz muoste des morgens alsô sîn.
man warf dâ rôsen oben în.
swie wênec man um in dâ rief,
der gast erwachte, der dâ slief.
der junge werde süeze man
30 gienc sitzen in die kuofen sân.

167   ich enweiz, wer si des bæte:
juncvrouwen mit rîcher wæte
und an lîbes varwe minneclîch,
die kômen zühte site gelîch.
5 si twuogen und strichen schiere
von im sîn amesiere
mit blanken linden henden.
jâ endorfte in niht ellenden,
der dâ was witze ein weise.
10 sus dolte er vreude und cise,
tumpheit er wênec gein in engalt.
juncvrouwen kiusche unde balt
in alsus kunrierten.
swâ von si parlierten,
15 dâ kunde er wol geswîgen zuo.
ez dorfte in dunken niht ze vruo,
wan von in schein der ander tac.
der glast alsus en strîte lac,
sîn varwe laschte beidiu lieht:
20 des was sîn lîp versûmet niht.
man bôt ein badelachen dar.

des nam er vil kleine war:
sus kunde er sich bî vrouwen schemen.
vor in wolde erz niht umme nemen,
25 die juncvrouwen muosten gên.
si entorsten dâ niht langer stên:
ich wæne, si gerne heten gesehen,
ob im dort unde iht wære geschehen.
wîpheit vert mit triuwen,
30 si kan vriundes kummer riuwen.
168   der gast an daz bette schreit.
al wîz gewant im was bereit,
von golde unde sîdîn
einen bruochgürtel zôch man drîn.
5 scharlachens hosen rôt man streich
an in. dem ellen nie gesweich,
âvoi, wie stuonden sîniu bein!
reht geschickede ab in schein.
brûn scharlachen wol gesniten,
10 dem was furrieren niht vermiten,
beidiu innen hermîn blanc,
roc und mantel wâren lanc,
breit swarz unde grâ
zobel dâ vor man kôs aldâ.
15 daz legete an der gehiure.
under einen gürtel tiure
wart er gefischieret
und wol gezimieret
mit einem tiuren vürspan.
20 sîn munt dâ bî vor ræte bran.
dô kom der wirt mit triuwen kraft,
nâch dem gienc stolziu ritterschaft.
der emphienc den gast. dô daz geschach,
der ritter ieslîcher sprach,
25 si engesæhen nie sô schœnen lîp.
mit triuwen lobeten si daz wîp,
diu gap der werlde alsolhe vruht.
durch wârheit und um ir zuht
si jâhen: ʽer wirt wol gewert,
30 swâ sîn dienst genâden gert:

169   im ist minne und gruoz bereit,
mac er geniezen werdekeit.'
ieslîcher im des dâ verjach
und dar nâch, swer in ie gesach.
5   der wirt in mit der hant gevienc,
geselleclîche er dannen gienc.
in vrâcte der vürste mære,
welh sîn ruowe wære
des nahtes dâ bî im gewesen.
10 'dâ enwære ich niht genesen,
wan daz mîn muoter her mir riet
des tages, dô ich von ir schiet.
got müeze lônen iu und ir!
herre, ir tuot genâde an mir.'
15 dô gienc der helt mit witzen kranc,
dâ man got und dem wirte sanc.
der wirt zer messe in lêrte,
daz noch die sælde mêrte,
ophern unde segenen sich
20 und gein dem tiuvel kêren gerich.
dô giengen si ûf den palas.
aldâ der tisch gedecket was,
der gast ze sînem wirte saz.
die spîse er ungesmæhet az.
25 der wirt sprach durch hövescheit:
'herre, iu ensol niht wesen leit,
ob ich iuch vrâge mære,
wannen iuwer reise wære.'
er sagete im gar die underscheit
30 und wie er von sîner muoter reit,
170   umz vingerlîn und umz vürspan
und wie erz harnas gewan.
der wirt erkande den ritter rôt:
der ersiufte und erbarmete in sîn nôt.
5 sînen gast des namen er niht erliez,
den rôten ritter er in hiez.
dô man den tisch hin dan genam,
dar nâch wart wilder muot vil zam.
der wirt sprach zem gaste sîn:

10 ʽir redet als ein kindelîn.
   wan geswîget ir iuwer muoter gar
   und nemet ander mære war?
   habet iuch an mînen rât:
   der scheidet iuch von missetât.
15   sus hebe ich an. lât iuch gezemen,
   ir sult niemer iuch verschemen.
   verschamter lîp, waz touc der mêr?
   der wont in der mûze rêr,
   dâ im werdekeit entrîset
20 und in gein der helle wîset.
      ir traget geschickede unde schîn,
   ir muget wol volkes herre sîn.
   ist hôch und hœht sich iuwer art,
   lât iuwern willen des bewart,
25 iuch sol erbarmen nôtec her:
   gein des kummer sît ze wer
   mit milte und mit güete.
   vlîzet iuch diemüete.
   der kummerhafte werde man
30 wol mit schame ringen kan
171   (daz ist ein unsüeze arbeit):
   dem sult ir helfe sîn bereit.
   swenne ir dem tuot kummers buoz,
   sô nâhet iu der gotes gruoz.
5 im ist noch wirs denne den, die gênt
   nâch brôte, aldâ diu venster stênt.
      ir sult bescheidenlîche
   sîn arm unde rîche.
   wan swâ der herre gar vertuot,
10 daz ist niht herrenlîcher muot:
   sament er aber schaz ze sêre,
   daz sint ouch unêre.
      gebet rehter mâze ir orden.
   ich bin wol innen worden,
15 daz ir râtes dürftec sît:
   nû lât der unvuoge ir strît.
      ir ensult niht vil gevrâgen:
   ouch ensol iuch niht betrâgen

bedâhter gegenrede, diu gê,
20 rehte als jenes vrâgen stê,
der iuch wil mit worten spehen.
ir kunnet hœren unde sehen,
entseben unde dræhen:
daz solde iuch witzen næhen.
25   lât die erberme bî der vrevel sîn.
sus tuot mir râtes volge schîn:
an swem ir strîtes sicherheit
bezalt, er enhabe iu solhiu leit
getân, diu herzen kummer wesen,
30 die nemet und lâzet in genesen.

172   ir müezet dicke wâpen tragen:
sôz von iu kom, daz ir getwagen
under ougen und an handen sît!
des ist nâch îsers râme zît.
5 [sô werdet ir minneclîch gevar:
des nement wîbes ougen war.]
   sît manlîch und wol gemuot
(daz ist ze werdem prîse iu guot)
und lât iu liep sîn diu wîp:
10 daz tiuret junges mannes lîp.
gewenket nimmer tac an in:
daz ist rehte manlîcher sin.
welt ir in gerne liegen,
ir muget ir vil betriegen:
15 gein werder minne valscher list
hât gein prîse kurze vrist.
dâ wirt der slîchære klage
daz dürre holz in dem hage,
daz bristet unde krachet:
20 der wahtære erwachet.
ungeverte und hâmît,
dar gedîhet manec strît:
diz zelt gein der minne.
diu werde hât sinne,
25 gein valsche listeclîche kunst:
swenne ir bejaget ir ungunst,
sô müezet ir gunêret sîn

und immer dulten schemeden pîn.
dise lêre sult ir nâhe tragen.
30 ich wil iu mêr von wîbes orden sagen:
173   man und wîp diu sint al ein
als diu sunne, diu hiute schein,
und ouch der name, der heizet tac.
der enwederz sich gescheiden mac:
5 si blüent ûz einem kerne gar.
des nemet künsteclîche war.’
    der gast dem wirte durch râten neic.
sîner muoter er gesweic
mit rede und in dem herzen niht,
10 als noch getriuwem man geschiht.
der wirt sprach sîn êre:
‘noch sult ir lernen mêre
kunst an ritterlîchen siten.
wie kômet ir zuo mir geriten!
15 ich hân beschouwet manege want,
dâ ich den schilt baz hangen vant,
denne er iu ze halse tæte.
ez ist uns niht ze spæte,
wir suln ze velde gâhen.
20 dâ sult ir künste nâhen.
brinct im sîn ors und mir daz mîn
und ieslîchem ritterz sîn.
juncherren suln ouch dar komen,
der ieslîcher habe genomen
25 einen starken schaft und bringe in dar,
der nâch der niuwe sî gevar.’
    sus kom der vürste ûf den plân.
dâ wart mit rîten kunst getân:
sînem gaste er râten gap,
30 wie erz ors ûz dem walap
174   mit sporn gruozes pîne,
mit schenkel vliegens schîne
ûf den poinder solde wenken
und den schaft ze rehte senken
5 und den schilt gein tjoste vür sich nemen.
er sprach: ‘des lâzet iuch gezemen.’

unvuoge er im sus werte
baz denne ein swankel gerte,
diu argen kinden brichet vel.
10 dô hiez er komen ritter snel
gein im durch tjostieren.
er begunde in kondewieren
einem zegegen an den rinc.
dô brâhte der jungelinc
15 sîn êrsten tjost durch einen schilt,
des von in allen wart bevilt
und daz er hinderz ors verswanc
einen starken ritter niht ze kranc.
ein ander tjostiur was komen.
20 dô hete ouch Parzivâl genomen
einen starken niuwen schaft,
sîn jugent hete ellen unde kraft.
der junge süeze âne bart,
den twanc diu Gahmuretes art
25 und angeborniu manheit,
daz ors von rabîne er reit
mit volleclîcher hurte dar.
er nam der vier nagel war:
des wirtes ritter niht gesaz,
30 al vallende er den acker maz.
175   dô muosten kleiniu stückelîn
aldâ von trunzûnen sîn.
sus stach er ir vünfe nider.
der wirt in nam und vuorte in wider:
5 aldâ behielt er schimphes prîs.
er wart ouch sît an strîte wîs.
die sîn rîten gesâhen,
al die wîsen im des jâhen,
dâ vüere kunst und ellen bî.
10 'nû wirt mîn herre jâmers vrî:
sich mac nû jungen wol sîn leben,
er sol im ze wîbe geben
sîne tohter, unser vrouwen.
ob wir in bî witzen schouwen,
15 sô lischet im sîn jâmers nôt:

vür sîner drîer süne tôt
ist im ein gelt ze hûs geriten.
nû hât in sælde niht vermiten.'
     sus kóm der vürste sâbents în.
20 der tisch gedecket muoste sîn.
sîne tohter bat er komen
ze tische, alsus hân ichz vernomen.
dô er die maget komen sach,
nû hœret, wie der wirt sprach
25 zuo der schœnen Lîâzen:
'dû solt dich küssen lâzen
disen ritter, biut im êre:
er vert mit sælden lêre.
ouch solde an iuch gedinget sîn,
30 daz ir der megede ir vingerlîn
176 liezet, ob siz möhte hân.
nû enhât sis niht noch vürspan:
wer gæbe ir solhen volleist
sô der vrouwen in dem fôreist?
5 diu hete etswenne, von dem si emphienc,
daz iu zemphâhen sît ergienc.
ir muget Lîâzen niht genemen.'
der gast begunde sich des schemen,
iedoch kuste er si an den munt,
10 dem was wol viurs varwe kunt.
Lîâzen lîp was minneclîch,
dar zuo der wâren kiusche rîch.
     der tisch was nider unde lanc.
der wirt mit niemen sich dâ dranc:
15 er saz al eine an den ort.
sînen gast hiez er sitzen dort
zwischen im und sînem kinde.
ir blanken hende linde
muosten snîden, sô der wirt gebôt,
20 den man dâ hiez der ritter rôt,
swaz der ezzen wolde.
niemen si wenden solde,
si engebârten heimlîche.
diu maget mit zühten rîche

25 leiste ir vater willen gar.
   si und der gast wâren wol gevar.
   dar nâch schiere gienc diu maget wider.
    sus phlac man des heldes sider
    unz an den vierzehenden tac.

177

30 bî sînem herzen kummer lac
   anders niht wan umme daz:
   er wolde ê gestrîten baz,
   ê daz er dar an würde warm,
   daz man dâ heizet vrouwen arm.

5 in dûhte, wert gedinge
   daz wære ein hôhiu linge
   ze disem lîbe hie und dort.
   daz sint noch ungelogeniu wort.
    eins morgens urloubes er bat.

10 dô rûmde er Grâharz die stat,
   der wirt mit im ze velde reit.
   dô huop sich niuwez herzenleit.
   dô sprach der vürste ûz triuwe erkorn:
   'ir sît mîn vierder sun verlorn.

15 jâ wânde ich ergetzet wære
   drîer jæmerlîchen mære.
   der wâren dennoch niht wan driu:
   der nû mîn herze envieriu
   mit sîner hende slüege

20 und ieslîchez stücke trüege,
   daz diuhte mich ein grôz gewin,
   einz vür iuch (ir rîtet hin),
   diu driu vür mîniu werden kint,
   diu ellenthaft erstorben sint.

25 sus lônt iedoch diu ritterschaft:
   ir zagel ist jâmerstricke haft.
   ein tôt mich lemt an vreuden gar,
   mînes sunes wol gevar,
   der was geheizen Schenteflûrs.

30 dâ Kondwîrâmûrs

178

   lîp und ir lant niht wolde geben,
   in ir helfe er verlôs sîn leben
   von Klâmidê und von Kingrûn.

des ist mir dürkel als ein zûn
5 mîn herze von jâmers sniten.
nû sît ir alze vruo geriten
von mir trôstelôsem man.
ouwê, daz ich niht sterben kan,
sît Lîâze diu schœne maget
10 und ouch mîn lant iu niht behaget.
mîn ander sun hiez cuns Lascoit.
den sluoc mir Îdêr fil Noit
um einen sparwære.
des stên ich vreuden lære.
15 mîn dritter sun hiez Gurzgrî.
dem reit Mahaute bî
mit ir schœnem lîbe,
wan si gap im ze wîbe
ir stolzer bruoder Ehkunat.
20 gein Brandigân der houbetstat
kom er nâch Schoidelakurt geriten.
dâ wart sîn sterben niht vermiten:
dâ sluoc in Mabonagrîn.
des verlôs Mahaute ir liehten schîn
25 und lac mîn wîp, sîn muoter, tôt.
grôz jâmer irz nâch im gebôt.'
    der gast nam swirtes jâmer war,
wande erz im underschiet sô gar.
dô sprach er: 'herre, ich enbin niht wîs:
30 bezal aber ich immer ritters prîs,
179   sô daz ich wol mac minne gern,
ir sult mich Lîâzen wern,
iuwer tohter, der schœnen maget.
ir habet mir alze vil geklaget:
5 mac ich iu jâmer denne entsagen,
des lâze ich iuch sô vil niht tragen.'
urloup nam der junge man
von dem getriuwen vürsten sân
und zal der massenîe.
10 des vürsten jâmers drîe
was riuwec an daz quater komen,
die vierden vlust hete er genomen.

IV.

Dannen schiet sus Parzivâl.
ritters site und ritters mâl
15 sîn lîp mit zühten vuorte,
ouwê, wan daz in ruorte
manec unsüeziu strenge.
im was diu wîte ze enge
und ouch diu breite gar ze smal,
20 elliu grüene in dûhte val,
sîn rôt harnas in dûhte blanc:
sîn herze diu ougen des betwanc,
sît er tumpheit âne wart.
dô enwolde in Gahmuretes art
25 denkens niht erlâzen
nâch der schœnen Lîâzen,
der megede sælden rîche,
diu im geselleclîche
sunder minne bôt êre.
30 swar sîn ors nû kêre,
180 er enmac ez vor jâmer niht enthaben,
ez welle springen oder draben.
kriuze unde stûden stric,
dar zuo der wagenleisen bic
5 sîne waltstrâzen meit:
vil ungevertes er dô reit,
dâ wênec wegerîches stuont.
tal und berc wâren im unkunt.
genuoge hânt des einen site
10 und sprechent sus: swer irre rite,

daz der den slegel vünde.
slegels urkünde
lac dâ âne mâze vil,
suln grôze ronen sîn slegels zil.
15 doch reit er wênec irre,
wan die slihte an der virre
kom er des tages von Grâharz
in daz künecrîche ze Brôbarz
durch wilde gebirge hôch.
20 der tac gein dem âbende zôch,
dô kom er an ein wazzer snel.
daz was von sînem duzze hel:
ez gâben die velse ein ander.
daz reit er nider, dô vander
25 die stat ze Pelrapeire.
der künec Tampenteire
hete si gerbet ûf sîn kint,
bî der vil liute in kummer sint.
     daz wazzer vuor nâch bolze siten,
30 die wol gevidert und gesniten

181   sint, sô si armbrustes span
mit senewen swanke trîbet dan.
dar über gienc ein brücken slac,
dâ manec hurt ûfe lac.
5 ez vlôz aldâ rehte inz mer.
Pelrapeire stuont wol ze wer.
seht, wie kint ûf schocken varn,
die man schockes niht wil sparn:
sus vuor diu brücke âne seil.
10 diu was vor jugende niht sô geil.
     dort anderhalben stuonden
mit helmen ûf gebunden
sehzec ritter oder mêr.
die riefen alle: 'kêrâ kêr!'
15 mit ûf geworfen swerten:
die kranken strîtes gerten.
durch daz si in dicke sâhen ê,
si wânden, ez wære Klâmidê,
wande er sô küneclîchen reit

20 gein der brücke ûf dem velde breit.
   dô si disen jungen man
   sus mit schalle riefen an,
   swie vil erz ors mit sporn versneit,
   durch vorhte ez doch die brücken meit.
25 den rehtiu zageheit ie vlôch,
   der erbeizte nider unde zôch
   sîn ors ûf der brücken swanc.
   eins zagen muot wære alze kranc,
   solde er gein solhem strîte varn.
30 dar zuo muoste er ein dinc bewarn,

182   wande er vorhte des orses val.
   dô lasch ouch anderhalp der schal.
   die ritter truogen wider în
   helme, schilte, ir swerte schîn
5 und sluzzen zuo ir porten:
   grœzer her si vorhten.
      sus zôch hin über Parzival
   und kom geriten an ein wal,
   dâ maneger sînen tôt erkôs,
10 der durch ritters prîs den lîp verlôs
   vor der porte gein dem palas,
   der hôch und wol gehêret was.
   einen rinc er an der porte vant.
   den ruorte er vaste mit der hant:
15 sîns rüefens nam dâ niemen war,
   wan ein juncvrouwe wol gevar.
   ûz einem venster sach diu maget
   den helt halden unverzaget.
   diu schœne zühte rîche
20 sprach: 'sît ir vîentlîche
   her komen, herre, daz ist âne nôt.
   âne iuch man uns vil hazzens bôt
   von dem lande und ûf dem mer,
   zornec und ellenthaftez her.'
25 dô sprach er: 'vrouwe, hie habet ein man,
   der iu dienet. ob ich kan
   (iuwer gruoz sol sîn mîn solt),
   ich bin iu dienstlîchen holt.'

dô gienc diu maget mit sinne
30 vür die küneginne
183   und half im, daz er kom dar în,
daz in sît wande hôhen pîn.
　　sus wart er în verlâzen.
iewederthalp der strâzen
5 stuont von bovel ein grôziu schar,
die werlîche kômen dar.
slingære und patelierre,
der was ein langiu virre
und arger schützen harte vil.
10 er kôs ouch an dem selben zil
vil küener sarjande,
der besten von dem lande,
mit langen starken lanzen
scharphen unde ganzen,
15 als ichz mære vernomen hân.
dâ stuont ouch manec koufman
mit hâschen und mit gabilôt,
als in ir meisterschaft gebôt.
die truogen alle slachen balc.
20 der küneginne marschalc
muoste in durch si leiten
ûf den hof mit arbeiten.
der was gein wer berâten:
türne ob den kemenâten,
25 wîchûs, bervrit, erkêr,
der stuont dâ sicherlîchen mêr,
denne er dâ vor gesæhe ie.
dô kômen allenthalben hie
ritter, die in emphiengen.
30 die riten unde giengen:
184   ouch was diu jæmerlîche schar
elliu nâch aschen var
oder alsô valwer leim.
mîn herre der grâve von Wertheim
5 wære ungerne soldier dâ gewesen:
er möhte ir soldes niht genesen.
　　der zadel vuocte in hungers nôt:

si enheten kæse, vleisch noch brôt.
[si liezen zenstüren sîn
10 und smalzten ouch deheinen wîn
mit ir munde, sô si trunken.
die wamme in nider sunken.
ir hüffe hôch unde mager,
gerumphen als ein Ungers zager
15 was in diu hût zuo den riben:
der hunger hete in daz vleisch vertriben.
den muosten si durch zadel doln.
in trouf vil wênec in die koln.]
des twanc si ein werder man,
20 der stolze künec von Brandigân:
[si arnden Klâmidês bete.
sich vergôz dâ selten mit dem mete
der zuber oder diu kanne.
ein Trühendingære phanne
25 mit kraphen selten dâ erschrei:
iu was der selbe dôn enzwei.]
wolde ich nû daz wîzen in,
sô hete ich harte kranken sin.
wan dâ ich dicke bin erbeizet
30 und dâ man mich herre heizet,

185   dâ heime in mîn selbes hûs,
dâ wirt gevreut vil selten mûs,
wan diu müeste ir spîse steln.
die dörfte niemen vor mir heln:
5 ich envinde ir offenlîche niht.
alze dicke daz geschiht
mir Wolfram von Eschenbach,
daz ich dolte alsolh gemach.
     mîner klage ist vil vernomen:
10 nû sol diz mære wider komen,
wie Pelrapeire stuont jâmers vol.
dâ gap diu diet von vreuden zol,
die helde triuwen rîche
lebeten kummerlîche:
15 ir wâriu manheit daz gebôt.
nû lât erbarmen iuch ir nôt:

[ir lîp ist nû benennet phant,
si enlœse drûz diu hœste hant.]
   nû hœrt mêre von den armen,
20 die solden iuch erbarmen.
si emphiengen schemlîche
ir gast ellens rîche.
der dûhte si anders wol sô wert,
daz er niht dörfte hân gegert
25 ir herberge, als ez in stuont:
ir grôziu nôt was im unkunt.
man legete einen teppech ûf daz gras,
dâ vermûret und geleitet was
durch den schaten ein linde.
30 dô entwâpende inz gesinde.

186 er was in ungelîche var:
dô er den râm von im sô gar
getwuoc mit einem brunnen,
dô hete er der sunnen
5 verdecket vil nâch ir liehten glast.
des dûhte er si ein werder gast.
man bôt im einen mantel sân,
gelîch alsô der roc getân,
der ê des an dem helde lac.
10 des zobel gap wilden niuwen smac.
si sprâchen: 'welt ir schouwen
die künegîn, unser vrouwen?'
dô jach der helt stæte,
daz er daz gerne tæte:
15 si giengen gein einem palas,
dâ hôch hin ûf gegrêdet was.
   ein minneclîch antlitzes schîn,
dar zuo der ougen süeze sîn,
von der küneginne gienc
20 ein liehter glast, ê si in emphienc.
von Katelangen Kîôt
und der werde Mamphiliôt
(herzogen beide wâren die),
ir bruoder kint si brâhten hie,
25 des landes küneginne.

durch die gotes minne
heten si ûf gegeben ir swert.
dâ giengen die vürsten wert
grâ unde wol gevar,
30 mit grôzer zuht si brâhten dar
187 die vrouwen mitten an die stegen:
dâ kuste si den werden degen,
die munde wâren beide rôt.
diu künegîn ir hant im bôt,
5 Parzivâlen si vuorte wider,
aldâ si sâzen beidiu nider.
vrouwen unde ritterschaft
heten alle swache kraft:
die dâ stuonden unde sâzen,
10 si heten vreude lâzen,
daz gesinde und diu wirtîn.
Kondwîrâmûrs ir schîn
doch schiet von disen strîten:
Jeschûten, Ênîten
15 und Kunnewâren de Lalant
und swâ man lobes die besten vant,
dâ man vrouwen schœne gewuoc,
ir glastes schîn vaste under sluoc
und beider Îsalden.
20 jâ muoste prîses walden
Kondwîrâmûrs.
diu truoc den rehten bêâ curs:
der name ist tiuschen schœner lîp.
ez wâren wol nütziu wîp,
25 die disiu zwei gebâren,
diu dâ bî ein ander wâren.
dô schuof wîp unde man
niht mêre, wan daz si sâhen an
diu zwei bî ein ander.
30 guote vriunt dâ vander.
188 der gast gedâhte, ich sage iu wie:
'Lîâze ist dort, Lîâze ist hie.
mir wil got sorge mâzen:
nû sihe ich Lîâzen,

5 des werden Gurnemanzes kint.'
Liâzen schœne was ein wint
gein der megede, diu hie saz
(an der got wunsches niht vergaz,
diu was des landes vrouwe),

10 als von dem süezen touwe
diu rôse ûz ir belgelîn
blecket niuwen werden schîn,
der beidiu wîz ist unde rôt.
daz vuocte ir gaste grôze nôt.

15 sîn manlîch zuht was im sô ganz,
sît in der werde Gurnemanz
von sîner tumpheit geschiet
und im vrâgen widerriet,
ez enwære bescheidenlîche,

20 bî der küneginne rîche
saz sîn munt gar âne wort,
nâhe aldâ, niht verre dort.
maneger kan noch rede sparn,
der mêr gein vrouwen ist gevarn.

25 diu küneginne gedâhte sân:
'ich wæne, mich smæhet dirre man,
durch daz mîn lîp vertwâlet ist.
nein, er tuotz durch einen list:
erst gast, ich bin wirtîn.

30 diu êrste rede wære mîn.
189 dar nâch er güetlîch an mich sach,
sît uns ze sitzen hie geschach:
er hât sich zuht gein mir enbart.
mîn rede ist alze vil gespart,

5 hie ensol niht mêr geswigen sîn.'
zir gaste sprach diu künegîn:
'herre, ein wirtîn reden muoz.
ein kus erwarp mir iuwern gruoz,
ouch butet ir dienest dâ her în

10 (sus sagete ein juncvrouwe mîn):
des hânt uns geste niht gewent.
des hât mîn herze sich gesent.
herre, ich vrâge iuch mære,

10*

     wannen iuwer reise wære.'

15 'vrouwe, ich reit bî disem tage

     von einem man, den ich in klage

     liez mit triuwen âne schranz.

     der vürste heizet Gurnemanz,

     von Grâharz ist er genant.

20 dannen reit ich hiute in ditze lant.'

     alsus sprach diu werde maget:

     'hetez anders iemen mir gesaget,

     der volge würde im niht verjehen,

     daz ez eines tages wære geschehen:

25 wan swelh mîn bote ie baldest reit,

     die reise er zwêne tage vermeit.

     sîn swester was diu muoter mîn,

     iuwers wirtes. sîner tohter schîn

     sich ouch vor jâmer krenken mac.

30 wir haben manegen sûren tac

190   mit nazzen ougen verklaget,

     ich und Lîâze diu maget.

     sît ir iuwerm wirte holt,

     sô nemetz hînte, als wirz gedolt

5 hie lange hân, wîp und man:

     ein teil ir dienet im dar an.

     ich wil iu unsern kummer sagen:

     wir müezen strengen zadel tragen.'

     dô sprach ir veter Kîôt:

10 'vrouwe, ich sende iu zwelf brôt,

     schultern unde hammen drî,

     dâ ligent ehte kæse bî

     und zwei buzzel mit wîn.

     iuch sol ouch der bruoder mîn

15 hînte stiuren, des ist nôt.'

     dô sprach Mamphiliôt:

     'vrouwe, ich sende iu alsô vil.'

     dô saz diu maget an vreuden zil,

     ir grôzer danc wart niht vermiten.

20 si nâmen urloup unde riten

     dâ bî zir weidehûsen.

     zer wilden albe klûsen

die alden sâzen sunder wer:
si heten ouch vride von dem her.
25　　ir bote wider kom gedrabet:
des wart diu kranke diet gelabet.
dô was der burgære nar
gedigen an dise spîse gar.
ir was vor hunger maneger tôt,
30　ê daz in dar kœme ditze brôt.
191　　teilen ez hiez diu künegîn,
dar zuo die kæse, daz vleisch, den wîn
dirre kreftelôsen diet.
Parzivâl ir gast daz riet:
5　des beleip in zwein vil kûme ein snite,
die teilten si âne bâgens site.
diu wirtschaft was ouch verzert,
dâ mite maneges tôt erwert,
den der hunger leben liez.
10　dem gaste man dô betten hiez
sanfte, des ich wænen wil.
wæren die burgære vederspil,
si enwæren überkrüphet niht,
des noch ir tischgerihte giht.
15　si truogen alle hungers mâl,
wan der junge Parzivâl.
der nam slâfes urloup.
ob sîne kerzen wæren schoup?
nein, si wâren bezzer gar.
20　dô gienc der junge wol gevar
an ein bette rîche
gehêret küneclîche,
niht nâch armüete kür.
ein teppech was geleget dar vür.
25　er bat die ritter wider gên,
die enliez er dâ niht langer stên.
kint im entschuohten, sân er slief,
unz im der wâre jâmer rief
und liehter ougen herzen regen.
30　die wacten schiere den werden degen.
192　　daz kom, als ich iu sagen wil.

ez brach niht wîplîchiu zil:
mit stæte kiusche truoc diu maget,
von der ein teil hie wirt gesaget.
5 die twanc urliuges nôt
und lieber helfære tôt
ir herze an solhez krachen,
daz ir ougen muosten wachen.
dô gienc diu küneginne,
10 niht nâch solher minne,
diu solhen namen reizet,
der megede wîp heizet:
si suochte helfe und vriundes rât.
an ir was werlîchiu wât,
15 ein hemde wîz sîdîn:
waz möhte kamphlîcher sîn
dan gein dem man sus komende ein wîp?
ouch swanc diu vrouwe um ir lîp
von samît einen mantel lanc.
20 si gienc, als si der kummer twanc.
juncvrouwen, kameræere,
swaz der dâ bî ir wære,
die liez si slâfen über al.
dô sleich si lîse âne allen schal
25 in eine kemenâten.
daz schuofen, diez dâ tâten,
daz Parzivâl al eine lac.
von kerzen lieht sô der tac
was vor sîner slâfstat.
30 gein sînem bette gienc ir phat,
193   ûf den teppech kniete si vür in.
si heten beidiu kranken sin,
er und diu küneginne,
an bî ligender minne.
5 hie wart alsus geworben:
an vreuden verdorben
was diu maget, des twanc si scheme.
ob er si hin an iht neme?
leider des enkan er niht.
10 âne kunst ez doch geschiht,

mit einem alsô bewanden vride,
daz si diu süenebæren lide
niht zuo ein ander brâhten.
wênec si des gedâhten.

15   der megede jâmer was sô grôz,
vil zeher von ir ougen vlôz
ûf den jungen Parzival.
der erhôrte ir weinens solhen schal,
daz er si wachende an gesach.

20   leide und liebe im dran geschach.
ûf rihte sich der junge man,
zer küneginne sprach er sân:
'vrouwe, bin ich iuwer spot?
ir soldet knien alsus vür got.

25   geruochet sitzen zuo mir her'
(daz was sîn bete und sîn ger)
'oder leget iuch hie, aldâ ich lac.
lât mich belîben, swâ ich mac.'
si sprach: 'welt ir iuch êren,

30   solhe mâze gein mir kêren,

194   daz ir mit mir ringet niht,
mîn ligen aldâ bî iu geschiht.'
des wart ein vride von im getân:
si smouc sich an daz bette sân.

5   ez was dennoch sô spæte,
daz ninder huon dâ kræte:
haneboume stuonden dâ blôz.
der zadel hüener von in schôz.
    diu vrouwe jâmers rîche

10   vrâcte in zühteclîche,
ob er hœren wolde ir klage.
si sprach: 'ich vürhte, ob ichz iu sage,
ez wende iu slâf: daz tuot iu wê.
mir hât der künec Klâmidê

15   und Kingrûn sîn seneschalt
verwüestet bürge unde lant
unz an Pelrapeire.
mîn vater Tampenteire
liez mich armen weisen

20 in vorhteclîchen vreisen.
mâge, vürsten unde man
(rîche und arme, undertân
was mir grôz ellenthaftez her),
die sint erstorben an der wer
25 halp oderz merre teil.
wes möhte ich armiu wesen geil?
nûst ez mir komen ûf daz zil,
daz ich mich selben tœten wil,
ê daz ich magetuom unde lîp
30 gæbe und Klâmidês wîp

195 würde, wan sîn hant mir sluoc
Schenteflûren, des herze truoc
manegen ritterlîchen prîs.
er mannes schœne ein blüende rîs,
5 er kunde valscheit mâzen,
der bruoder Lîâzen.'
      dô Lîâze wart genant,
nâch ir vil kummers was gemant
der dienst gebende Parzival.
10 sîn hôher muot kom in ein tal:
daz riet Lîâzen minne.
er sprach zer küneginne:
'vrouwe, hilft iuch iemens trôst?'
'jâ, herre, ob ich würde erlôst
15 von Kingrûne seneschalt.
ze rehter tjost hât er gevalt
mir vil manegen ritter nider.
der kumt morgen dâ her wider
und wænet, daz der herre sîn
20 sül ligen an dem arme mîn.
ir sâht wol mînen palas,
der ninder sô gehœhet was,
ich enviele ê nider in den graben,
ê Klâmidê solde haben
25 mit gewalt mînen magetuom.
sus wolde ich wenden sînen ruom.'
dô sprach er: 'vrouwe, ist Kingrûn
Franzois oder Bertûn

oder von swelhem lande er vert,
30 mit mîner hant ir sît gewert,

196   als ez mîn lîp volbringen mac.'
diu naht hete ende und kom der tac.
diu vrouwe stuont ûf unde neic,
ir grôzen danc si niht versweic.
5 dô sleich si wider lîse:
niemen was dâ sô wîse,
der würde ir gêns dâ gewar,
wan Parzivâl der lieht gevar.
    der slief niht langer dô dâ nâch.
10 der sunnen was gein der hœhe gâch,
ir glesten durch die wolken dranc.
dô erhôrte er maneger glocken klanc:
kirchen, münster suochte diu diet,
die Klâmidê von vreuden schiet.
15 ûf rihte sich der junge man.
der küneginne kappelân
sanc gote und sîner vrouwen.
ir gast si muoste schouwen,
unz daz der bendiz geschach.
20 nâch sînem harnas er sprach:
dâ wart er wol gewâpent în.
er tet ouch ritters ellen schîn
mit rehter manlîcher wer.
dô kom Klâmidês her
25 mit maneger baniere.
Kingrûn kom schiere
vor den andern verre
ûf einem orse von Îserterre.
als irz mære hânt vernomen,
30 dô was ouch vür die porten komen
197   fil li roi Gahmuret.
der hete der burgære gebet.
    diz was sîn êrste swertes strît.
er nam den poinder wol sô wît,
5 daz von sîner tjoste hurt
beiden orsen wart engurt.
darmgürteln brâsten: umme dáz

ieweders ors ûf hehsen saz.
die ê des ûf in sâzen,
10 ir swert si niht vergâzen.
in den scheiden si die vunden.
Kingrûn truoc wunden
durch den arm und in die brust.
disiu tjost in lêrte vlust
15 an solhem prîse, des er phlac
unz an sîn hôchvart-swindens tac.
solh ellen was ûf in gezalt,
sehs ritter solde er hân gevalt,
die gein im kœmen ûf ein velt.
20 Parzivâl im brâhte gelt
mit sîner ellenthaften hant,
daz Kingrûn seneschalt
wânde vremder mære,
wie ein pheterære
25 mit würfen an in seicte.
ander strît in neicte:
ein swert im durch den helm erklanc.
Parzivâl in nider swanc,
er sazte im an die brust ein knie.
30 er bôt, daz wart geboten nie
198   deheinem man, sîn sicherheit.
ir enwolde niht, der mit im streit:
er bat in fîanze
bringen Gurnemanze.
5   'nein, herre, dû maht mir gerner tuon
den tôt: ich sluoc im sînen sun,
Schenteflûren nam ich sîn leben.
got hât dir êren vil gegeben:
swâ man daz saget, daz von dir
10 diu kraft erzeiget ist an mir,
daz dû mich hâs betwungen,
sô ist dir wol gelungen.'
dô sprach der junge Parzival:
'ich wil dir lâzen ander wal:
15 nû sicher der künegîn,
der dîn herre hôhen pîn

hât gevrumt mit zorne.'
'sô würde ich der verlorne.
mit swerten wære mîn lîp verzert
20 klein sô daz in der sunnen vert,
wande ich hân herzeleit getân
dort inne manegem küenen man.'
'sô vüere von disem plâne
inz lant ze Bertâne
25 dîne ritterlîche sicherheit
einer maget, diu durch mich leit,
des si niht lîden solde,
der unvuoge erkennen wolde,
und sage ir, swaz halt mir geschehe,
30 daz si mich nimmer vrô gesehe,
199   ê daz ich si gereche,
aldâ ich schilt durchsteche.
sage Artûse und dem wîbe sîn,
in beiden, von mir dienest mîn,
5 dar zuo der massenîe gar
und daz ich nimmer kume dar,
ê ich lasters mich entsage,
daz ich geselleclîchen trage
mit ir, diu mir lachen bôt.
10 des kom ir lîp in grôze nôt.
sage ir, ich sî ir dienestman,
dienstlîcher dienste undertân.'
        der rede ein volge dâ geschach,
die helde man sich scheiden sach.
15 hin wider kom gegangen,
dâ sîn ors was gevangen,
der burgære kamphes trôst.
si wurden sît von im erlôst.
zwîvels phlac daz ûzer her,
20 daz Kingrûn an sîner wer
was enschumphieret.
nû wart gekondewieret
Parzivâl zer künegîn.
diu tet im ummevâhens schîn,
25 si dructe in vaste an ir lîp.

si sprach: 'ich enwirde nimmer wîp
ûf erde deheines man,
wan den ich ummevangen hân.'
si half, daz er entwâpent wart:
30 ir dienest was vil ungespart.
200   nâch sîner grôzen arbeit
was krankiu wirtschaft bereit.
die burgære sus gevuoren,
daz si im alle hulde swuoren
5 und jâhen, er müeste ir herre sîn.
dô sprach ouch diu künegîn,
er solde sîn ir âmîs,
sît daz er sô hôhen prîs
bezalte an Kingrûne.
10   zwêne segele brûne
die kôs man von der wer hin abe.
die sluoc grôz wint vaste in die habe.
die kiele wâren geladen sô,
des die burgære wurden vrô:
15 si entruogen niht wan spîse.
daz vuocte got der wîse.
hin von den zinnen vielen
und gâhten zuo den kielen
daz hungerec her durch den roup.
20 si möhten vliegen sô diu loup:
die magern und die sîhten,
von vleische die lîhten,
in was erschoben niht der balc.
der küneginne marschalc
25 tet den schiffen solhen vride,
daz er gebôt bî der wide,
daz sich ir deheiner ruorte.
die koufliute er vuorte
vür sînen herren in die stat.
30 Parzivâl in gelten bat
201   ir habe zwispilte.
die koufliute des bevilte:
sus wart vergolten in ir kouf.
den burgærcn in die koln trouf:

5 ich wære dâ nû wol soldier,
wan dâ trinket niemen bier,
si hânt wîns und spîse vil.
dô warp, als ich iu sagen wil,
Parzivâl der reine:
10 von êrste die spîse kleine
teilte er mit sîn selbes hant.
er sazte die werden, die er dâ vant.
er wolde niht ir læren magen
überkrüphe lâzen tragen:
15 er gap in rehter mâze teil
(si wurden sînes râtes geil),
hin ze naht schuof er in mêre.
    der unlôse, niht ze hêre
bî ligens wart gevrâget dâ:
20 er und diu künegîn sprâchen jâ.
er lac mit solhen vuogen,
des nû niht wil genuogen
manegiu wîp, swer in sô tuot.
daz si durch arbeitlîchen muot
25 ir zuht sus parrierent
und sich dâ gegen zierent!
vor gesten sint si an kiuschen siten:
ir herzen wille hât versniten,
swaz mac an den gebærden sîn.
30 ir vriunt si heimlîchen pîn
202 vüegent mit ir zarte.
des mâze ie sich bewarte,
der getriuwe stæte man
wol vriundinne schônen kan.
5 er denket, als ez ist lîhte wâr:
'ich hân gedienet mîniu jâr
nâch lône disem wîbe.
diu hât mînem lîbe
erboten trôst: nû lige ich hie.
10 des hete mich genüeget ie,
ob ich mit mîner blôzen hant
müeste rüeren ir gewant.
ob ich nû gîtes gerte,

untriuwe es vür mich werte.
15 solde ich si arbeiten,
unser beider laster breiten?᾽
vor slâfe süeziu mære
sint vrouwen site gebære:
sus lac der Wâleise.
20 kranc was sîn vreise,
den man den rôten ritter hiez.
die künegîn er maget liez.
si wânde iedoch, si wære sîn wîp:
durch sînen minneclîchen lîp
25 des morgens si ir houbet bant.
dô gap im bürge unde lant
disiu magetbæriu brût,
wande er was ir herzen trût.
si wâren mit ein ander sô,
30 daz si durch liebe wâren vrô
203 zwêne tage und die dritten naht.
von im dicke wart gedâht
ummevâhens, des sîn muoter riet:
Gurnemanz im ouch underschiet,
5 man und wîp wæren al ein.
si vlâhten arm unde bein.
ob ichz iu sagen müeze,
er vant daz nâhe süeze.
der alte und der niuwe site
10 wonte aldâ in beiden mite:
in was wol und niht ze wê.
nû hœret ouch, wie Klâmidê
in krefteclîcher hervart
mit mæren ungetrœstet wart.
15 sus begunde im ein knappe sagen,
des ors zen sîten was durchslagen:
‘vor Pelrapeire ûf dem plân
ist werdiu ritterschaft getân,
scharph genuoc: von ritters hant
20 betwungen ist der seneschalt.
des hers meister Kingrûn
vert gein Artûse dem Bertûn.

[die soldier ligent noch vor der stat,
dô er dannen schiet, als er si bat.]

25 ir und iuwer beidiu her
vindet Pelrapeire mit wer.
dort inne ist ein ritter wert,
der anders niht wan strîtes gert.
iuwer soldier jehent besunder,

30 daz von der tavelrunder

204　diu küneginne habe besant
Îthêren von Kukûmerlant:
des wâpen kom zer tjoste vür
und wart getragen nâch prîses kür.'

5 der künec sprach zem knappen sân:
'Kondwîrâmûrs wil mich hân
und ich ir lîp und ir lant.
Kingrûn mîn seneschalt
mir mit wârheit enbôt,

10 si gæben die stat durch hungers nôt
und daz diu küneginne
mir büte ir werden minne.'
der knappe erwarp dâ niht wan haz.
der künec mit her reit vürbaz.

15 im kom ein ritter widervarn,
der ouch daz ors niht kunde sparn:
der sagete diu selben mære.
Klâmidê wart swære
vreude und ritterlîcher sin,

20 ez dûhte in grôz ungewin.
des küneges man, ein vürste sprach:
'Kingrûnen dâ niemen sach
strîten vür unser manheit:
niwan vür sich einen er dâ streit.

25 nû lât in sîn ze tôde erslagen:
suln durch daz zwei her verzagen,
diz und jenez vor der stat?'
sînen herren er trûren lâzen bat:
'wir suln noch baz versuochen.

30 welnt si wer geruochen,

205　wir geben in noch strîtes vil

und bringenz ûz ir vreuden zil.
man und mâge sult ir manen
und suocht die stat mit zwein vanen:
5 wir mugen an der lîten
wol zorse zuo zin rîten,
die porten suochen wir ze vuoz.
deiswâr, wir tuon in schimphes buoz.'
den rât gap Galogandres,
10 der herzoge von Gippones.
der brâhte die burgære in nôt,
er holte ouch an ir letze den tôt.
als tet der grâve Nârant,
ein vürste ûz Ukerlant,
15 und manec wert armer man,
den man tôten truoc her dan.
    nû hœrt ein ander mære,
wie die burgære
ir letze tâten goume.
20 si nâmen lange boume
und stiezen starke stecken drîn.
daz gap den suochæren pîn:
mit seilen si die hiengen,
die ronen in redern giengen.
25 daz was geprüevet allez, ê
si suochte sturmes Klâmidê,
nâch Kingrûnes schumphentiur.
ouch kom in heidensch wilde viur
mit der spîse in daz lant.
30 daz ûzer antwerc wart verbrant:
206 ebenhœhe und ir mangen,
swaz ûf redern kom gegangen,
igel, katzen in den graben,
die kunde daz viur hin dan wol schaben.
5   Kingrûn seneschalt
was komen ze Bertâne in daz lant
und vant den künec Artûs
in Briziliân zem weidehûs,
daz was geheizen Karminâl.
10 dô warp er, als in Parzivâl

gevangenen hete dar gesant:
vroun Kunnewâren de Lalant
brâhte er sîne sicherheit.
diu juncvrouwe was gemeit,
15 daz mit triuwen klagete ir nôt,
den man dâ hiez der ritter rôt.
über al diz mære wart vernomen.
dô was ouch vür den künec komen
der betwungene werde man.
20 im und der massenîe sân
sagete er, waz in was enboten.
Keie erschrac und begunde roten,
doch sprach er: ʿbistûz Kingrûn?
âvoi, wie manegen Bertûn
25 hât enschumphieret dîn hant!
dû Klâmidês seneschalt,
wirt mir dîn meister nimmer holt,
dîns amts dû doch geniezen solt:
der kezzel ist uns undertân,
30 mir hie und dir ze Brandigân.
207 hilf mir durch dîne werdekeit
Kunnewâren hulde um kraphen breit.ʾ
er bôt ir anders wandels niht.
  die rede lât sîn, hœrt, waz geschiht,
5 dâ wir diz mære liezen ê.
vür Pelrapeire kom Klâmidê:
dâ enwart grôz stürmen niht vermiten.
die innern mit den ûzern striten:
si heten trôst unde kraft.
10 man vant die helde werhaft:
dâ von behabeten si daz wal.
ir landes herre Parzival
streit den sînen verre vor.
dâ stuonden offen gar diu tor.
15 mit slegen er die arme erswanc,
sîn swert durch herte helme erklanc.
swaz er dâ ritter nider sluoc,
die vunden arbeit genuoc:
die kunde man si lêren.

20 zer halsberge gêren
die burgære tâten râche schîn:
si erstâchen si zen slitzen în.
Parzivâl in werte daz.
dô si drum erhôrten sînen haz,
25 zweinzec si ir lebendec geviengen,
ê si von strîte giengen.
  Parzivâl wart wol gewar,
daz Klâmidê mit sîner schar
ritterschaft zen porten meit
30 und daz er an der halden streit.

208 der junge muotes herte
kêrte anz ungeverte:
hin umme begunde er gâhen,
des küneges vanen nâhen.
5 seht, dô wart Klâmidês solt
alrêst mit schaden dâ geholt.
die burgære strîten kunden,
sô daz in gar verswunden
die herten schilte vor der hant.
10 Parzivâles schilt verswant
von slegen und von schüzzen.
swie wênec sis genüzzen,
die suochære, die daz sâhen,
des prîses si im alle jâhen.
15 Galogandres truoc den vanen
(der kunde ouch daz her wol manen),
der lac an sküneges sîten tôt.
Klâmidê kom selbe in nôt:
im und den sînen wart dâ wê.
20 den sturm verbôt dô Klâmidê.
die burgære manheite wîs
behielten vromen und den prîs.
  Parzivâl der werde degen
hiez der gevangen schône phlegen
25 unz an den dritten morgen.
daz ûzer her phlac sorgen.
der junge stolze wirt gemeit
nam der gevangen sicherheit.

er sprach: 'als ichz iu enbiute,
30 komt wider, guoten liute.'
209   ir harnas er behalden bat,
inz her si kêrten vür die stat.
swie si wæren von trünken rôt,
die ûzern sprâchen: 'hungers nôt
5 habet gedolt ir armen.'
'lât iuch uns niht erbarmen'
sprach diu gevangen ritterschaft.
'dort inne ist spîse alsolhiu kraft,
woldet ir hie ligen noch ein jâr,
10 si behielten iuch mit in vür wâr.
diu künegîn hât den schœnsten man,
der schildes ammet ie gewan:
er mac wol sîn von hôher art.
aller ritter êre ist zim bewart.'
15   dô diz erhôrte Klâmidê,
alrêst tet im sîn arbeit wê.
boten sande er wider în
und enbôt, swer bî der künegîn
dâ gelegen wære,
20 'ist er kamphesbære,
sô daz si in dâ vür hât erkant,
daz er ir lîp und ir lant
mir mit kamphe türre wern,
sô sî ein vride von beiden hern.'
25 Parzivâl des wart al vrô,
daz im diu botschaft alsô
gein sîn eines kamphe was gesaget.
dô sprach der junge unverzaget:
'dâ vür sî mîn triuwe phant,
30 des innern hers dehein hant
210   kumt durch mîne nôt ze wer.'
zwischen dem graben und dem ûzern her
wart gestætet dirre vride.
dô wâpenden sich die kamphes smide.
5   dô saz der künec von Brandigân
ûf ein gewâpent kastelân,
daz was geheizen Guverjorz.

von sînem neven Grîgorz,
dem künec von Ipotente,
10 mit rîcher prîsente
was ez komen Klâmidê:
norden über den Ukersê
ez brâhte cuns Nârant
und dar zuo tûsent sarjant
15 mit harnas al sunder schilt.
den was ir solt alsus gezilt,
volleclîchen zwei jâr.
ob diu âventiure saget al wâr,
Grîgorz im sande ritter kluoc
20 vünf hundert (ieslîcher truoc
helm ûf houbet gebunden),
die wol mit strîte kunden.
dô hete Klâmidês her
ûf dem lande und in dem mer
25 Pelrapeire alsô belegen,
die burgære muosten kummers phlegen.
ûz kom geriten Parzival
an daz urteillîche wal,
dâ got erzeigen solde,
30 ob er im lâzen wolde
211   des künec Tampenteires barn.
stolzlîche er kom gevarn,
niwan als daz ors den walap
vor der rabîne gap.
5 daz was gewâpent wol vür nôt:
von samît ein decke rôt
lac ûf der îserînen.
an im selben liez er schînen
rôt schilt, rôt kursît.
10   Klâmidê erhuop den strît:
kurz ein unbesniten sper
brâhte er durch tjoste vellen her,
dâ mit er nam den poinder lanc.
Guverjorz mit hurte spranc.
15 wol dâ getjostieret wart
von den zwein jungen âne bart

sunder fâlieren.
von liuten noch von tieren
wart nie gestriten herter kamph.
20 ieweder ors von müede damph:
sus heten si gevohten,
daz diu ors niht mêre enmohten.
dô sturzten si dar under.
ensamt, niht besunder
25 ir ieweder des geruochte,
daz erz viur im helme suochte.
si enmohten vîrens niht gephlegen:
in was ze werke aldâ gegeben.
dô zerstuben in die schilde,
30 als der mit schimphe spilde
212 und vedern würfe in den wint.
dennoch was Gahmuretes kint
ninder müede an deheinem lide.
dô wânde Klâmidê, daz der vride
5 wære gebrochen ûz der stat:
sînen kamphgenôz er bat,
daz er sich selben êrte
und mangen würfe werte.
ez giengen ûf in slege grôz,
10 die wâren wol mangensteins genôz.
sus antwurte im des landes wirt:
'ich wæne, dich mangen wurf verbirt,
wan dâ vür ist mîn triuwe phant:
hetes et vride von mîner hant,
15 dir enbræche mangen swenkel
brust, houbet noch den schenkel.'
Klâmidê dranc müede zuo:
diu was im dennoch gar ze vruo.
sic gewunnen, sic verlorn
20 wart sunder dâ mit strîte erkorn.
doch wart der künec Klâmidê
an schumphentiur beschouwet ê
mit einem niderzucke.
von Parzivâles drucke
25 bluot wæte ûz ôren und ûz der nasen,

daz machte rôt den grüenen wasen.
er enblôzte imz houbet schier
von helme und von hersenier:
gein slage saz der betwungen lîp.
30 der sigehafte sprach: 'mîn wîp
213   mac nû belîben vor dir vrî.
nû lerne, waz sterben sî.'
'neinâ, werder degen balt!
dîn êre wirt sus drîzecvalt
5 vaste an mir erzeiget.
sît dû mich hâs geneiget,
wâ möhte dir hôher prîs geschehen?
Kondwîrâmûrs mac wol jehen,
daz ich der unsælege bin
10 und dîn gelücke hât gewin:
dîn lant ist erlœset.
als der sîn schif erœset
(ez ist vil deste lîhter),
mîn gewalt ist sîhter.
15 reht manlîchiu wünne
ist worden an mir dünne:
durch waz soldestû mich sterben?
ich muoz doch laster erben
ûf alle mîne nâchkomen.
20 dû hâs den prîs und den vromen:
tuostû mir mêr, daz ist âne nôt.
ich trage den lebendegen tôt,
sît ich von ir gescheiden bin,
diu mir herze unde sin
25 ie mit ir gewalt beslôz
und ich des nie gein ir genôz.
des muoz ich unsælec man
ir lîp, ir lant dir ledec lân.'
    dô dâhte, der den sic hât,
30 sân an Gurnemanzes rât,
214   daz ellenthafter manheit
erberme solde sîn bereit.
sus volgete er dem râte nâch.
hin ze Klâmidê er sprach:

5 'ich enwil dich niht erlâzen,
　ir vater, Lîâzen,
　dû enbringes im dîne sicherheit.'
　'neinâ, herre! dem hân ich herzeleit
　getân: ich sluoc im sînen sun.
10 dû ensolt alsô mit mir niht tuon.
　durch Kondwîrâmûrs
　vaht ouch mit mir Schenteflûrs:
　ouch wære ich tôt von sîner hant,
　wan daz mir half mîn seneschalt.
15 in sande inz lant ze Brôbarz
　Gurnemanz de Grâharz
　mit werdeclîcher hers kraft.
　dâ tâten guote ritterschaft
　niun hundert ritter, die wol striten
20 (gewâpent ors die alle riten)
　und zwelf hundert sarjant.
　gewâpent ich si in strîte vant:
　den gebrast niht wan der schilte.
　sîns hers mich bevilte:
25 ir kom ouch kûme der sâme wider.
　mêr helde verlôs ich sider.
　nû darbe ich vreude und êre:
　wes gerstû von mir mêre?'
　'ich wil senften dînen vreisen.
30 var gein den Berteneisen:
215　dâ vert ouch vor dir Kingrûn
　gein Artûse dem Bertûn.
　dem soltû mînen dienest sagen:
　bit in, daz er mir helfe klagen
5 laster, daz ich vuorte dan.
　ein juncvrouwe mich lachete an:
　daz man die durch mich zeblou,
　sô sêre mich nie dinc gerou.
　der selben sage, ez sî mir leit,
10 und brinc ir dîne sicherheit,
　sô daz dû leistes ir gebot,
　oder nim alhie den tôt.'
　'sol daz geteilte gelten,

sô enwil ichz niht beschelten'
15 sus sprach der künec von Brandigân.
'ich wil die vart von hinnen hân.'
   mit gelübede dô dannen schiet,
den ê sîn hôchvart verriet.
Parzivâl der wîgant
20 gienc, dâ er sîn ors al müede vant:
sîn vuoz dâ nâch nie gegreif.
er spranc drûf âne stegereif,
daz alumme begunden zirben
sîn verhouwen schiltes schirben.
25 des wâren die burgære gemeit.
daz ûzer her sach herzeleit:
brât und lide im tâten wê.
man leite den künec Klâmidê,
dâ sîne helfære wâren.
30 die tôten mit den bâren
216   vrumte er an ir reste.
   dô rûmdenz lant die geste.
Klâmidê der werde
reit gein Löver ûf die erde.
5   ensamt, niht besunder
die von der tavelrunder
wâren ze Dîanazdrûn
bî Artûse dem Bertûn,
ob ich iu niht gelogen hân.
10 vor Dîanazdrûn der plân
muoste zeltstangen wonen
mêr, danne in Spehteshart sî ronen:
mit solher massenîe lac
durch hôchgezît den phingestac
15 Artûs mit maneger vrouwen.
ouch mohte man dâ schouwen
manege baniere unde schilt,
den sunderwâpen was gezilt,
manegen wol gehêrten rinc.
20 ez diuhten nû vil grôziu dinc:
wer möhte diu reiselachen
solhem wîbe her gemachen?

       ouch wânde dô ein vrouwe sân,
       si solde den prîs verlorn hân,
  25 hete si dâ niht ir âmîs.
       ich entætes niht deheinen wîs
       (ez was dô manec tummer lîp),
       ich bræhte ungerne nû mîn wîp
       in alsô grôz gemenge,
  30 ich vorhte unkunt gedrenge.

217   etslîcher hin zir spræche,
       daz in ir minne stæche
       und im die vreude blande:
       ob si die nôt erwande,
   5 daz diente er vor unde nâch.
       mir wære ê mit ir dannen gâch.
       ich hân geredet um mîn dinc:
       nû hœrt, wie Artûses rinc
       sunder was erkenneclîch.
  10 vor ûz mit maneger schoie rîch
       diu massenîe vor im az,
       manec werder man gein valsche laz
       und manec juncvrouwe stolz,
       daz niht wan tjoste was ir bolz:
  15 ir vriunt si gein dem vîent schôz.
       lêrte in strît dâ kummer grôz,
       sus stuont lîhte ir gemüete,
       daz siz galt mit güete.
       Klâmidê der jungelinc
  20 reit mitten in den rinc.
       verdecket ors, gewâpent lîp
       sach an im Artûses wîp,
       sînen helm, sînen schilt verhouwen.
       daz sâhen gar die vrouwen,
  25 sus was er ze hove komen.
       ir habet ê wol vernomen,
       daz er des wart betwungen.
       er erbeizte, vil gedrungen
       wart sîn lîp, ê er sitzen vant
  30 vroun Kunnewâren de Lalant.

218   dô sprach er: 'vrouwe, sît ir daz,

der ich sol dienen âne haz
(ein teil mich es twinget nôt),
sîn dienst iu enbôt der ritter rôt:
5 der wil vil ganze phlihte hân,
swaz iu ze laster ist getân.
ouch bitet erz Artûse klagen.
ich wæne, ir sît durch in geslagen:
vrouwe, ich bringe iu sicherheit.
10 sus gebôt, der mit mir dâ streit:
nû leiste ichz gerne, swenne ir welt.
mîn lîp gein tôde was verselt.'
     vrou Kunnewâre de Lalant
greif an die gîserten hant.
15 aldâ vrou Ginôvêr saz,
diu âne den künec mit ir az,
Keie ouch vor dem tische stuônt,
aldâ im diz mære wart kunt.
der widersaz im ein teil,
20 des wart vrou Kunnewâre geil.
dô sprach er: 'vrouwe, dirre man,
swaz der hât gein iu getân,
des ist er vaste underzogen.
doch wæne ich des, erst ûf gelogen.
25 ich tet ez durch hovelîchen site
und wolde iuch hân gebezzert mite:
dar umme hân ich iuwern haz.
iedoch wil ich iu râten daz,
heizt entwâpen disen gevangen.
30 in mac hie stêns erlangen.'

219   im bat diu juncvrouwe schier
ab nemen helm undz hersenier.
dô manz von im stroufte und bant,
Klâmidê wart schiere erkant.
5 Kingrûn sach dicke
an in kuntlîche blicke.
dô wurden an den stunden
sîne hende alsô gewunden,
daz si begunden krachen
10 als die dürren spachen.

den tisch stiez von im zehant
Klâmidês seneschalt,
sînen herren vrâcte er mære.
den vant er vreuden lære.
15 der sprach: 'ich bin ze schaden geborn.
ich hân sô wirdec her verlorn,
daz muoter nie gebôt ir brust
dem, der erkande hôher vlust.
mich enriuwet niht mîns hers tôt
20 dâ gegen: minne mangels nôt
lestet ûf mich solhen last.
mirst vreude gestîn, hôchmuot gast.
Kondwîrâmûrs vrumt mich grâ.
Pilâtus von Pônciâ
25 und der arme Jûdas,
der bî einem kusse was
an der triuwenlôsen vart,
dâ Jêsus verrâten wart,
swie daz ir schephære ræche,
30 die nôt ich niht verspræche,
220 daz Brôbarzære vrouwen lîp
mit ir hulden wære mîn wîp,
sô daz ich si ummevienge,
swiez mir dar nâch ergienge.
5 ir minne ist leider verre
dem künege von Îserterre:
mîn lant undz volc ze Brandigân
müezens immer jâmer hân.
mîns vetern sun Mabonagrîn
10 leit ouch dâ ze langen pîn.
nû bin ich, künec Artûs,
her geriten in dîn hûs,
betwungen von ritters hant.
dû weist wol, daz in mînem lant
15 dir manec laster ist getân:
des vergiz nû, werder man,
die wîle ich hie gevangen sî.
lâz mich solhes hazzes vrî.
mich sol vrou Kunnewâre

20 ouch scheiden von dem vâre,
  diu mîne sicherheit emphienc,
  dô ich gewâpent vür si gienc.'
  Artûs vil getriuwer munt
  verkôs die schulde sâ zestunt.
25   dô vriesch wîp unde man,
  daz der künec von Brandigân
  was geriten ûf den rinc.
  nû dar nâher! dringâ drinc!
  schiere wart daz mære breit.
30 mit zühten iesch gesellekeit

221 Klâmidê der vreuden âne:
  'ir sult mich Gâwâne
  bevelhen, vrouwe: bin ichs wert,
  sô weiz ich wol, daz ers ouch gert.
5 leist er dar an iuwer gebot,
  er êrt iuch und den ritter rôt.'
  Artûs bat sîner swester sun
  gesellekeit dem künege tuon:
  daz wære iedoch ergangen.
10 dô wart wol emphangen
  von der werden massenîe
  der betwungene valsches vrîe.
      ze Klâmidê sprach Kingrûn:
  ' ouwê, daz ie dehein Bertûn
15 dich betwungen sach ze hûs!
  noch rîcher denne Artûs
  wære dû helfe und urborn
  und hetes dîne jugent bevorn.
  sol Artûs dâ von prîs nû tragen,
20 daz Keie durch zorn hât geslagen
  ein edel vürstinne,
  diu mit herzen sinne
  ir mit lachen hât erwelt,
  der âne liegen ist gezelt
25 mit wârheit vür den hœsten prîs?
  die Berteneise ir lobes rîs
  wænent nû hôch gestôzen hân:
  âne ir arbeit ist getân,

daz tôt her wider wart gesant
30 der künec von Kukûmerlant
und daz mîn herre im siges jach.
den man gein im in kamphe sacլı,
der selbe hât betwungen mich
gar âne hælingen slich.
5 man sach dâ viur ûz helmen wæn
und swert in henden umme dræn.'
dô sprâchen si alle gelîche,
beide arme und rîche,
daz Keie hete missetân.
10   hie sule wir diz mære lân
und komens wider an die vart.
daz wüeste lant erbûwen wart,
dâ krône truoc Parzival.
man sach dâ vreude unde schal.
15 sîn sweher Tampenteire
liez im ûf Pelrapeire
lieht gesteine und rôtez golt:
daz teilte er sô, daz man im holt
was durch sîne milte.
20 vil baniere, niuwe schilte,
des wart sîn lant gezieret
und vil geturnieret
von im und von den sînen.
er liez dicke ellen schînen
25 an der marc sîns landes ort.
der junge degen unervorht,
sîn tât was gein den gesten
geprüevet vür die besten.
     nû hœrt ouch von der künegîn.
30 wie möhte der immer baz gesîn?
diu junge süeze werde
hete den wunsch ûf der erde.
ir minne stuont mit solher kraft,
gar âne wankes anehaft:
5 si hete ir man dâ vür erkant.
iewederz an dem andern vant:
er was ir liep, alsô was si im.

swenne ich daz mære an mich nû nim,
daz si sich müezen scheiden,
10 dâ wehset schade in beiden.
ouch riuwet mich daz werde wîp:
ir liute, ir lant, dar zuo ir lîp
schiet sîn hant von grôzer nôt.
dâ gein si im ir minne bôt.
15   eins morgens er mit zühten sprach
(manec ritter ez hôrte unde sach):
'ob ir gebietet, vrouwe,
mit urloube ich schouwe,
wiez um mîne muoter stê.
20 ob der wol oder wê
sî, daz ist mir harte unkunt.
dar wil ich zeiner kurzen stunt
und ouch durch âventiure zil.
mac ich iu gedienen vil,
25 daz giltet iuwer minne wert.'
sus hete er urloubes gegert.
er was ir liep, sôz mære giht:
si enwolde im versagen niht.
von allen sînen mannen
30 schiet er al eine dannen.

————————

V.

224 Swer ruochet hœren, war nû kumt,
den âventiur hât ûz gevrumt,
der mac grôziu wunder
merken al besunder.
5 lât rîten Gahmuretes kint.
swâ nû getriuwe liute sint,
die wünschen im heiles, wan ez muoz sîn,
daz er nû lîdet hôhen pîn,
etswenne ouch vreude und êre.
10 ein dinc in müete sêre,
daz er von ir gescheiden was,
daz munt von wîbe nie gelas
nâch sus gesagetem mære,
diu schœner und bezzer wære.
15 gedanke nâch der künegin
begunden krenken im den sin:
den muoste er gar verlorn hân,
wærez niht ein herzehafter man.
mit gewalt den zoum daz ros
20 truoc über ronen und durch daz mos,
wande ez enwîste niemens hant.
uns tuot diu âventiure bekant,
daz er bî dem tage reit,
ein vogel hetes arbeit,
25 solde erz allez hân ervlogen.
mich enhabe diu âventiure betrogen,
sîn reise unnâch was sô grôz
des tages, dô er Îthêren schôz,

und sît, dô er von Grâharz
30 kom in daz lant ze Brôbarz.
225   welt ir nû hœren, wiez im gestê?
er kom des âbents an einen sê,
dâ heten geankert weideman.
den was daz wazzer undertân.
5 dô si in rîten sâhen,
si wâren dem stade sô nâhen,
daz si wol hôrten, swaz er sprach.
einen er in dem schiffe sach,
der hete an im alsolh gewant,
10 ob im dienden elliu lant,
daz ez niht bezzer möhte sîn,
gefurriert. sîn huot was phâwîn.
den selben vischære
begunde er vrâgen mære,
15 daz er im riete durch got
und durch sîner zühte gebot,
wâ er herberge möhte hân.
      sus antwurte im der trûrege man.
er sprach: 'herre, mirst niht bekant,
20 daz weder wazzer oder lant
inner drîzec mîlen erbûwen sî.
wan ein hûs liget uns hie bî:
mit triuwen ich iu râte dar.
war möhtet ir tâlanc anderswar?
25 dort an des velses ende
dâ kêrt zer zeswen hende.
sô ir ûf hin komet an den graben
(ich wæne, dâ müezet ir stille haben),
bitet iu die brücken nider lâzen
30 und offen iu die strâzen.'
226   er tet, als im der vischære riet.
mit urloube er dannen schiet.
er sprach: 'komt ir rehte dar
(ich nim iuwer hînte selbe war),
5 sô danket, als man iuwer phlege.
hüetet iuch: dâ gênt unkunde wege.
ir muget an der lîten

vil wol misserîten,
deiswâr, des ich iu doch niht gàn.'
10 Parzivâl der huop sich dan,
er begunde wackerlîchen draben
den rehten phat unz an den graben.
dâ was diu brücke ûf gezogen,
diu burc an veste niht betrogen:
15 si stuont, als si wære gedræt.
ez envlüge oder hete der wint gewæt,
mit sturme ir niht geschadet was.
vil türne, manec palas
dâ stuont mit wunderlîcher wer.
20 ob si suochten elliu her,
si engæben vür die selben nôt
ze drîzec jâren niht ein brôt.
ein knappe des geruochte
und vrâcte in, waz er suochte
25 oder wannen sîn reise wære.
er sprach: 'der vischære
hât mich vor im her gesant.
ich hân genigen sîner hant
niwan durch der herberge wân.
30 er bat die brücken nider lân
227 und hiez mich zuo ziu rîten în.'
'herre, ir sult willekomen sîn,
sît es der vischære verjach.
man biutet iu êre und gemach
5 durch in, der iuch sande wider'
sprach der knappe und liez die brücken nider.
in die burc der küene reit
ûf einen hof wît unde breit.
durch schimph er niht zetretet was:
10 dâ stuont al kurz grüene gras,
dâ was bûhurdieren vermiten,
mit banieren selten überriten
alsô der anger zÂbenberc.
selten vrœlîchiu werc
15 was dâ gevrumt ze langer stunt:
in was wol herzen jâmer kunt.

wênec er des gein in engalt.
in emphiengen ritter junc und alt,
vil kleiner juncherrelîn
20 sprungen gein dem zoume sîn,
ieslîchez vür daz ander greif.
si habeten sînen stegereif:
sus muoste er von dem orse stên.
in bâten ritter vürbaz gên,
25 die vuorten in an sîn gemach.
    harte schiere daz geschach,
daz er mit zuht entwâpent wart.
dô si den jungen âne bart
gesâhen alsus minneclîch,
30 si jâhen, er wære sælden rîch.

228 ein wazzer iesch der junge man:
er twuoc den râm von im sân
undern ougen und an handen.
alde und junge wânden,
5 daz von im ander tac erschine:
sus saz der minneclîche wine
gar vor allem tadel vrî.
mit phelle von Arâbî
man truoc im einen mantel dar:
10 den legete an sich der wol gevar
mit offener snüere.
ez was im ein lobes gevüere.
dô sprach der kamerære kluoc:
'Repanse de Schoie in truoc,
15 mîn vrouwe, diu künegîn:
ab ir sol er iu gelihen sîn,
wan iust niht kleider noch gesniten.
jâ mohte ich sis mit êren biten,
wande ir sît ein werder man,
20 ob ichz geprüevet rehte hân.'
'got lône iu, herre, daz irs jeht.
ob ir mich ze rehte speht,
sô hât mîn lîp gelücke erholt:
diu gotes kraft gît solhen solt.'
25 man schancte im unde phlac sîn sô,

die trûregen wâren mit im al vrô.
man bôt im wirde und êre,
wan dâ was râtes mêre,
denne er ze Pelrapeire vant,
30 die dô von kummer schiet sîn hant.
229   sîn harnas was von im getragen:
daz begunde er sider sêre klagen,
dâ er sich schimphes niht versan.
ze hove ein redespæher man
5 bat komen ze vrevellîche
den gast ellens rîche
zem wirte, als ob im wære zorn.
des hete er nâch den lîp verlorn
von dem jungen Parzivâl.
10 dô er sîn swert wol gemâl
ninder bî im ligen vant,
zer viuste twanc er sus die hant,
daz daz bluot ûz den nageln schôz
und im den ermel gar begôz.
15 'nein, herre!' sprach diu ritterschaft,
'ez ist ein man, der schimphes kraft
hât, swie trûrec wir anders sîn.
tuot iuwer zuht gein im schîn:
ir ensultz niht anders hân vernomen,
20 wan daz der vischære sî komen.
dar gêt (ir sît im werder gast)
und schütet ab iu zornes last.'
si giengen ûf einen palas.
hundert krône dâ gehangen was,
25 vil kerzen drûf gestôzen
ob den hûsgenôzen,
kleine kerzen alumme an der want.
hundert bette er ligen vant.
daz schuofen, dies dâ phlâgen:
30 hundert kulter drûfe lâgen,
230   ie vier gesellen sundersiz.
dâ zwischen was ein underviz,
dâ vür ein teppech sinewel.
fil li roi Frimutel

5 mohte wol geleisten daz.
eins dinges man dâ niht vergaz:
si enhete niht betûret,
mit marmel was gemûret
drî vierecke viurrame.
10 dar ûfe was des viurs name,
holz, hiez lignâlôê:
sô grôziu viur sît noch ê
sach niemen hie ze Wildenberc.
jenez wâren kostenlîchiu werc.
15 der wirt sich selben setzen bat
gein der mitteln viurstat
ûf ein spanbette.
ez was worden wette
zwischen im und der vreude:
20 er lebete niht wan teude.
    in den palas kom gegangen,
der dâ wart wol emphangen,
Parzivâl der lieht gevar,
von im, der in sande dar:
25 der liez in dâ niht langer stên.
in bat der wirt nâher gên
und sitzen 'zuo mir dâ her an.
sazte ich iuch verre dort hin dan,
daz wære iu alze gastlîch.'
30 sus sprach der wirt jâmers rîch.

231   der wirt hete durch siecheit
grôziu viur und an im warmiu kleit,
wît und lanc zobelîn:
sus muoste ûzen und innen sîn
5 der pellez und der mantel drobe.
der swechest balc wære wol ze lobe:
der was doch swarz unde grâ.
des selben was ein hûbe aldâ
ûf sînem houbete zwivalt
10 von zobele. den man tiure galt,
sinewel arâbesch ein borte
oben drûf gehôrte,
mitten dran ein knöphelîn,

ein durchliuhtec rubîn.
15 dâ saz manec ritter kluoc,
dâ man jâmer vür si truoc.
ein knappe spranc zer tür dar în,
der truoc eine glævîn:
der site was ze trûren guot.
20 an der snîden huop sich bluot
und lief den schaft unz ûf die hant,
daz ez in dem ermel widerwant.
dâ wart geweinet und geschrît
ûf dem palase wît,
25 daz volc von drîzec landen
möhtez den ougen niht enblanden.
er truoc si in sînen henden
alumme zen vier wenden
unz aber wider zuo der tür.
30 der knappe spranc hin ûz dâ vür.
232 gestillet was des volkes nôt,
als in der jâmer ê gebôt,
des si diu glævîn hete ermant,
die der knappe brâhte in sîner hant.
5 wil iuch nû niht erlangen,
sô wirt hie zuo gevangen,
daz ich iuch bringe an die vart,
wie dâ mit zuht gedienet wart.
zende an dem palas
10 ein stehelîn tür entslozzen was:
dâ giengen ûz zwei werdiu kint
(nû hœrt, wie diu geprüevet sint),
daz si wol gæben minnen solt,
swerz dâ mit dienste hete erholt.
15 daz wâren juncvrouwen klâr.
zwei schapel über blôziu hâr,
bluomen was ir gebende.
iewederiu ûf der hende
truoc von golde ein kerzstal.
20 ir hâr was reit, lanc und val.
si truogen brinnendegiu lieht.
hie sule wir vergezzen niht

um der juncvrouwen gewant,
dâ man si kumende inne vant.
25 diu grævîn von Tenabroc,
brûn scharlachen was ir roc:
des selben truoc ouch ir gespil.
si wâren gefischieret vil
mit zwein gürteln an der krenke
30 ob der hüffe an dem gelenke.

233 nâch den kom ein herzogîn
und ir gespil, zwei stöllelîn
si truogen von helfenbein.
ir munt nâch viurs ræte schein.
5 die nigen alle viere.
zwuo sazten schiere
vür den wirt die stollen.
dâ wart gedient mit vollen.
die stuonden ensamt an eine schar
10 und wâren alle wol gevar.
den vieren was gelîch ir wât.
     nû seht, wâ sich niht versûmet hât
ander vrouwen vierstunt zwuo.
die wâren dâ geschaffet zuo:
15 viere truogen kerzen grôz,
die andern viere niht verdrôz,
si entrüegen einen tiuren stein,
dâ tages diu sunne lieht durch schein.
dâ vür was sîn name erkant:
20 ez was ein grânât jâchant,
beide lanc unde breit.
durch die lîhte in dünne sneit,
swer in zeinem tische maz.
dâ obe der wirt durch rîcheit az.
25 si giengen harte rehte
vür den wirt al ehte,
gein nîgen si ir houbet wegeten.
viere die taveln legeten
ûf helfenbein wîz als ein snê,
30 stollen, die dâ kômen ê.

234 mit zuht si kunden wider gên,

zuo den êrsten vieren stên.
an dísen ehte vrouwen was
röcke grüener denne ein gras,
5 von Azagouc samît,
gesniten wol lanc unde wît.
dâ mitten si zesamene twanc
gürteln tiure, smal und lanc.
dise ehte vrouwen kluoc,
10 ieslîchiu ob ir hâre truoc
ein kleine blüemîn schapel.
cuns Îwân von Nônel
und Jernîs von Rîle,
jâ was über manege mîle
15 ze dienste ir tohter dar genomen:
man sach die zwuo vürstîn komen
in harte wünneclîcher wât.
zwei mezzer snîdende als ein grât
brâhten si durch wunder
20 ûf zwein tweheln al besunder:
daz was silber herte unde wîz.
dar an lac ein spæher vlîz:
im was solh scherphen niht vermiten,
ez hete stahel wol versniten.
25 vor dem silber kômen vrouwen wert,
der dar ze dienste was gegert:
die truogen lieht dem silber bî,
vier kint vor missewende vrî.
sus giengen si alle sehse zuo.
30 nû hœrt, waz ieslîchiu tuo:
235 si nigen, ir zwuo dô truogen dar
ûf die taveln wol gevar
daz silber unde legetenz nider.
dô giengen si mit zühten wider
5 zuo den êrsten zwelfen sân.
ob ich geprüevet rehte hân,
hie suln ahzehen vrouwen stên.
âvoi, nû siht man sehse gên
in wæte, die man tiure galt:
10 daz was halbez blîalt,

daz ander phelle von Nînivê.
dise und die êrsten sehse ê
truogen zwelf röcke geteilet,
gein tiurer koste geveilet.
15 nâch den kom diu künegîn.
ir antlitze gap den schîn,
si wânden alle, ez wolde tagen.
man sach die maget an ir tragen
phellel von Arâbî.
20 ûf einem grüenen achmardî
truoc si den wunsch von pardîs,
beide wurzeln unde rîs:
daz was ein dinc, daz hiez der grâl,
erden wunsches überwal.
25 Repanse de Schoie si hiez,
die sich der grâl tragen liez.
der grâl was von solher art,
wol muoste ir kiusche sîn bewart,
diu sîn ze rehte solde phlegen:
30 diu muoste valsches sich bewegen.

236   vor dem grâle kômen lieht
(diu wâren von armer koste niht),
sehs glas lanc lûter wolgetân,
dar inne balsem, der wol bran.
5 dô si kômen von der tür
ze rehter mâze alsus her vür,
mit zühten neic diu künegîn
und al diu juncvrouwelîn,
die dâ truogen balsemvaz.
10 diu künegîn valscheite laz
sazte vür den wirt den grâl.
diz mære giht, daz Parzivâl
dicke an si sach und dâhte:
diu den grâl dâ brâhte,
15 er hete ouch ir mantel an.
mit zuht die sibene giengen dan
zuo den ahzehen êrsten.
dô liezen si die hêrsten
zwischen sich, man sagete mir,

20 zwelfe iewederthalben ir.
   diu maget mit der krône
   stuont dâ harte schône.
      swaz ritter dâ gesezzen was
      über al den palas,
25 den wâren kameræere
   mit guldîn becken swære
   ie vieren geschaffet einer dar
   und ein juncherre wol gevar,
   der eine wîze tweheln truoc.
30 man sach dâ rîcheit genuoc:

237   der taveln hundert muosten sîn,
   die man dô truoc zer tür dar în.
   man sazte ieslîche schiere
   vür werder ritter viere,
 5 tischlachen var nâch wîze
   wurden drûf geleget mit vlîze.
   der wirt dô selbe wazzer nam
   (der was an hôchmuote lam),
   mit im twuoc sich Parzivâl:
10 eine sîdîne tweheln wol gemâl
   die bôt eins grâven sun dâ nâch.
   dem was ze knien vür si gâch.
   swâ dô der taveln deheiniu stuont,
   dâ tet man vier knappen kunt,
15 daz si ir dienstes niht vergæzen
   den, die dâ obe sæzen:
   zwêne knieten unde sniten,
   die andern zwêne niht vermiten,
   si entrüegen trinken und ezzen dar,
20 und nâmen ir mit dienste war.
   hœrt mêr von rîcheite sagen:
   vier karrâschen muosten tragen
   manec tiure goltvaz
   ieslîchem ritter, der dâ saz.
25 man zôch si zen vier wenden.
   vier ritter mit ir henden
   man si ûf die taveln setzen sach.
   ieslîchem gienc ein schrîbære nâch,

der sich dar zuo arbeite
30 und si wider ûf bereite,
238 sô dâ gedienet wære.
nû hœrt ein ander mære.
hundert knappen man gebôt:
die nâmen in wîze tweheln brôt
5 mit zühten vor dem grâle.
die giengen al zemâle
und teilten vür die taveln sich.
man sagete mir, diz sage ouch ich
ûf iuwer ieslîches eit,
10 daz vor dem grâle wære bereit
(sol ich des iemen triegen,
sô müezet ir mit mir liegen),
swâ nâch jener bôt die hant,
daz er al bereite vant
15 spîse warm, spîse kalt,
spîse niuwe und dar zuo alt,
daz zam und daz wilde.
es enwürde nie dehein bilde,
beginnet maneger sprechen:
20 der wil sich übel rechen,
wan der grâl was der sælden vruht,
der werlde süeze alsolh genuht,
er wac vil nâch gelîche,
als man saget von himelrîche.
25 in kleiniu goltvaz man nam,
als ieslîcher spîse zam,
salsen, pheffer, âgrâz.
dâ hetc der kiusche und der vrâz
alle gelîche genuoc.
30 mit grôzer zuht manz vür si truoc.
239 môraz, wîn, sinôpel rôt,
swâ nâch den naph ieslîcher bôt,
swaz er trinkens kunde nennen,
daz mohte er drinne erkennen
5 allez von des grâles kraft.
diu werde geselleschaft
heten wirtschaft vor dem grâl.

    wol gemarcte Parzivâl
    die rîcheit und daz wunder grôz:
10 durch zuht in vrâgens doch verdrôz.
    er dâhte: 'mir riet Gurnemanz
    mit grôzen triuwen âne schranz,
    ich solde vil gevrâgen niht.
    waz ob mîn wesen hie geschiht
15 die mâze als dort bî im?
    âne vrâge ich vernim,
    wiez dirre massenîe stêt.'
    in dem gedanke nâher gêt
    ein knappe, der truoc ein swert:
20 des balc was tûsent marke wert,
    sîn gehilze was ein rubîn,
    ouch möhte wol diu klinge sîn
    grôzer wunder urhap.
    der wirt ez sînem gaste gap.
25 der sprach: 'herre, ich brâhtez in nôt
    in maneger stat, ê daz mich got
    an dem lîbe hât geletzet.
    nû sît dâ mite ergetzet,
    ob man iuwer hie niht wol enphlege.
30 ir mugetz wol vüeren alle wege:

240
    swenne ir geprüevet sînen art,
    ir sît gein strîte dâ mite bewart.'
    ouwê, daz er niht vrâcte dô!
    des bin ich vür in noch unvrô,
 5 wande erz emphienc in sîne hant:
    dô was er vrâgens mite ermant.
    ouch riuwet mich sîn süezer wirt,
    den ungenande niht verbirt,
    des im von vrâgen nû wære rât.
10 genuoc man dâ gegeben hât:
    dies phlâgen, die griffenz an,
    si truogenz gerüste wider dan.
    vier karrâschen man ê luot.
    ieslîch vrouwe ir dienest tuot,
15 ê die jungesten, nû die êrsten.
 . dô schuofen si aber die hêrsten

wider zuo dem grâle.
dem wirte und Parzivâle
mit zühten neic diu künegîn
20 und al diu juncvrouwelîn.
si brâhten wider în zer tür,
daz si mit zuht ê truogen vür.
Parzivâl in blicte nâch:
an einem spanbette er ersach
25 in einer kemenâten,
ê si nâch in zuo getâten,
den aller schœnsten alten man,
des er künde ie gewan.
ich mac ez wol sprechen âne guft,
30 er was noch wîzer dan der tuft.

241   wer der selbe wære,
des vreischet her nâch mære.
dar zuo der wirt, sîn burc, sîn lant,
diu werden iu von mir genant
5 her nâch, sô des wirdet zît,
bescheidenlîchen âne strît
und âne allez vür zogen.
ich sage die senewen âne bogen.
diu senewe ist ein bîspel.
10 nû dunket iuch der boge snel:
doch ist sneller, daz diu senewe jaget.
ob ich iu rehte hân gesaget,
diu senewe gelîchet mæren sleht:
diu dunkent ouch die liute reht.
15 swer iu saget von der krümme,
der wil iuch leiten ümme.
swer den bogen gespannen siht,
der senewen er der slehte giht,
man welle si zer biuge erdenen,
20 sô si den schuz muoz menen.
swer aber dem sîn mære schiuzet,
des in durch nôt verdriuzet
(wan daz hât dâ ninder stat
und vil gerûmeclîchen phat
25 zeinem ôren în, zem andern vür),

mîn arbeit ich gar verlür,
ob den mîn mære drünge:
ich sagete oder sünge,
daz ez noch baz vernæme ein boc
30 oder ein ulmeger stoc.

242   ich wil iu doch baz bediuten
von disen jâmerbæren liuten,
dar kom geriten Parzival.
man sach dâ selten vreuden schal,
5 ez wære bûhurt oder tanz:
ir klagendiu stæte was sô ganz,
si enkêrten sich an schimphen niht.
swâ man noch min volkes siht,
den tuot etswenne vreude wol:
10 dort wâren die winkel alle vol
und ouch ze hove, dâ man si sach.
der wirt ze sînem gaste sprach:
'ich wæne, man iu gebettet hât.
sît ir müede, sôst mîn rât,
15 daz ir gêt: leget iuch slâfen.'
nû solde ich schrîen wâfen
um ir scheiden, daz si tuont:
ez wirt grôz schade in beiden kunt.
von dem spanbette trat
20 ûf den teppech an eine stat
Parzivâl der wol geslaht.
der wirt bôt im guote naht:
diu ritterschaft dô gar ûf spranc.
ein teil ir im dar nâher dranc:
25 dô vuorten si den jungen man
in eine kemenâten sân.
diu was wol gehêret,
mit einem bette gêret,
daz mich mîn armuot immer müet,
30 sît diu erde alsolhe rîcheit blüet.

243   dem bette armuot was tiur:
als er glohte in einem viur,
lac drûfe ein phellel lieht gemâl.
die ritter bat dô Parzivâl

5 wider varn an ir gemach,
   dô er dâ niht mêr bette sach.
   mit urloube si vuoren dan.
      hie hebet sich ander dienest an.
   vil kerzen und diu varwe sîn
10 die gâben ze gegenstrîte schîn:
   waz möhte liehter sîn der tac?
   vor sînem bette ein anderz lac,
   dar ûfe ein kulter. dâ er dâ saz,
   juncherren snel und niht ze laz
15 maneger im dar nâher spranc:
   si enschuohten bein, diu wâren blanc.
   ouch zôch im mêr gewandes abe
   manec wol geborner knabe.
   vlætec wâren diu selben kindelîn.
20 dar nâch gienc dô zer tür dar în
   vier klâre juncvrouwen:
   die solden dennoch schouwen,
   wie man des heldes phlæge
   und ob er sanfte læge,
25 als mir diu âventiure gewuoc.
   vor ieslîcher ein knappe truoc
   eine kerzen, diu wol bran.
      Parzivâl der snelle man
   spranc underz declachen.
30 si sageten: 'ir sult wachen
244   durch uns noch eine wîle.'
   ein spil mit der île
   hete er unz an den ort gespilt.
   daz man gein liehter varwe zilt,
5 daz begunde ir ougen süezen,
   ê si emphiengen sîn grüezen.
   ouch vuocten in gedanke nôt,
   daz im sîn munt was sô rôt
   und daz vor jugende niemen dran
10 kôs gein einer halben gran.
   dise vier juncvrouwen kluoc,
   hœrt, waz ieslîchiu truoc:
   môraz, wîn und lûtertranc

truogen drî ûf henden blanc,
15 diu vierde juncvrouwe wîs
truoc obez der art von pardîs
ûf einer tweheln blanc gevar.
diu selbe kniete ouch vür in dar:
er bat die vrouwen sitzen.
20 si sprach: 'lât mich bî witzen.
sô wært ir dienstes ungewert,
als mîn her vür iuch ist gegert.'
süezer rede er gein in niht vergaz.
der herre tranc, ein teil er az:
25 mit urloube si giengen wider,
Parzivâl sich legete nider.
ouch sazten juncherrelîn
ûf den teppech die kerzen sîn,
dô si in slâfen sâhen:
30 si begunden dannen gâhen.
245   Parzivâl niht eine lac:
gesellleclîche unz an den tac
was bî im strengiu arbeit.
ir boten künftegiu leit
5 sanden im in slâfe dar,
sô daz der junge wol gevar
sîner muoter troum gar widerwac,
des si nâch Gahmurete phlac.
sus wart gesteppet im sîn troum:
10 mit swertslegen um den soum,
dâ vor mit maneger tjoste rîch.
von rabîne hurteclîch
er leit in slâfe etslîch nôt.
möhte er drîzecstunt sîn tôt,
15 daz hete er wachende ê gedolt:
sus teilte im ungemach den solt.
von disen strengen sachen
muoste er durch nôt erwachen:
im swizten âdern unde bein.
20 der tac ouch durch diu venster schein.
dô sprach er: 'wê, wâ sint diu kint,
daz si hie vor mir niht sint?

wer sol mir bieten mîn gewant?'
sus warte ir der wîgant,
25 unz er anderstunt entslief.
niemen dâ redete noch enrief:
si wâren gar verborgen.
um den mitten morgen
dô erwachete aber der junge man.
30 ûf rihte sich der küene sân,

246 ûf dem teppeche sach der degen wert
ligen sîn harnas und zwei swert:
daz eine der wirt im geben hiez,
daz ander was von Gaheviez.
5   sus sprach er zim selben sân:
'ouwê, durch waz ist diz getân?
deiswâr, ich sol mich wâpen drîn.
ich leit in slâfe alsolhen pîn,
daz mir wachende arbeit
10 noch hiute, wæne ich, ist bereit.
hât dirre wirt urliuges nôt,
sô leiste ich gerne sîn gebot
und ir gebot mit triuwen,
diu disen mantel niuwen
15 mir lêch durch ir güete.
wan stüende ir gemüete,
daz si dienest wolde nemen!
des kunde mich durch si gezemen
und doch niht durch ir minne,
20 wan mîn wîp, diu küneginne,
ist an ir lîbe alsô klâr
oder vürbaz, daz ist wâr.'
     er tet, als er tuon sol:
von vuoz ûf wâpende er sich wol
25 durch strîtes antwurte.
zwei swert er umme gurte,
zer tür ûz gienc der werde degen.
dâ was sîn ors an die stegen
geheftet, schilt unde sper
30 lente dâ bî: daz was sîn ger.

247 ê Parzivâl der wîgant

sich des orses underwant,
manegez er der gademe erlief,
sô daz er nâch den liuten rief.
5 niemen er hôrte noch ensach.
ungevüege leit im dran geschach:
daz hete im zorn gereizet.
er lief, dâ er was erbeizet
des âbents, dô er komen was.
10 dâ was erde unde gras
mit tretenne gerüeret
undz tou gar zevüeret.
   al schrîende lief der junge man
wider ze sînem orse sân,
15 mit bâgenden worten
saz er drûf: die porten
vant er wîte offen stên,
dâ durch ûz grôze slâ gên.
niht langer er dô habete,
20 vaste ûf die brücke er drabete.
ein verborgen knappe daz seil
zôch, daz der slagebrücken teil
hetez ors vil nâch gevellet nider.
Parzivâl der sach sich wider:
25 dô wolde er hân gevrâget baz.
'ir sult varn der sunnen haz'
sprach der knappe, 'ir sît ein gans.
möhtet ir gerüeret hân den vlans
und hetet den wirt gevrâget!
30 vil prîses iuch hât betrâget.'
248 nâch den mæren schrei der gast,
gegenrede im gar gebrast.
swie vil er nâch geriefe,
rehte als er gênde sliefe,
5 warp der knappe und sluoc die porten zuo.
dô was sîn dan scheiden ze vruo
an der vlustbæren zît
dem, der nû zins von vreuden gît:
diu ist an im verborgen.
10 um den wurf der sorgen

wart getopelt, dô er den grâl vant,
mit sînen ougen âne hant
und âne würfels ecke.
ob in nû kummer wecke,
15 des was er dâ vor niht gewent:
er enhete sich niht vil gesent.
    Parzivâl der huop sich nâclı
vaste ûf die slâ, die er dâ sach.
er dâhte: 'die vor mir rîten,
20 ich wæne, die liute strîten
manlîche um mîns wirtes dinc.
ruochten sis, sô wære ir rinc
mit mir niht verkrenket.
aldâ enwürde niht gewenket,
25 ich hülfe in in der selben nôt,
daz ich gediende mîn brôt
und ouch diz wünneclîche swert,
daz mir gap ir herre wert.
[ungedienet ich daz trage:
30 si wænent lîhte, ich sî ein zage.']
249 der valscheite widersaz
kêrte ûf der huofslege kraz.
sîn scheiden dan daz riuwet mich.
    alrêst nû âventiurt ez sich:
5 dô begunde krenken sich ir spor.
sich schieden, die dâ riten vor:
ir slâ wart smal, diu ê was breit.
er verlôs si gar, daz was im leit.
mære vriesch dô der junge man,
10 dâ von er herzenôt gewan.
dô erhôrte der degen ellens rîch
einer vrouwen stimme jæmerlîch.
ez was dennoch von touwe naz.
vor im ûf einer linden saz
15 ein maget, der vuocte ir triuwe nôt.
ein gebalsemt ritter tôt
lente ir zwischen den armen.
swen ez niht wolde erbarmen,
der si sô sitzen sæhe,

20 untriuwen ich im jæhe.
    sîn ors dô gein ir wande,
    der wênec si bekande:
    si was doch sîner muomen kint.
    al irdesch triuwe was ein wint,
25 wan die man an ir lîbe sach.
    Parzivâl si gruozte und sprach:
    'vrouwe, mir ist vil leit
    iuwer senlîchiu arbeit:
    bedurfet ir mîns dienstes iht,
30 in iuwerm dienste man mich siht.'
250   si dancte im ûz jâmers siten
    und vrâcte in, wannen er kœme geriten.
    si sprach: 'ez ist widerzæme,
    daz iemen an sich næme
5 sîne reise in dise waste.
    unkundem gaste
    mac hie wol grôzer schade geschehen.
    ich hânz gehôrt und wol gesehen,
    daz hie vil liute ir lîp verlurn,
10 die werlîche den tôt erkurn.
    kêrt hinnen, ob ir welt genesen.
    saget ê, wâ sît ir gewesen?'
    'darst ein mîle oder mêr,
    daz ich gesach nie burc sô hêr
15 mit aller slahte rîcheit.
    inner kurzer wîle ich dannen reit.'
        si sprach: 'swer iu getrûwet iht,
    den sult ir gerne triegen niht.
    ir traget doch einen gastes schilt.
20 iuch möhte des waldes hân bevilt
    von erbûwenem lande her geriten.
    inner drîzec mîlen wart nie versniten
    ze keinem bûwe holz noch stein.
    wan ein burc diu stêt al ein,
25 diust erden wunsches rîche.
    swer die suochet vlîzeclîche,
    leider der envindet ir niht.
    vil liute manz doch werben siht.

ez muoz unwizzende geschehen,

30 swer immer sol die burc gesehen.

251   ich wæne, herre, diust iu niht bekant:

Munsalvæsche ist si genant.

der bürge wirtes roiame,

Terre de Salvæsche ist sîn name.

5 ez brâhte der alte Titurel

an sînen sun rois Frimutel:

sus hiez der werde wîgant.

manegen prîs erwarp sîn hant.

der lac von einer tjoste tôt,

10 als im diu minne dar gebôt.

der selbe liez vier werdiu kint:

bî rîcheit driu in jâmer sint,

der vierde hât armuot.

durch got vür sünde er daz tuot:

15 der selbe heizet Trevrezent.

Amfortas sîn bruoder lent:

der mac gerîten noch gegên

noch geligen noch gestên.

der ist ûf Munsalvæsche wirt.

20 ungenande in niht verbirt.'

si sprach: 'herre, wært ir komen dar

zuo der jæmerlîchen schar,

sô wære dem wirte worden rât

vil kummers, den er lange hât.'

25   der Wâleis zuo der megede sprach:

'grœzlîch wunder ich dâ sach

und manege vrouwen wol getân.'

bî der stimme erkande si den man.

dô sprach si: 'dû bist Parzivâl.

30 nû sage et, sæhe dû den grâl

252   und den wirt vreuden lære?

lâ hœren liebiu mære,

ob wendec ist sîn vreise.

wol dich der sælden reise!

5 wan swaz die lüfte hânt beslagen,

dar obe muostû hœhe tragen:

dir dienet zam unde wilt.

ze rîcheit ist dir wunsch gezilt.'
Parzivâl der wîgant

10 sprach: 'wâ von habet ir mich erkant?'
si sprach: 'dâ bin ichz diu maget,
diu dir ê kummer hât geklaget
und diu dir sagete dînen namen.
dû endarft dich niht der sippe schamen,

15 daz dîn muoter ist mîn muome.
wîplîcher kiusche ein bluome
ist si, geliutert âne tou.
got lône dir, daz dich dô sô rou
mîn vriunt, der mir zer tjost lac tôt.

20 ich hân in alhie: nû prüeve nôt,
die mir got hât an im gegeben,
daz er niht langer solde leben.
er phlac manlîcher güete.
sîn sterben mich dô müete:

25 ouch hân ich sît von tage ze tage
vürbaz erkennet niuwe klage.'
    'ouwê, war kom dîn rôter munt?
bistûz Sigûne, diu mir kunt
tet, wer ich was, âne allen vâr?

30 dîn reideleht lanc brûnez hâr,
253   des ist dîn houbet blôz getân.
zem fôreist in Briziljân
sach ich dich dô vil minneclîch,
swie dû wæres jâmers rîch.

5 dû hâs verlorn varwe und kraft.
dîner herten geselleschaft
verdrüzze mich, solde ich die haben:
wir suln disen tôten man begraben.'
dô nazten diu ougen ir die wât.

10 ouch was vroun Lûneten rât
ninder dâ bî ir gewesen.
diu riet ir vrouwen: 'lât genesen
disen man, der den iuwern sluoc:
er mac ergetzen iuch genuoc.'

15 Sigûne gerte ergetzens niht
als wîp, die man bî wanke siht,

manege, der ich wil gedagen.
   hœrt mêr Sigûnen triuwe sagen.
   diu sprach: 'sol mich iht gevreun,
20 daz tuot ein dinc, ob in sîn teun
   læzet, den vil trûregen man.
   schiede dû helflîche dan,
   sô ist dîn lîp wol prîses wert.
   dû vüeres ouch um dich sîn swert:
25 bekennestû des swertes segen,
   dû maht âne angest strîtes phlegen:
   sîn ecke ligent im rehte.
   von edelem geslehte
   worhtez Trebuchetes hant.
30 ein brunne stêt bî Karnant,

254   dar nâch der künec heizet Lac.
   daz swert gestêt ganz einen slac,
   am andern ez zevellet gar:
   wiltûz denne wider bringen dar,
  5 ez wirt ganz von des wazzers trân.
   dû muost des urspringes hân
   under dem velse, ê in beschine der tac.
   der selbe brunne heizet Lac.
   sint diu stücke niht verrêret,
10 der si rehte zein ander kêret,
   sô si der brunne machet naz,
   ganz unde sterker baz
   wirt im valz und ecke sîn
   und verliesent niht diu mâl ir schîn.
15 daz swert bedarf wol segens wort.
   ich vürhte, diu hâstû lâzen dort:
   hât si aber dîn munt gelernet,
   sô wehset unde kernet
   immer sælden kraft bî dir.
20 lieber neve, geloube mir,
   sô muoz gar dienen dîner hant,
   swaz dîn lîp dâ wunders vant.
   ouch mahtû tragen schône
   immer sælden krône
25 hôhe ob den werden,

den wunsch ûf der erden
hâstû volleclîche:
niemen ist sô rîche,
der gein dir koste mege hân.
30 hâstû vrâge ir reht getân?'
255   er sprach: 'ich hân gevrâget niht.'
    'ouwê, daz iuch mîn ouge siht'
sprach diu jâmerbæriu maget,
'sît ir vrâgens sît verzaget!
5 ir sâhet doch solh wunder grôz
(daz iuch vrâgens dô verdrôz,
aldâ ir wârt dem grâle bî!),
manege vrouwen valsches vrî,
die werden Garschiloien
10 und Repanse de Schoien,
und snîdende silber und bluotec sper.
ouwê, waz woldet ir zuo mir her,
gunêrter lîp, vervluochet man!
ir truoct den eiterwolves zan,
15 dâ diu galle in der triuwe
an iu bekleip sô niuwe.
iuch solde iuwer wirt erbarmet hân,
an dem got wunder hât getân,
und hetet gevrâget sîner nôt.
20 ir lebet und sît an sælden tôt.'
dô sprach er: 'liebiu niftel mîn,
tuo bezzern willen gein mir schîn:
ich wandel, hân ich iht getân.'
'ir sult wandels sîn erlân'
25 sprach diu maget. 'mirst wol bekant,
ze Munsalvæsche an iu verswant
êre und ritterlîcher prîs.
ir envindet nû deheinen wîs
deheine gegenrede an mir.'
30 Parzivâl sus schiet von ir.
256   daz er vrâgens was sô laz,
dô er bî dem trûregen wirte saz,
daz rou dô grœzlîche
den helt ellens rîche.

5 durch klage und durch den tac sô heiz
  begunde netzen in der sweiz:
  durch den luft von im er bant
  den helm und vuorte in in der hant,
  er entstricte die vinteilen sîn.
10 durch îsers râm was lieht sîn schîn.
     er kom ûf eine niuwe slâ,
  wande ez gienc vor im aldâ
  ein ors, daz was wol beslagen,
  und ein barvuoz phert muoste tragen
15 eine vrouwen, die er sach.
  nâch der ze rîten im geschach,
  ir phert gein kummer was verselt:
  man hete im wol durch hût gezelt
  elliu sîniu rippe gar.
20 als ein harm ez was gevar
  (ein bestîn halfter lac dar ane,
  unz ûf den huof swanc im diu mane),
  sîn ougen tief, die gruoben wît.
  ouch was der vrouwen runzît
25 vertwâlet und vertrecket,
  durch hunger dicke erwecket:
  ez was dürre als ein zunder.
  sîn gên daz was wunder,
  wandez reit ein vrouwe wert,
30 diu selten kunrierte phert.
257 dâ lac ûf ein gereite,
  smal âne alle breite,
  geschelle und bogen verrêret,
  grôz zadel dran gemêret
5 der vrouwen trûrec, niht ze geil.
  ir surzengel was ein seil:
  dem was si doch ze wol geborn.
  ouch heten die este und etslîch dorn
  ir hemde zevüeret:
10 swâ daz mit zerren was gerüeret,
  dâ sach er vil der stricke,
  dar unde liehte blicke,
  ir hût noch wîzer denne ein swane.

si enhete niht wan knoden ane.
15 swâ die wâren des velles dach,
in blanker varwe er daz sach:
daz ander leit von sunnen nôt.
swiez ir kom, ir munt was rôt:
der muoste alsolhe varwe tragen,
20 man hete viur wol drûz geslagen.
swâ man si wolde an rîten,
daz was zer blôzen sîten.
nante si iemen vilân,
der hete ir unreht getân,
25 wan si hete wênec an ir.
durch iuwer zuht geloubet mir:
si truoc ungedienten haz,
wîplîcher güete si nie vergaz.
ich sagete iu vil armuot:
30 war zuo? diz ist als guot.
doch næme ich solhen blôzen lîp
vür etslîch wol gekleidet wîp.

258   dô Parzivâl gruoz gein ir sprach,
an in si erkenneclîchen sach:
er was der schœnste über elliu lant.
dâ von si in schiere hete erkant.
5 si sagete: 'ich hân iuch ê gesehen.
dâ von ist leide mir geschehen:
doch müeze iu vreude und êre
got immer geben mêre,
denne ir um mich gedienet hât.
10 des ist nû ermer mîn wât,
denne ir si jungest sâhet.
wært ir niht genâhet
mir an der selben zît,
sô hete ich êre âne strît.'
15 dô sprach er: 'vrouwe, merket baz,
gein wem ir kêret iuwern haz.
jâ enwart von mînem lîbe
iu noch deheinem wîbe
laster nie gemêret
20 (sô hete ich mich gunêret),

sît ich den schilt von êrste gewan
und ritters vuore mich versan.
mirst ander iuwer kummer leit.'
   al weinde diu vrouwe reit,
25 daz si begôz ir brüstelîn.
als si gedræt solden sîn,
diu stuonden blanc hôch sinewel:
jâ enwart nie dræhsel sô snel,
der si gedræt hete baz.
30 swie minneclîch diu vrouwe saz,
259 si muoste in doch erbarmen:
mit henden und mit armen
begunde si sich decken
vor Parzivâl dem recken.
5 dô sprach er: 'vrouwe, nemt durch got
ûf rehten dienest sunder spot
an iuwern lîp mîn kursît.'
'herre, wære daz âne strît,
daz al mîn vreude læge dran,
10 sô getörste ichz doch niht grîfen an.
welt ir uns tœtens machen vrî,
sô rîtet, daz ich iu verre sî.
doch klagete ich wênec mîne nôt,
wan daz ich vürhte, ir kiest den tôt.'
15 dô sprach er: 'vrouwe, wer næme uns daz leben?
daz hât uns gotes kraft gegeben:
ob des gerte ein ganzez her,
man sæhe mich vür uns ze wer.'
   si sprach: 'es gert ein werder degen:
20 der hât sich strîtes sô bewegen,
iuwer sehse kœmens in arbeit.
mirst iuwer rîten bî mir leit.
ich was etswenne sîn wîp:
nû möhte mîn vertwâlet lîp
25 des heldes dierne niht gesîn.
sus tuot er gein mir zürnen schîn.'
dô sprach er zuo der vrouwen sân:
'wer ist hie mit iuwerm man?
wan vlühe ich nû durch iuwern rât,

30 daz diuhte iuch lîhte ein missetât.
260   swenne ich vliehen lerne,
sô stirbe ich alsô gerne.'
dô sprach diu blôze herzogîn:
'er hât hie niemen denne mîn.'
5 'der trôst ist kranc gein strîtes sige.'
niht wan knoden und der rige
was an der vrouwen hemde ganz.
wîplîcher kiusche lobes kranz
truoc si mit armüete:
10 si phlac der wâren güete,
sô daz der valsch an ir verswant.
die vinteilen er vür sich bant,
gein strîte er wolde vüeren
den helm er mit den snüeren
15 ebene ze sehenne ructe.
innen des daz ors sich bucte,
gein dem pherde ez schrîen niht vermeit.
der vor Parzivâl dâ reit
und vor der blôzen vrouwen,
20 der erhôrtez und wolde schouwen,
wer bî sînem wîbe rite.
daz ors warf er mit zornes site
vaste ûz dem stîge.
gein strîteclîchem wîge
25 hielt der herzoge Orilus
gereit zeiner tjost alsus,
mit rehter manlîcher ger,
von Gaheviez mit einem sper:
daz was geverwet genuoc,
30 rehte als er sîniu wâpen truoc.
261   sînen helm worhte Trebuchet,
sîn schilt was ze Dôlet
in Kailetes lande
geworht dem wîgande:
5 rant und buckel heten kraft.
zAlexandrîe in heidenschaft
was geworht ein phellel guot,
des der vürste hôchgemuot

truoc kursît und wâpenroc.

10 sîn decke was ze Tenabroc
geworht ûz ringen herte.
sîn stolzheit in lêrte,
der îserînen decke dach
was ein phellel (des man jach,

15 daz der tiure wære),
rîche und doch niht swære
sîne hosen, halsberc, hersenier.
und in îserîniu schinnelier
was gewâpent dirre küene man,

20 geworht ze Bêalzenan
in der houbetstat zAnschouwe.
disiu blôziu vrouwe
vuorte im ungelîchiu kleit:
diu dâ sô trûrec nâch im reit,

25 dâ enhete sis niht bezzer state.
ze Sessûn was geslagen sîn plate,
sîn ors von Brumbâne
de Salvâsche ah muntâne:
mit einer tjost rois Lehelîn

30 bejagetez dâ, der bruoder sîn.

262 Parzivâl was ouch bereit:
sîn ors mit walap er reit
gein Orilus de Lalander.
ûf des schilte vander

5 einen trachen, als er lebete.
ein ander trache strebete
ûf sînem helme gebunden,
an den selben stunden
manec guldîn trache kleine

10 (mit manegem edeln steine
muosten die gehêret sîn,
ir ougen wâren rubîn)
ûf der decke und am kursît.
dâ wart genomen der poinder wît

15 von den zwein helden unverzaget.
newederhalp wart widersaget:
si wâren doch ledec ir triuwe.

trunzûne starc al niuwe
von in wæten gein den lüften.
20 ich wolde mich des güften,
hete ich eine solhe tjost gesehen.
als mir diz mære hât verjehen,
dâ wart von rabîne geriten,
ein solh tjoste niht vermiten:
25 vroun Jeschûten muot verjach,
schœner tjost si nie gesach.
diu hielt dâ, want ir hende,
si vreuden ellende
gunde enwederm helde schaden.
30 diu ors in sweize muosten baden:
263 prîses si beide gerten.
die blicke von den swerten
und viur, daz von helmen spranc,
und manec ellenthafter swanc,
5 die begunden verre glesten,
wan dâ wâren strîts die besten
mit hurte an ein ander komen,
ez gê ze schaden oder ze vromen
den küenen helden mæren.
10 swie willec diu ors in wæren,
dâ si beide ûfe sâzen,
der sporn si niht vergâzen
noch ir swerte lieht gemâl.
prîs gediende Parzivâl,
15 daz er sich alsus wern kan
wol hundert trachen und eines man.
ein trache wart versêret,
sîne wunden gemêret,
der ûf Orilus helme lac.
20 sô durchliuhtec, daz der tac
volleclîche durch in schein,
wart drabe geslagen manec edel stein.
daz ergienc zorse und niht ze vuoz.
vroun Jeschûten wart der gruoz
25 mit swertes schimphe aldâ bejaget.
mit heldes handen unverzaget

      mit hurte si dicke zein ander vlugen,
      daz die ringe vor den knien zestuben,
      swie si wæren îserîn.
30 ruocht irs, si tâten strîtes schîn.
264   ich sage iu des einen zorn:
      daz sîn wîp wol geborn
      dâ vor was genôtzoget.
      er was iedoch ir rehter voget,
  5 sô daz si schermes warte an in.
      er wânde, ir wîplîcher sin
      wære gein im verkêret
      und daz si gunêret
      hete ir kiusche und ir prîs
10 mit einem andern âmîs.
      des lasters nam er phlihte.
      ouch ergienc sîn gerihte
      über si, daz grœzer nôt
      wîp nie gedolte âne tôt
15 und âne alle ir schulde.
      er möhte ir sîne hulde
      versagen, swenne er wolde:
      niemen daz wenden solde,
      ob der man des wîbes hât gewalt.
20 Parzivâl der degen balt
      Orilus hulde gerte
      vroun Jeschûten mit dem swerte:
      des hôrte ich ie güetlîche biten.
      ez kom in dâ gar von schimphes siten.
25 mich dunkt, si haben beide reht:
      der beidiu krump unde sleht
      geschuof, künne er scheiden,
      sô wende er daz an beiden,
      daz ez âne sterben dâ ergê.
30 si tuont doch sus ein ander wê.
265   dâ ergienc diu scharphe herte:
      ieweder vaste werte
      sînen prîs vor dem ander.
      duc Orilus de Lalander
  5 streit nâch sînem gelêrten site.

ich wæne, ie man sô vil gestrite:
er hete kunst unde kraft.
des wart er dicke sigehaft
an maneger stat, swiez dâ ergienc.
10 durch den trôst zuo zim er vienc
den jungen starken Parzivâl.
der begreif in ouch dô sunder twâl
und zucte in ûz dem satel sîn:
als eine garben heberîn
15 vaste er in under die arme swanc,
mit im er von dem orse spranc
und dructe in über einen ronen.
dâ muoste schumphentiure wonen,
der solher nôt niht was gewent.
20 'dû garnes, daz sich hât versent
disiu vrouwe von dînem zorne.
nû bistû der verlorne,
dû enlâzes si dîne hulde hân.'
'daz enwirt sô gâhes niht getân'
25 sprach der herzoge Orilus:
'ich bin noch unbetwungen sus.'
Parzivâl der werde degen
dructe in an sich, daz bluotes regen
spranc durch die barbiere.
30 dâ wart der vürste schiere
266 betwungen, swes man an in warp.
er tet sô der ungerne starp,
er sprach ze Parzivâle sân:
'ouwê, junc starker man,
5 wâ gediende ich ie dise nôt,
daz ich vor dir sol ligen tôt?'
'jâ lâze ich dich vil gerne leben'
sprach Parzivâl, 'ob dû wilt geben
dirre vrouwen dîne hulde.'
10 'ich entuons niht: ir schulde
ist gein mir ze græzlîch.
si was werdekeite rîch:
die hât si gar verkrenket
und mich in nôt gesenket.

15 ich leiste anders, swes dû gers,
   ob dû mich des lebens wers.
   daz hete ich etswenne von gote:
   nû ist dîn hant des worden bote,
   daz ichs danke dînem prîse.'
20 sus sprach der vürste wîse:
   'mîn leben koufe ich schône.
   in zwein landen krône
   treget gewaldeclîche
   mîn bruoder, der ist rîche:
25 der nim dir, swederz dû welles,
   daz dû mich tôt niht velles.
   ich bin im liep: er lœset mich,
   als ich gedinge wider dich.
   dar zuo nim ich mîn herzentuom
30 von dir: dîn prîslîcher ruom

267   hât werdekeit an mir bezalt.
   nû erlâz mich, küener degen balt,
   suone gein disem wîbe
   und gebiut mînem lîbe
5 anders, swaz dîn êre sîn.
   gein der gunêrten herzogîn
   mac ich suone gephlegen niht,
   swaz halt anders mir geschiht.'
   Parzivâl der hôchgemuot
10 sprach: 'liute, lant noch varnde guot,
   der deheinez mac gehelfen dir,
   dû entuos des sicherheit gein mir,
   daz dû gein Bertâne vars
   und die reise niht langer spars
15 zeiner maget, die blou durch mich
   ein man, gein dem ist mîn gerich
   âne ir bete niht verkorn.
   dû solt der megede wol geborn
   sichern und mîn dienest sagen
20 oder wirt alhie erslagen.
   sage Artûse und dem wîbe sîn,
   in beiden von mir dienest mîn,
   daz si mîn dienst sus letzen

und die maget ir slege ergetzen.
25 dar zuo wil ich schouwen
in dînen hulden dise vrouwen
mit suone âne vâre
oder dû muost eine bâre
tôt hinnen rîten,
30 wiltû michs widerstrîten:
268 merke diu wort und wis der werke ein wer.
des gip mir sicherheit alher.'
dô sprach der herzoge Orilus
zem künege Parzivâl alsus:
5 'mac niemen dâ vür niht gegeben,
sô leiste ichz, wande ich wil noch leben.'
durch die vorhte von ir man
vrou Jeschûte diu wol getân
strîtscheidens gar verzagete,
10 ir vîndes nôt si klagete.
Parzivâl in ûf verliez.
der vroun Jeschûten suone gehiez,
der betwungene vürste sprach:
'vrouwe, sît diz durch iuch geschach,
15 in strît diu schumphentiure mîn,
wol her, ir sult geküsset sîn.
ich hân vil prîses durch iuch verlorn:
waz denne? ez ist doch vorkorn.'
diu vrouwe mit ir blôzem vel
20 was zem sprunge harte snel
von dem pherde ûf den wasen.
swie daz bluot von der nasen
den munt im hete gemachet rôt,
si kuste in, dô er kus gebôt.
25 dâ wart niht langer dô gebiten,
si beide und ouch diu vrouwe riten
vür eine klôsen in eins velses want.
eine kefsen Parzivâl dâ vant,
ein gemâlet sper dâ bî dâ lent.
30 der einsidel der hiez Trevrezent.
269 Parzivâl dô mit triuwen vuor:
er nam daz heilectuom, drûf er swuor.

sus stabete er selbe sînen eit.
er sprach: 'hân ich werdekeit
5 (ich habe si oder enhabe ir niht,
swer mich bî dem schilte siht,
der prüevet mich gein ritterschaft),
des namen ordenlîchiu kraft,
als uns des schildes ammet saget,
10 hât dicke hôhen prîs bejaget:
ez ist ouch noch ein hôher name.
mîn lîp gein werltlîcher schame
immer sî gewenket
und al mîn prîs verkrenket.
15 dirre worte sî mit werken phant
mîn gelücke vor der hœsten hant
(ich hânz dâ vür, die treget got):
nû müeze ich vlüst=clîchen spot
ze beiden lîben immer hân
20 von sîner kraft, ob missetân
disiu vrouwe habe, dô diz geschach,
daz ich ir vürspan von ir brach.
ouch vuorte ich mêr goldes dan.
ich was ein tôr und niht ein man,
25 gewahsen niht bî witzen.
vil weinens, dâ bî switzen
mit jâmer dolte vil ir lîp.
sist benamen ein unschuldec wîp:
dâ enscheide ich ûz niht mêre.
30 des sî phant mîn sælde und êre:
270 ruocht irs, si sol unschuldec sîn.
seht, gebet ir wider ir vingerlîn.
ir vürspan wart sô vertân,
daz es mîn tôrheit danc sol hân.'
5   die gâbe emphienc der degen guot.
dô streich er von dem mundez bluot
und kuste sînes herzen trût.
ouch wart verdecket ir blôziu hût.
Orilus der vürste erkant
10 stiez daz vingerlîn wider an ir hant
und gap ir an sîn kursît:

der was von rîchem phelle wît,
mit heldes hant zehouwen.
ich hân doch selten vróuwen
15 wâpenroc an gesehen tragen,
die wæren in strîte alsus zeslagen:
von ir krîe wart ouch nie turnei
gesameliert noch sper enzwei
gestochen, swâ daz solde sîn.
20 der guote knappe und Lemmekîn
die tjost zesamene trüegen baz.
sus wart diu vrouwe trûrens laz.
   dô sprach der vürste Orilus
aber ze Parzivâle alsus:
25 'helt, dîn unbetwungen eit
gît mir grôz liep und krankez leit.
ich hân schumphentiur gedolt,
diu mir vreude hât erholt:
jâ mac mit êren nû mîn lîp
30 ergetzen diz werde wîp,

271 daz ich si hulde mîn verstiez.
dô ich die süezen eine liez,
waz mohte si, swaz ir geschach?
dô si aber von dîner schœne sprach,
5 ich wânde, dâ wære ein vriuntschaft bî.
nû lône dir got, sist valsches vrî:
ich hân unvuoge an ir getân.
vürz fôreist in Briziljân
reit ich dô in juven bois.'
10 Parzivâl diz sper von Trois
nam und vuortez mit im dan.
des vergaz der wilde Taurian,
Dodines bruoder, dâ.
nû sprechet, wie oder wâ
15 die helde snahtes megen sîn.
helme und ir schilte heten pîn:
die sach man gar verhouwen.
Parzivâl zer vrouwen
nam urloup und zir âmîs.
20 dô ladete in der vürste wîs

mit im an sîne viurstat:
daz half in niht, swie vil ers bat.
aldâ schieden' die helde sich.
   diu âventiur wert mære mich:
25 dô Orilus der vürste erkant
kom, dâ er sîniu poulûn vant
und sîner massenîe ein teil,
daz volc was al gelîche geil,
daz suone was worden schîn
30 gein der sældebernden herzogîn.
272   daz wart niht langer dô gespart,
Orilus entwâpent wart, .
bluot und râm von im er twuoc.
er nam die herzoginne kluoc
5 und vuorte si an die suonstat
und hiez bereiten in zwei bat.
dô lac vrou Jeschûte
al weinde bî ir trûte
vor liebe und doch vor leide niht,
10 als guotem wîbe noch geschiht.
ouch ist genuogen liuten kunt:
weindiu ougen hânt süezen munt.
dâ von ich mêr noch sprechen wil:
grôz liebe ist vreude und jâmers zil.
15 swer von der liebe ir mære
treget ûf den seigære,
ob erz immer wolde wegen,
ez enkan niht ander schanze phlegen.
  dâ ergienc ein suone, des wæne ich.
20 dô vuoren si sunder baden sich.
zwelf klâre juncvrouwen
man mohte bî ir schouwen:
die phlâgen ir. sît si gewan
zorn âne ir schult von liebem man,
25 si hete ie snahtes deckekleit,
swie blôz si bî dem tage reit.
die batten dô mit vreuden sie.
ruochet ir nû hœren wie?
Orilus des innen wart,

30 âventiur von Artûses vart.

273   sus begunde im ein ritter sagen:
'ich sach ûf einen plân geslagen
tûsent poulûn oder mêr.
Artûs der rîche künec hêr,
5 der Berteneise herre,
liget uns hie niht verre
mit wünneclîcher vrouwen schar.
ungevertes ist ein mîle dar.
dâst ouch von rittern grœzlîch schal:
10 bî dem Plimizôl ze tal
ligent si an iewederm stade.'
dô gâhte vaste ûz dem bade
der herzoge Orilus.
Jeschûte und er gewurben sus.
15 diu senfte süeze wol getân
gienc ouch ûz ir bade sân
an sîn bette: dâ wart trûrens rât.
ir lide gedienden bezzer wât,
denne si dâ vor truoc lange.
20 mit nâhem ummevange
behielt ir minne vreuden prîs,
der vürstinne und des vürsten wîs.
juncvrouwen kleiten ir vrouwen sân,
sîn harnas truoc man dar dem man.
25 Jeschûten wât man muoste loben.
vogele gevangen ûf dem kloben
si mit vreuden âzen.
dô si an ir bette sâzen,
vrou Jeschûte etslîchen kus
30 emphienc, den gap ir Orilus.
274   dô zôch man der vrouwen wert
starc wol gênde ein schœne phert,
gesatelt und gezoumet wol.
man huop si drûf, diu rîten sol
5 dannen mit ir küenem man.
sîn ors wart gewâpent sân,
rehte als erz gein strîte reit.
sîn swert, dâ mite er stages streit,

man vorn an den satel hienc.

10 von vuoz ûf gewâpent gienc
Orilus zem orse sîn:
er spranc drûf vor der herzogîn.
Jeschûte und er vuoren dan zehant.
sîne massenîe gein Lalant

15 bat er alle kêren,
wan ein ritter solde in lêren
gein Artûse rîten.
er bat daz volc des bîten.
si kômen Artûs sô nâhen,

20 daz si sîniu poulûn sâhen
vil nâhe ein mîle daz wazzer nider.
der vürste sande den ritter wider,
der in gewîset hete dar:
vrou Jeschûte diu wol gevar

25 was sîn gesinde und niemen mêr.
   der unlôse Artûs niht ze hêr
was gegangen, dô er des âbents gaz,
ûf einen plân: um in dâ saz
diu werde massenîe.

30 Orilus der valsches vrîe
275   kom an den selben rinc geriten.
sîn helm, sîn schilt was sô versniten,
daz niemen dran kôs deheiniu mâl:
die slege vrumte Parzivâl.

5 von dem orse stuont der küene man,
vrou Jeschûte emphienc ez sân:
vil juncherren dar nâher spranc.
um in und um si was grôz gedranc.
si jâhen: 'wir suln der orse phlegen.'

10 Orilus der werde degen
legete schildes schirben ûf daz gras.
nâch ir, durch die er komen was,
begunde er vrâgen al zehant.
vroun Kunnewâren de Lalant

15 zeicte man im, wâ diu saz.
ir site man gein prîse maz.
gewâpent er sô nâhe gienc,

künec und diu künegîn in emphienc:
er dancte in und bôt fîanze sân
20 sîner swester wol getân.
bî den trachen ûf dem kursît
erkande si in wol, wan ein strît.
si sprach: 'dû bist der bruoder mîn.
Orilus oder Lehelîn,
25 ich nim iuwer deweders sicherheit.
ir wârt mir beide ie bereit
ze dienste, als ich iuch gebat:
mir wære ûf den triuwen mat,
solde ich gein iu kriegen
30 und mîn selber zuht betriegen.'

276
der vürste kniete vor der maget.
er sprach: 'dû hâs al wâr gesaget:
ich binz dîn bruoder Orilus.
der rôte ritter twanc mich sus,
5 daz ich dir sicherheit muoz geben:
dâ mite erkoufte ich dô mîn leben.
die emphâch, sô wirt hie gar getân,
als ich gein im gelobet hân.'
dô emphienc si triuwe in wîze hant
10 von im, der truoc den serpant,
und liez in ledec. dô daz geschach,
dô stuont er ûf unde sprach:
'ich sol und muoz durch triuwe klagen.
ouwê, wer hât dich geslagen?
15 dîne slege tuont mir nimmer wol:
wirts zît, daz ich die rechen sol,
ich ginner den, swerz ruochet sehen,
daz mir grôz leit ist dran geschehen.
ouch hilft mirz klagen der küenste man,
20 den muoter ie zer werlt gewan:
der nennet sich der ritter rôt.
her künec, vrou künegîn, er enbôt
iu beiden samt den dienest sîn,
dar zuo benamen der swester mîn:
25 er bitet sîn dienst iuch letzen
und dise maget ir slege ergetzen.

ouch hete ichs dô genozzen
gein dem helde unverdrozzen,
wesse er, wie si mich bestêt
30 und mir ir leit ze herzen gêt.'
277   Keie erwarp dô niuwen haz
von rittern und vrouwen, swer dâ saz
am stade bî dem Plimizôl.
     Gâwân und Jofreit fîz Îdôl
5 und des nôt ir habet gehœret ê,
der gevangene künec Klâmidê,
und anders manec werder man
(ir namen ich wol genennen kan,
wan daz ichz niht wil lengen),
10 die begunden sich dô mengen.
ir dienst mit zühten wart gedolt.
vrou Jeschûte wart geholt
ûf ir pherde, aldâ si saz.
der künec Artûs niht vergaz
15 und ouch diu künegîn, sîn wîp,
si emphiengen Jeschûten lîp.
von vrouwen dâ manec kus geschach.
Artûs ze Jeschûten sprach:
'iuwern vater, den künec von Karnant,
20 Lacken hân ich des erkant,
daz ich iuwern kummer klagete,
sît man mir in zem êrsten sagete.
ouch sît ir selbe sô wol getân,
es solde iuch vriunt erlâzen hân,
25 wan iuwer minneclîcher blic
behielt den prîs ze Kanedic:
durch iuwer schœne mære
beleip iu der sparwære,
iuwer hant er dannen reit.
30 swie mir von Oriluse leit
278   geschæhe, ich engunde iu trûrens niht
noch engetuon, swâz geschiht.
mirst liep, daz ir die hulde hât
und daz ir vrouwenlîche wât
5 traget nâch iuwer grôzen nôt.'

si sprach: 'herre, daz vergelte iu got:
dar an ir hœhet iuwern prîs.'
  Jeschûten und ir âmîs
vrou Kunnewâre de Lalant
10 dannen vuorte sâ zehant
einhalp an des küneges rinc.
über eines brunnen ursprinc
stuont ir poulûn ûf dem plân,
als ez obene ein trache in sînen klân
15 hete des ganzen aphels halben teil.
den trachen zugen vier wintseil,
rehte als er lebendec dâ vlüge
undz poulûn gein den lüften züge.
dâ bî erkandez Orilus,
20 wan sîniu wâpen wâren sus.
er wart entwâpent drunde,
sîn süeziu swester kunde
im bieten êre und gemach.
über al diu massenîe sprach,
25 des rôten ritters ellen
næme den prîs zeinem gesellen:
des jâhen si âne rûnen.
  Keie bat Kingrûnen
Orilus dienen an sîner stat.
30 er kundez wol, den ers dâ bat,
279 wande er hetes vil getân
vor Klâmidê ze Brandigân.
Keie durch daz sîn dienest liez:
unsælde in svürsten swester hiez
5 ze sêre âlûnen mit einem stabe.
durch zuht entweich er dienstes abe:
ouch was diu schulde niht verkorn
von der megede wol geborn.
doch schuof er spîse dar genuoc:
10 Kingrûnz vür Orilusen truoc,
Kunnewâre diu lobes wîse
sneit ir bruoder sîne spîse
mit ir blanken linden hant.
vrou Jeschûte von Karnant

15 mit wîplîchen zühten àz.
   Artûs der künec niht vergaz,
   er enkœme, dâ diu zwei sâzen
   und vriuntlîchen âzen.
   dô sprach er: 'gezt ir hînte übele hie,
20 ez enwart iedoch mîn wille nie:
   ir engesâzt nie über wirtes brôt,
   derz iu mit bezzerm willen bôt
   sô gar âne wankes vâre.
   mîn vrou Kunnewâre,
25 ir sult iuwers bruoder hie wol phlegen.
   guote naht gebe iu der gotes segen.'
   Artûs vuor slâfen dô.
   Oriluse wart gebettet sô,
   dâ sîn vrou Jeschûte phlac
30 geselleclîche unz an den tac.

———————

VI.

280 Welt ir nû hœren, wie Artûs
von Karidôl ûz sînem hûs
und ouch von sînem lande schiet?
als im diu massenîe riet,
5 sus reit er mit den werden
sîns landes und ander erden,
diz mære giht, den ahten tac,
sô daz er suochennes phlac
den, der sich der ritter rôt
10 nande und im solh êre bôt,
daz er in schiet von kummer grôz,
dô er den künec Îthêren schôz
und Klâmidên und Kingrûnen
ouch sande gein den Bertûnen
15 in sînen hof besunder.
über die tavelrunder
wolde er in durch gesellekeit
laden. durch daz er nâch im reit
alsô bescheidenlîche:
20 beide arme und rîche,
die schildes ammet ane want,
lobeten Artûses hant,
swâ si sæhen ritterschaft,
daz si durch ir gelübede kraft
25 deheine tjost entæten,
ez enwære, ob si in bæten,
daz er si lieze strîten.
er jach: 'wir müezen rîten

in manec lant, daz ritters tât
30 uns wol ze gegenstrîte hât:
281   ûf gerihtiu sper wir müezen sehen.
welt ir danne vür ein ander schehen
alsô vreche rüden, den meisters hant
abe stroufet ir bant,
5 dar zuo trage ich niht willen.
ich sol den schal gestillen:
ich hilfe iu, swâs niht rât mac sîn.
des wartet an daz ellen mîn.
dise gelübede habet ir wol vernomen.'
10 welt ir nû hœren, war sî komen
Parzivâl der Wâleis?
von snêwe was ein niuwe leis
des nahtes vaste ûf in gesnît.
ez enwas iedoch niht snêwes zît,
15 ist ez, als ichz vernomen hân.
Artûs der meienbære man,
swaz man ie von dem gesprach,
zeinen phingesten daz geschach
oder in des meien bluomenzît.
20 waz man im süezes luftes gît!
diz mære ist hie vaste undersniten:
ez parrieret sich mit snêwes siten.
sîne valkenære von Karidôl
riten sâbents zuo dem Plimizôl
25 durch beizen, dâ si schaden kurn:
ir besten valken si verlurn,
der gâhte von in balde
und stuont die naht ze walde.
von überkrüphe daz geschach,
30 daz im was von dem luoder gâch.
282   die naht bî Parzivâle er stuont,
dâ in beiden was der walt unkunt
und dâ si beide sêre vrôs.
dô Parzivâl den tac erkôs,
5 im was versnît sîn phades ban:
vil ungevertes reit er dan
über ronen und über manegen stein.

der tac ie lanc hôher schein.
ouch begunde liuhten sich der walt,
10 wan daz ein rone was gevalt
ûf einem plân, zuo dem er sleich
(Artûs valke al mite streich),
dâ wol tûsent gense lâgen.
dâ wart ein michel gâgen:
15 mit hurte vlouc er under sie,
der valke, und sluoc ir eine hie,
daz si im harte kûme enbrast
under des gevallen ronen ast.
an ir hôhem vluge wart ir wê:
20 ûz ir wunden ûf den snê
vielen drî bluotes zeher rôt,
die Parzivâle vuocten nôt.
von sînen triuwen daz geschach.
    dô er die bluotes zeher sach
25 ûf dem snê (der was al wîz),
dô dâhte er: 'wer hât sînen vlîz
gewant an dise varwe klâr?
Kondwîrâmûrs, sich mac vür wâr
disiu varwe dir gelîchen.
30 mich wil got sælden rîchen,
283   sît ich dir hie gelîchez vant.
geêret sî diu gotes hant
und al diu krêatiure sîn.
Kondwîrâmûrs, hie liget dîn schîn,
5 sît der snê dem bluote wîze bôt
und ez den snê sus machet rôt.
Kondwîrâmûrs,
dem gelîchet sich dîn bêâ curs:
des enbistû niht erlâzen.'
10 des heldes ougen mâzen,
als ez dort was ergangen,
zwêne zeher an ir wangen,
den dritten an ir kinne.
er phlac der wâren minne
15 gein ir gar âne wenken.
sus begunde er sich verdenken,

unz daz er unversunnen hielt:
diu starke minne sîn dâ wielt.
solhe nôt vuocte im sîn wîp:
20 dirre varwe truoc gelîchen lîp
von Pelrapeire diu künegin.
diu zucte im wizzenlîchen sin:
sus hielt er, als er sliefe.
    wer dâ zuo zim liefe?

25 Kunnewâren garzûn was gesant
(der solde gegen Lalant),
der sach an den stunden
einen helm mit maneger wunden
und einen schilt gar verhouwen.

30 in dienste des knappen vrouwen
284   dâ hielt gezimiert ein degen,
als er tjostierens wolde phlegen,
geverwet, mit ûf gerihtem sper.
der garzûn huop sich wider her.

5 hete in der knappe erkant enzît,
er wære von im vil unbeschrît,
daz ez sîner vrouwen ritter wære.
als gein einem æhtære
schuphte erz volc hin ûz an in.

10 er wolde im werben ungewin:
sîne kurtôsîe er dran verlôs.
lât wesen: sîn vrouwe was ouch lôs.
solh was des knappen krîe:
    'fîâ fîâ fîe!

15 fî, ir vertânen!
zelnt si Gâwânen
und ander dise ritterschaft
gein werdeclîcher prîses kraft
und Artûsen den Bertûn?'

20 alsus rief der garzûn:
'tavelrunder ist geschant:
iust durch die snüere alhie gerant.'
    dâ wart von rittern grœzlîch schal:
si begunden vrâgen über al,

25 ob ritterschaft dâ wære getân.

dô vrieschen si, daz einec man
dâ hielt zeiner tjost bereit.
genuogen was gelübede leit,
die Artûs von in emphienc.
30 sô balde, daz er niht engienc,
285 beide lief unde spranc
Segremors, der ie nâch strîte ranc.
swâ der vehten wânde vinden,
dâ muoste man in binden
5 oder er wolde dâ mite sîn.
ninder ist sô breit der Rîn,
sæhe er strîten an dem andern stade,
dâ würde wênec nâch dem bade
getast: ez wære warm oder kalt,
10 er viele sus dran, der degen balt.
snellîche kom der jungelinc
ze hove an Artûses rinc.
der werde künec vaste slief:
Segremors im durch die snüere lief,
15 zer poulûns tür dranc er în.
ein declachen zobelîn
zucte er ab in, diu lâgen
und süezes slâfes phlâgen,
sô daz si muosten wachen
20 und sîner unvuoge lachen.
dô sprach er zuo der niftel sîn:
'Ginovêr, vrouwe künegîn,
unser sippe ist des bekant,
man weiz wol über manegiu lant,
25 daz ich genâden warte an dich.
nû hilf mir, vrouwe, unde sprich
gein Artûse, dînem man,
daz ich von im müeze hân
(ein âventiure ist hie bî),
30 daz ich zer tjost der êrste sî.'
286 Artûs ze Segremorse sprach:
'dîn sicherheit mir des verjach,
dû soldes nâch mînem willen varn
und dîn unbescheidenheit bewarn.

5   wirt hie ein tjost von dir getân,
    dar nâch wil manec ander man,
    daz ich in lâze rîten
    und ouch nâch prîse strîten:
    dâ mite krenket sich mîn wer.
10 wir nâhen Amfortases her,
    daz von Munsalvæsche vert
    undz fôreist mit strîte wert:
    sît wir niht wizzen, wâ diu stêt,
    zarbeit ez uns lîhte ergêt.'
15 Ginovêr bat Artûsen sô,
    des Segremors wart al vrô.
        dô si im die âventiure erwarp,
    wan daz er niht vor liebe starp,
    daz ander was dâ gar geschehen.
20 ungerne hete er dô verjehen
    sîns komenden prîses phlihte
    iemen an der geschihte,
    der junge stolze âne bart.
    sîn ors und er gewâpent wart,
25 ûz vuor Segremors rois.
    kalopierende ulter juven bois
    sîn ors über hôhe stûden spranc.
    manec guldîn schelle dran erklanc
    ûf der decke und an dem man.
30 man möhte in wol geworfen hân
287   zem vasân inz dornach:
    swem sîn ze suochen wære gâch,
    der vünde in bî den schellen.
    die kunden lûte hellen.
5   sus vuor der unbescheiden helt
    zuo dem der minne was verselt.
    weder er ensluoc dô noch enstach,
    ê er widersagen hin zim sprach.
    unversunnen hielt dâ Parzivâl.
10 daz vuocten im diu bluotes mâl
    und ouch diu strenge minne,
    diu mir dicke nimt die sinne
    und mir daz herze unsanfte reget.

ach, nôt ein wîp an mich leget:
15 wil si mich alsus twingen
und selten helfe bringen,
ich sol sis underziehen
und von ir trôste vliehen.
nû hœrt ouch von jenen beiden,
20 um ir komen und um ir scheiden.
    Segremors sprach alsô:
'ir gebâret, herre, als ir sît vrô,
daz hie ein künec mit volke liget.
swie unhôhe iuch daz wiget,
25 ir müezet im drum wandel geben
oder ich verliuse mîn leben.
ir sît ûf strît ze nâhe geriten.
doch wil ich iuch durch zuht des biten,
ergebet iuch in mîne gewalt
30 oder ir sît schiere von mir bezalt,
288   daz iuwer vallen rüert den snê.
sô tætet irz baz mit êren ê.'
Parzivâl durch drô niht sprach:
vrou Minne im anders kummers jach.
5 durch tjoste bringen warf sîn ors
von im der küene Segremors.
um wande ouch sich daz kastelân,
dâ Parzivâl der wol getân
unversunnen ûfe saz,
10 sô daz erz bluot übermaz.
sîn sehen wart drabe gekêret.
des wart sîn prîs gemêret:
dô er der zeher niht mêr sach,
vrou Witze im aber sinnes jach.
15   hie kom Segremors rois.
Parzivâl daz sper von Trois,
daz veste und daz zæhe,
von verwen daz wæhe,
als erz vor der klôsen vant,
20 daz begunde er senken mit der hant.
ein tjost emphienc er durch den schilt:
sîn tjost hin wider wart gezilt,

daz Segremors der werde degen
satelrûmens muoste phlegen
25 und daz daz sper doch ganz bestuont.
dâ von im wart gevelle kunt.
Parzivâl reit âne vrâgen,
dâ die bluotes zeher lâgen.
dâ er die mit den ougen vant,
30 vrou Minne in stricte an ir bant:
289   weder er ensprach dô sus noch sô,
wan er schiet von den witzen dô.
Segremors kastelân
huop sich gein sînem barne sân.
5 er muoste ûf durch ruowen stên,
ob er inder wolde gên:
sich legent genuoge durch ruowen nider.
daz habet ir dicke vreischet sider.
waz ruowe kôs er in dem snê?
10 mir tæte ein ligen drinne wê.
der schadehafte erwarp ie spot:
sælden phlihtære dem half got.
daz her lac wol sô nâhen,
daz si Parzivâlen sâhen
15 haben. als im was geschehen,
der minne er muoste ir siges jehen,
diu Salomônen ouch betwanc.
dâ nâch was dô niht ze lanc,
ê Segremors dort zuo zin gienc.
20 swer in hazte oder der in wol emphienc,
den was er al gelîche holt:
sus teilte er bâgens grôzen solt.
er sprach: 'ir habet des vreischet vil,
ritterschaft ist topelspil
25 und daz ein man von tjoste viel.
ez sinket halt ein mers kiel.
lât mich nimmer niht gestrîten,
daz er mîn getorste bîten,
ob er bekande mînen schilt.
30 des hât mich gar an im bevilt,
290   der noch dort ûze tjoste gert.

sîn lîp ist ouch wol prîses wert.'
  Keie der küene man
brâhte diz mære vür den künec sân,
5 Segremors wære gestochen abe
und dort ûze hielde ein strenger knabe,
der gerte tjoste rehte als ê.
er sprach: 'herre, mir tuot immer wê,
sol ers genozzen scheiden hin.
10 ob ich iu sô wirdec bin,
lât mich versuochen, wes er ger,
sît er mit ûf gerihtem sper
dort habet vor iuwerm wîbe.
nimmer ich belîbe
15 in iuwerm dienste mêre:
tavelrunder hât unêre,
ob manz im niht bezîte wert.
ûf unsern prîs sîn ellen zert:
nû gebet mir strîtes urloup.
20 wære wir alle blint oder toup,
ir soldetz im wern: des wære zît.'
Artûs erloupte Keien strît:
gewâpent wart der seneschalt.
dô wolde er swenden den walt
25 mit tjost ûf disen komenden gast.
der truoc der minne grôzen last:
daz vuocte im snê unde bluot.
ez ist sünde, swer im mêr nû tuot:
ouch hâts diu minne kranken prîs.
30 diu stiez ûf in ir krefte rîs.

291
    vrou Minne, wie tuot ir sô,
daz ir den trûregen machet vrô
mit kurze wernder vreude?
ir tuot in schiere teude.
5 wie stêt iu daz, vrou Minne,
daz ir manlîche sinne
und herzehaften hôhen muot
alsus enschumphieren tuot?
daz smæhe und daz werde
10 und swaz ûf der erde

gein iu deheines strîtes phliget,
dem habet ir schiere an gesiget.
wir müezen iuch bî kreften lân
mit rehter wârheit sunder wân.
15 vrou Minne, ir habet ein êre
und wênec deheine mêre:
vrou Liebe iu gît geselleschaft.
anders wære vil dürkel iuwer kraft.
vrou Minne, ir phleget untriuwen:
20 mit alden siten niuwen
ir zucket manegem wîbe ir prîs
und râtet in sippiu âmîs
und daz manec herre an sînem man
von iuwer kraft hât missetân
25 und der vriunt an sînem gesellen
(iuwer site kan sich hellen)
und der man an sînem herren.
vrou Minne, iu solde werren,
daz ir den lîp der gir verwent:
30 dar umme sich diu sêle sent.

292　　vrou minne, sît ir habet gewalt,
daz ir die jugent sus machet alt,
der man doch zelt vil kurziu jâr,
iuwer werc sint hâlscharlîcher vâr.
5　　disiu rede enzæme keinem man,
wan der nie trôst von iu gewan.
hetet ir mir geholfen baz,
mîn lop wære gein iu niht sô laz:
ir habet mir mangel vor gezilt
10 und mîner ougen ecke alsô verspilt,
daz ich iu niht getrûwen mac.
mîn nôt iuch ie vil ringe wac.
doch sît ir mir ze wol geborn,
daz gein iu mîn kranker zorn
15 immer solde bringen wort.
iuwer druc hât sô strengen ort,
ir ladet ûf herze swæren soum.
her Heinrich von Veldeke sînen boum
mit kunst gein iuwerm arte maz:

20 hete er uns dô bescheiden baz,
wie man iuch sül behalden!
er hât her dan gespalden,
wie man iuch sol erwerben.
von tumpheit muoz verderben
25 maneges tôren hôher vunt.
was oder wirt mir daz noch kunt,
daz wîze ich iu, vrou Minne.
ir sît slôz ob dem sinne.
ez enhilfet gein iu schilt noch swert,
30 snel ors, hôch burc mit türnen wert:

293 ir sît gewaldec ob der wer.
beide ûf erde und in dem mer
waz entrinnet iuwerm kriege,
ez vlieze oder vliege?
5 vrou Minne, ir tâtet ouch gewalt,
dô Parzivâl der degen balt
durch iuch von sînen witzen schiet,
als im sîn triuwe dô geriet:
daz werde kiusche klâre wîp
10 sande iuch ze boten an sînen lîp,
roine de Pelrapeire.
Kardeiz fîz Tampenteire,
ir bruoder, nâmt ir ouch sîn leben.
sol man iu solhe zinse geben,
15 wol mich, daz ich von iu niht hân,
ir enwoldet mir bezzer senfte lân.
ich hân geredet unser aller wort:
nû hœrt ouch, wiez ergienge dort.
  Keie der ellens rîche
20 kom gewâpent ritterlîche
ûz, als er strîtes gerte.
ouch, wæne, in strîtes werte
des künec Gahmuretes kint.
swâ twingende vrouwen sint,
25 die suln im heiles wünschen nuo,
wande in brâhte ein wîp dar zuo,
daz minne witze von im spielt.
Keie sîner tjost enthielt,

unz er zem Wâleise sprach:

30 'herre, sît iu sus geschach,

294 daz ir den künec gelastert hât,
welt ir mir volgen, sôst mîn rât
und dunkt mich iuwer bestez heil,
nemt iuch selben an ein brackenseil

5 und lât iuch vür in ziehen.
ir enmeget mir niht entvliehen,
ich bringe iuch doch betwungen dar:
sô nimt man iuwer unsanfte war.'
den Wâleis twanc der minnen kraft

10 swîgens: Keie sînen schaft
ûf zôch und vrumte im einen swanc
anz houbet, daz der helm erklanc.
dô sprach er: 'dû muost wachen.
âne lînlachen

15 wirt dir dîn slâfen hie benant.
ez zilt al anders hie mîn hant:
ûf den snê dû wirst geleget.
der den sac von der mül treget,
wolde man in sô bliuwen,

20 in möhte lazheit riuwen.'
vrou Minne, hie seht ir zuo:
ich wæne, manz iu ze laster tuo,
wan ein gebûr spræche sân:
'mînem herren sî diz getân'.

25 er klagete ouch, möhte er sprechen.
vrou Minne, lât sich rechen
den werden Wâleisen:
wan lieze in iuwer vreise
und iuwer strenge unsüezer last,

30 ich wæne, sich werte dirre gast.

295 Keie hurte vaste an in
und dranc imz ors alumme hin,
unz daz der Wâleis übersach
sîn süeze sûrez ungemach,

5 sîns wîbes gelîchen schîn,
von Pelrapeire der künegîn,
ich meine den geparrierten snê.

dô kom aber vrou Witze als ê,
diu im den sin her wider gap.
10 Keiez ors liez in den walap:
der kom durch tjostieren her.
von rabîne sancten si diu sper.
Keie sîne tjoste brâhte,
als im der ougen mez gedâhte,
15 durch Parzivâles schilt ein venster wît.
im wart vergolten dirre strît:
Keie, Artûs seneschalt,
ze gegentjoste wart gevalt
über den ronen, dâ diu gans entran,
20 sô daz daz ors und der man
liten beidiu samet nôt.
der man wart wunt, daz ors lac tôt.
zwischen dem satelbogen und einem stein
Keien der zeswe arm undz winster bein
25 zebrach von disem gevelle.
surzengel, satel, geschelle
von dirre hurte gar zebrast.
sus galt zwei bliuwen der gast:
daz eine leit ein maget durch in,
30 mit dem andern muoste er selbe sîn.
296 Parzivâl der valscheitswant,
sîn triuwe in lêrte, daz er vant
snêwec bluotes zeher drî,
die in vor witzen machten vrî.
5 sîn pensieren um den grâl
und der künegîn gelîchiu mâl,
iewederz was ein strengiu nôt.
an im wac vür der minnen lôt,
wan trûren unde minne
10 brichet zæhe sinne.
sol diz âventiure sîn?
si möhten beide heizen pîn.
küene liute solden Keien nôt
klagen: sîn manheit im gebôt
15 genendeclîche an manegen strît.
man saget in manegen landen wît,

daz Keie, Artûs seneschalt,
mit siten wære ein ribalt:
des sagent in mîniu mære blôz.
20 er was der werdekeit genôz,
swie kleine ich des die volge hân.
getriuwe und ellenthaft ein man
was Keie: des giht im mîn munt.
ich tuon ouch mêre von im kunt.
25 Artûses hof was ein zil,
dar kom vremder ritter vil,
die werden und die smæhen.
mit siten die wæhen,
swelher partierens phlac,
30 der selbe Keien ringe wac:

297   an swem diu kurtôsîe
und diu werde kumpânîe
lac, den kunde er êren,
sîn dienest gein im kêren.
5 ich gihe von im der mære,
er was ein merkære:
er tet vil rûhes willen schîn.
ze scherme dem herren sîn
partierre unde valsche diet,
10 von den werden er die schiet:
er was ir vuore ein strenger hagel,
noch scherpher dan der bîen ir zagel.
seht, die verkêrten Keien prîs
(der was manlîcher triuwen wîs):
15 vil hazzes er von in gewan.
von Düringen vürste Herman,
etslîch dîn ingesinde ich maz,
daz ûzgesinde hieze baz:
dir wære ouch eins Keien nôt,
20 sît wâriu milte dir gebôt
sô manecvalten anehanc,
etswâ smæhlîch gedranc
und etswâ werdez dringen.
des muoz her Walther singen:
25 'guoten tac, bœse unde guot!'

swâ man solhen sanc nû tuot,
des sint die valschen gêret.
Keie hctes in niht gelêret
noch her Heinrich von Rîspach.
30   hœrt wunders mêr, waz dort geschach
298   ûf dem Plimizôles plân.
Keie wart geholt sân,
in Artûs poulûn getragen.
sîne vriunt begunden in dâ klagen,
5 vil vrouwen unde manec man.
dô kom ouch mîn her Gâwân
über in, dâ Keie lac.
er sprach: 'ouwê, unsælec tac,
daz disiu tjost ie wart getân,
10 dâ von ich vriunt verlorn hân.'
er klagete in senlîche.
Keie der zornes rîche
sprach: 'herre, erbarmet iuch mîn lîp?
sus solden klagen aldiu wîp.
15 ir sît mîns herren swester sun:
möhte ich iu dienest nû getuon,
als iuwer wille gerte!
dô mich got der lide werte,
sô enhât daz mîn hant niht vermiten,
20 si enhabe vil durch iuch gestriten:
ich tæte ouch noch, und solde ez sîn.
nû enklaget niemêr, lât mir den pîn.
iuwer œheim, der künec hêr,
gewinnet nimmer solhen Keien mêr.
25 ir sît mir râche ze wol geborn:
hetet aber ir einen vinger dort verlorn,
dâ wâcte ich gegen mîn houbet.
seht, ob ir mirz geloubet:
kêrt iuch niht an mîn hetzen.
30 er kan unsanfte letzen,
299   der noch dort ûze unvlühtec habet:
weder er enschûftet noch endrabet.
ouch enist hie ninder vrouwen hâr
weder sô mürwe noch sô klâr,

5 ez enwære iedoch ein veste bant
ze wern strîtes iuwer hant.
swelh man tuot solhe diemuot schîn,
der êret ouch die muoter sîn:
vaterhalben solde er ellen hân.
10 kêrt muoterhalp, her Gâwân,
sô werdet ir swertes blicke bleich
und manlîcher herte weich.'
sus was der wol gelobete man
gerant zer blôzen sîten an
15 mit rede: er kunde ir gelten niht,
als wol gezogenem man geschiht,
dem schame versliuzet sînen munt,
daz dem verschamten ist unkunt.
Gâwân ze Keien sprach:
20 'swâ man sluoc oder stach,
swaz des gein mir ist geschehen,
swer mîne varwe wolde spehen,
diu, wæne ich, ie erbliche
von slage oder von stiche.
25 dû zürnes mit mir âne nôt:
ich bin, der dir ie dienest bôt.'
ûz dem poulûn gienc her Gâwân.
sîn ors hiez er bringen sân,
sunder swert und âne sporn
30 saz drûf der degen wol geborn:
300 er kêrte ûz, dâ er den Wâleis vant.
des witze was der minnen phant,
er truoc drî tjoste durch den schilt,
mit heldes handen dar gezilt:
5 ouch hete in Orilus versniten.
sus kom Gâwân zuo zim geriten:
sunder kalopieren
und âne punieren.
er wolde güetlîche ersehen,
10 von wem der strît dâ wære geschehen.
dô sprach er grüezenlîche dar
ze Parzivâl, ders kleine war
nam. daz muoste et alsô sîn:

     dâ tet vrou Minne ir ellen schîn
15 an dem, den Herzeloide bar.
     ungezaltiu sippe in gar
     schiet von den witzen sîn
     und ûf geerbeter pîn
     von vater und von muoter art.
20 der Wâleis wênec innen wart,
     waz mîns herren Gâwânes munt
     mit worten im dâ tæte kunt.
       dô sprach des künec Lôtes sun:
     'herre, ir welt gewalt nû tuon,
25 sît ir mir grüezen widersaget.
     ich enbin doch niht sô gar verzaget,
     ich enbringez an ander vrâge.
     ir habet man und mâge
     und den künec selben entêret,
30 unser laster hie gemêret.
301   des erwirbe ich iu die hulde,
     daz der künec læt die schulde,
     welt ir nâch mînem râte leben,
     geselleschaft mir vür in geben.'
5 des künec Gahmuretes kint,
     dreun und vlêhen was im ein wint.
     der tavelrunder hœster prîs,
     Gâwân was solher nœte al wîs:
     er hete si unsanfte erkant.
10 dô er mit dem mezzer durch die hant
     stach, des twanc in minnen kraft
     und wert wîplîch geselleschaft:
     in schiet von tôde ein künegîn.
     dô der küene Lehelîn
15 mit einer tjoste rîche
     in twanc sô volleclîche,
     diu senfte süeze wol gevar
     ze phande sazte ir houbet dar,
     roine Ingûse de Bahtarliez:
20 alsus diu getriuwe hiez.
     dô dâhte mîn her Gâwân:
     'waz ob diu minne disen man

twinget, als si mich dô twanc,
und sîn getriulîch gedanc
25 der minne muoz ir siges jehen?'
    er marcte des Wâleises sehen,
war stüenden im diu ougen sîn.
eine veilen tuoches von Surîn,
gefurriert mit gelwem zindâl,
30 die swanc er über diu bluotes mâl.

302 dô diu veile wart der zeher dach,
sô daz ir Parzivâl niht sach,
im gap her wider witze sîn
von Pelrapeire diu künegîn:
5 diu behielt iedoch sîn herze dort.
nû ruochet hœren sîniu wort.
er sprach: 'ouwê, vrouwe und wîp,
wer hât benomen mir dînen lîp?
erwarp mit ritterschaft mîn hant
10 dîn werde minne, krône und ein lant?
bin ichz, der dich von Klâmidê
lôste? ich vant ach und ouwê
und siufzec manec herze vrebel
in dîner helfe. ougen nebel
15 hât dich bî liehter sunnen hie
mir benomen, jâ enweiz ich wie.'
er sprach: 'ouwê, war kom mîn sper,
daz ich mit mir brâhte her?'
    dô sprach mîn her Gâwân:
20 'herre, ez ist mit tjost vertân.'
'gein wem?' sprach der degen wert.
'ir enhabet hie schilt noch daz swert:
waz möhte ich prîses an iu bejagen?
doch muoz ich iuwer spotten tragen:
25 ir bietet mirz lîhte her nâch baz.
etswenne ich ouch vor tjost gesaz:
vinde ich nimmer an iu strît,
doch sint diu lant wol sô wît,
ich mac dâ prîs und arbeit holn
30 und beidiu vreude und angest doln.'

303 mîn her Gâwân dô sprach:

'swaz hie mit rede gein iu geschach,
diust lûter unde minneclîch
und niht mit stæter trüebe rîch.
5 ich ger, als ichz gedienen wil.
hie liget ein künec und ritter vil
und manec vrouwe wol gevar:
gcselleschaft gibe ich iu dar,
lât ir mich mit iu rîten.
10 dâ bewar ich iuch vor strîten.'
'iuwer genâde, herre! ir sprechet wol,
daz ich vil gerne dienen sol,
sît ir kumpânîe bietet mir.
nû werst iuwer herre oder ir?'
15 'ich heize herre einen man,
von dem ich manec urbor hân:
ein teil ich der benenne hie.
er was gein mir des willen ie,
daz er mirz ritterlîche bôt.
20 sîne swester hete der künec Lôt,
diu mich zer werlde brâhte.
swes got an mir gedâhte,
daz biutet dienest sîner hant.
der künec Artûs ist er genant.
25 mîn name ist ouch vil unverholn,
an allen steten unverstoln:
liute, die mich erkennent,
Gâwân mich die nennent.
iu dient mîn lîp und der name,
30 welt irz kêren mir von schame.'
304   dô sprach er: 'bistûz Gâwân?
wie kranken prîs ich des hân,
ob dû mirz wol erbiutes hie!
ich hôrte von dir sprechen ie,
5 dû erbiutes ez allen liuten wol.
dîn dienst ich doch emphâhen sol
niwan ûf gegendienstes gelt.
nû sage mir, wes sint diu gezelt,
der dort ist manegez ûf geslagen?
10 liget Artûs dâ, sô muoz ich klagen,

daz ich in niht mit êren mîn
mac gesehen noch die künegîn.
ich sol rechen ê ein bliuwen,
dâ von ich sît mit riuwen
15 vuor von solhen sachen:
ein werdiu maget mir lachen
bôt, die blou der seneschalt
durch mich, daz von ir reis der walt.'
'unsanfte ist daz gerochen'
20 sprach Gâwân: 'imst zebrochen
der zeswe arm undz winster bein.
rît her, schouwe ors und ouch den stein.
hie ligent ouch trunzûne ûf dem snê
dîns spers, nâch dem dû vrâctes ê.'
25 dô Parzivâl die wârheit sach,
dô vrâcte er vürbaz unde sprach:
'diz lâze ich an dich, Gâwân:
ob daz sî der selbe man,
der mir hât laster vor gezilt,
30 sô rîte ich mit dir, swar dû wilt.'
305 'ich enwil gein dir niht liegens phlegen'
sprach Gâwân: 'hiest von tjost gelegen
Segremors, ein strîtes helt,
des tât gein prîse ie was erwelt.
5 dû tætez, ê Keie wart gevalt:
an in beiden hâstû prîs bezalt.'
si riten mit ein ander dan,
der Wâleis und Gâwân.
vil volkes zorse und ze vuoz
10 dort inne bôt in werden gruoz,
Gâwâne und dem ritter rôt,
wande in ir zuht daz gebôt.
Gâwân kêrte, dâ er sîn poulûn vant:
vroun Kunnewâren de Lalant
15 ir snüere unz an die sîne gienc.
diu wart vil vrô, mit vreude emphienc
diu maget ir ritter, der si rach,
daz ir von Keien ê geschach.
si nam ir bruoder an die hant

20 und vroun Jeschûten von Karnant:
sus sach si komen Parzivâl.
der was gevar durch îsers mâl,
als touwege rôsen wæren dar gevlogen.
im was sîn harnas abe gezogen.
25 er spranc ûf, dô er die vrouwen sach.
nû hœrt, wie Kunnewâre sprach:
'got alrêst, dar nâch mir
weset willekomen, sît daz ir
belibet bî manlîchen siten.
30 ich hete lachen gar vermiten,
306   unz iuch mîn herze erkande,
dô mich an vreuden phande
Keie, der mich dô sô sluoc.
daz habet gerochen ir genuoc:
5 ich kuste iuch, wære ich kusses wert.'
'des hete ich hiute sân gegert'
sprach Parzivâl, 'getorste ich sô,
wande ich bin iuwers emphâhens vrô.'
si kusten unde sâzen nider.
10   eine juncvrouwen si sande wider
und hiez ir bringen rîchiu kleit,
diu wâren gesniten al gereit
ûz phelle von Nînivê:
si solde der künec Klâmidê,
15 ir gevangen, hân getragen.
diu maget si brâhte und begunde klagen,
der mantel wære âne snuor.
Kunnewâre sus gevuor:
von blanker sîte ein snüerelîn
20 si zucte und zôch ez im dar în.
mit urloube er sich dô twuoc
den râm von im: der junge truoc
bî rôtem munde liehtez vel.
gekleidet wart der degen snel:
25 dô was er fier unde klâr.
swer in sach, der jach vür wâr,
er wære geblüemet vür alle man.
diz lop sîn varwe muoste hân.

Parzivâl stuont wol sîn wât.

30 einen grüenen smârât

307 spien si im vür sîn houbetloch.
Kunnewâre gap im mêr dennoch,
einen tiuren gürtel fier:
mit edeln steinen manec tier
5 muoste ûzen ûf dem borten sîn,
diu rinke was ein rubîn.
wie was der junge âne bart
geschicket, dô er gegürtet wart?
diz mære giht, wol genuoc.
10 daz volc im holdez herze truoc:
swer in sach, man oder wîp,
die heten wert sînen lîp.
　　der künec messe hete gehôrt:
man sach Artûsen komen dort
15 mit der tavelrunder diet.
der neheiner valscheit nie geriet,
die heten alle ê vernomen,
der rôte ritter wære komen
in Gâwânes poulûn.
20 dar kom Artûs der Bertûn.
der zeblûwen Antanor
spranc dem künege allez vor,
unz er den Wâleis ersach.
den vrâcte er: 'sît irz, der mich rach
25 und Kunnewâren de Lalant?
vil prîses giht man iuwer hant:
Keie hât verphendet.
sîn dreun ist nû gelendet,
ich vürhte wênec sînen swanc:
30 der zeswe arm ist im ze kranc.'

308 　　dô truoc der junge Parzivâl
âne vlügel engels mâl,
sus geblüet ûf der erden.
Artûs mit den werden
5 emphienc in minneclîche.
guotes willen wâren rîche
alle, die in gesâhen dâ.

ir herzen volge sprach in jâ,
gein sînem lobe sprach niemen nein:
10 sô rehte minneclîche er schein.
Artûs sprach zem Wâleis sân:
'ir habet mir liep und leit getân:
doch habet ir mir der êre
brâht und gesendet mêre,
15 denne ich ir ie von manne emphienc.
dâ engein mîn dienst noch kleine gienc,
hetet ir prîses niemêr getân,
wan daz diu herzogîn sol hân,
vrou Jeschûte, die hulde.
20 ouch wære iu Keien schulde
gewandelt und gerochen,
hete ich iuch ê gesprochen.'
Artûs sagete im, wes er bat,
war um er an die selben stat
25 und ouch mêr landes was geriten.
si begunden in dô alle biten,
daz er gelobete sunder
den von der tavelrunder
sîn ritterlîch gesellekeit.
30 im was ir bete niht ze leit:
309   ouch mohte ers sîn von schulden vrô.
Parzivâl si werte dô.
   nû râtet, hœret unde jeht,
ob tavelrunder mege ir reht
5 des tages behalden, wande ir phlac
Artûs, bî dem ein site lac:
nehein ritter vor im az
des tages, swenne âventiur vergaz,
daz si sînen hof vermeit.
10 imst âventiure nû bereit:
daz lop muoste tavelrunder hân.
swie si wære dâ ze Nantes lân,
man sprach ir reht ûf bluomen velt:
dâ enirte stûde noch gezelt.
15 der künec Artûs daz gebôt
zêren dem ritter rôt:

sus nam sîn werdekeit dâ lôn.
ein phelle von Akratôn,
ûz heidenschefte verre brâht,
20 wart zeinem zil aldâ gedâht,
niht breit, sinewel gesniten:
al nâch tavelrunder siten
(wande in ir zuht des verjach)
nâch gegenstuole dâ niemen sprach,
25 diu gesiz wâren al gelîche hêr.
der künec Artûs gebôt in mêr,
daz man werde ritter und werde vrouwen
an dem ringe müeste schouwen,
die man dâ gein prîse maz.
30 maget, wîp und man ze hove dô az.
310   dô kom vrou Ginôvêr dar
mit maneger vrouwen lieht gevar,
mit ir manec edel vürstîn:
die truogen minneclîchen schîn.
5 ouch was der rinc genomen sô wît,
daz âne gedrenge und âne strît
manec vrouwe bî ir âmîs saz.
Artûs der valsches laz
brâhte den Wâleis an der hant,
10 vrou Kunnewâre de Lalant
gienc im anderhalben bî:
diu was dô trûrens worden vrî.
Artûs an den Wâleis sach.
nû sult ir hœren, wie er sprach:
15 'ich wil iuwern klâren lîp
lâzen küssen mîn aldez wîp:
des endorftet ir doch hie niemen biten,
sît ir von Pelrapeire geriten,
wan dâst des kusses hœstez zil.
20 eins dinges ich iuch biten wil:
kom ich immer in iuwer hûs,
gelt disen kus' sprach Artûs.
'ich tuon, swes ir mich bitet, dâ'
sprach der Wâleis 'und ouch anderswâ.'
25 ein lützel gein im si dô gienc,

diu künegîn in mit kusse emphienc.
'nû verkiuse ich hie mit triuwen'
sprach si, 'daz ir mit riuwen
mich liezt: die hetet ir mir gegeben,
30 dô ir rois Îthêr nâmt sîn leben.'
311 von der suone wurden naz
der künegîn ougen umme daz,
wande Îthêrs tôt tet wîben wê.
  man sazte den künec Klâmidê
5 an daz uover zuo dem Plimizôl,
bî dem saz Jofreit fîz Îdôl,
zwischen Klâmidê und Gâwân
der Wâleis sitzen muoste hân,
als mir diu âventiure maz.
10 an disem ringe niemen saz,
der muoter brust ie gesouc,
des werdekeit sô lützel trouc,
wan kraft mit jugent wol gevar
der Wâleis mit im brâhte dar.
15 swer in ze rehte wolde spehen,
sô hât sich manec vrouwe ersehen
in trüeber glase, denne wære sîn munt.
ich tuon iu von sînem velle kunt.
an dem kinne und an den wangen
20 sîn varwe zeiner zangen
wære guot: si möhte stæte haben,
diu den zwîvel wol hin dan kan schaben.
ich meine wîp, die wenkent
und ir vriuntschaft überdenkent.
25 sîn glast was wîbes stæte ein bant:
ir zwîvel gar gein im verswant,
ir sehen in mit triuwe emphienc,
durch diu ougen in ir herze er gienc.
man und wîp im wâren holt:
30 sus hete er werdekeit gedolt
312 unz ûf daz siufzebære zil.
  hie kom, von der ich sprechen wil,
ein maget gein triuwen wol gelobet,
wan daz ir zuht was vertobet.

16*

5 ir mære tet vil liuten leit.
nû hœrt, wie diu juncvrouwe reit
einen mûl hôch als ein kastelân,
val und dennoch sus getân,
nassnitec und verbrant,
10 als ungerschiu marc erkant.
ir zoum und ir gereite
was geworht mit arbeite,
tiure unde rîche.
ir mûl gienc volleclîche,
15 si was niht vrouwenlîche var.
wê, waz solde ir komen dar?
si kom iedoch: daz muoste et sîn.
Artûs her si brâhte pîn.
der megede ir kunst des verjach,
20 alle sprâche si wol sprach,
latîn, heidensch, franzois.
si was der witze kurtois,
dîaletike und jêometrî,
ir wâren ouch die liste bî
25 von astronomîe.
si hiez Kundrîe,
surziere was ir zuoname.
in dem munde niht diu lame
(wan der geredete ir genuoc),
30 vil hôher vreude si nider sluoc.

313   diu maget witze rîche
was gevar den ungelîche,
die man dâ heizet bêâ schent.
ein brûtlachen von Gent,
5 noch blâwer denne ein lasûr,
hete an geleget der vreuden schûr:
daz was ein kappe wol gesniten
al nâch der Franzoiser siten.
drunde an ir lîp was phelle guot.
10 von Lunders ein phæwîn huot,
gefurriert mit einem blîalt
(der huot was niuwe, diu snuor niht alt),
der hienc ir an dem rücke.

ir mære was ein brücke:
15 über vreude ez jâmer truoc.
　si zucte in schimphes dâ genuoc.
　　über den huot ein zoph ir swanc
　unz ûf den mûl: der was sô lanc,
　swarz, herte und niht ze klâr,
20 linde als eins swînes rückehâr.
　si was genaset als ein hunt,
　zwêne ebers zene ir vür den munt
　giengen wol spannen lanc,
　ietweder wintbrâ sich dranc
25 mit zöphen vür die hâres snuor.
　mîn zuht mit wârheit missevuor,
　daz ich sus muoz von vrouwen sagen:
　nehein anderiu darf ez von mir klagen.
　Kundrîe truoc ôren als ein ber:
30 niht nâch vriundes minne ger,
314　rûch was ir antlitze erkant.
　einen geisel si vuorte in der hant,
　dem wâren die swenkel sîdîn
　und der stil ein rubîn.
5 gevar als eines affen hût
　truoc hende diz gæbe trût.
　die nagele wâren niht ze lieht,
　wan mir diu âventiure giht,
　si stüenden als eins lewen klân.
10 nâch ir minne was selten tjost getân.
　　sus kom geriten in den rinc
　trûrens urhap, vreuden twinc.
　si kêrte, aldâ si den wirt vant.
　vrou Kunnewâre de Lalant
15 az mit Artûse,
　diu künegîn von Jamfûse
　mit vroun Ginovêren az.
　Artûs der künec schône saz.
　Kundrîe hielt vür den Bertenois,
20 si sprach hin zim en franzois
　(ob ichz iu tiuschen sagen sol,
　mir tuont ir mære niht ze wol):

'fil li roi Utepandragûn,
dich selben und manegen Bertûn
25 hât dîn gewerp alhie geschant.
die besten über elliu lant
sæzen hie mit werdekeit,
wan daz ein galle ir prîs versneit:
tavelrunder ist entnihtet,
30 der valsch hât dran gephlihtet.

315 künec Artûs, dû stüende ze lobe
hôhe dînen genôzen obe:
dîn stîgender prîs nû sinket,
dîn snelliu wirde hinket,
5 dîn hôhez lop sich neiget,
dîn prîs hât valsch erzeiget.
tavelrunder prîses kraft
hât erlemt ein geselleschaft,
die drüber gap her Parzivâl.
10 der ouch dort treget diu ritters mâl,
ir nennet in der ritter rôt
nâch dem, der lac vor Nantes tôt:
ungelîch ir zweier leben was,
wan munt von ritter nie gelas,
15 der phlæge sô ganzer werdekeit.'
von dem künege si vür den Wâleis reit.
si sprach: 'ir tuot mir site buoz,
daz ich versage mînen gruoz
Artûse und der massenîe sîn.
20 gunêrt sî iuwer liehter schîn
und iuwer manlîchen lide.
hete ich suone oder vride,
diu wæren iu beidiu tiure.
ich dunke iuch ungehiure
25 und bin gehiurer doch danne ir.
her Parzivâl, wan saget ir mir
und bescheidet mich einer mære,
dô der trûrege vischære
saz âne vreude und âne trôst,
30 war um ir in niht siufzens hât erlôst?

316 er truoc iu vür den jâmers last:

ir vil ungetriuwer gast,
sîn nôt iuch solde erbarmet hân.
daz iu der munt noch werde wan,
5 ich meine der zungen drinne,
als iuz herze ist rehter sinne!
gein der helle ir sît benant
ze himele vor der hœsten hant:
alsô sît ir ûf der erden.
10 versinnent sich die werden,
ir heiles ban, ir sælden vluoch,
des ganzen prîses reht unruoch,
ir sît manlîcher êren schiech
und an der werdekeit sô siech,
15 nehein arzet mac iuch des ernern.
ich wil ûf iuwerm houpte swern,
gît mir iemen des den eit,
daz grœzer valsch nie wart bereit
neheinem alsô schœnem man.
20 ir vederangel, ir nâtern zan,
iu gap iedoch der wirt ein swert,
des iuwer wirde wart nie wert:
dâ erwarp iu swîgen sünden zil.
ir sît der hellehirten spil,
25 gunêrter lîp, her Parzivâl!
ir sâht ouch vür iuch tragen den grâl
und snîdende silber und bluotec sper.
ir vreuden letze, ir trûrens wer,
wære ze Munsalvæsche iu vrâgen mite!
30 in heidenschaft ze Tabronite
317   diu stat hât erden wunsches solt:
hie hete iu vrâgen mêr erholt.
jenes landes künegîn
Feirefîz Anschevîn
5 mit herter ritterschefte erwarp.
an dem diu manheit niht verdarp,
die iuwer beider vater truoc,
iuwer bruoder wunders phliget genuoc:
jâst beidiu swarz unde blanc
10 der künegîn sun von Zazamanc.

nû denke ich aber an Gahmureten:
des herze ie valsches was erjeten,
von Anschouwe iuwer vater hiez,
der iu ander erbe liez,
15 denne als ir habet geworben.
an prîse ir sît verdorben:
hete iuwer muoter ie missetân,
sô solde ichz dâ vür gerne hân,
ir möhtet ir sun niht gesîn.
20 nein, si lêrte ir triuwe pîn:
geloupt von ir guoter mære
und daz iuwer vater wære
manlîcher triuwe wîse
und wîtvengec hôher prîse.
25 er kunde wol mit schallen.
grôz herze und kleine gallen,
dar obe was sîn brust ein dach.
er was riuse und vengec vach:
sîn manlîchez ellen
30 kunde den prîs wol gestellen.

318   nûst iuwer prîs ze valsche komen.
ouwê, daz ie wart vernomen
von mir, daz Herzeloiden barn
an prîse hât sus missevarn!'
5   Kundrîe was selbe sorgens phant:
al weinde si die hende want,
daz manec zaher den andern sluoc.
grôz jâmer si ûz ir ougen truoc:
die maget lêrte ir triuwe
10 wol klagen ir herzen riuwe.
wider vür den wirt si kêrte,
ir mære si dâ gemêrte.
si sprach: 'ist hie kein ritter wert,
des ellen prîses hât gegert
15 und dar zuo hôher minne?
ich weiz vier küneginne
und vier hundert juncvrouwen,
die man gerne möhte schouwen:
ze Schastel Marveile die sint.

20 al âventiure ist ein wint,
   wan die man dâ bezaln mac,
   hôher minne wert bejac.
   al habe ich der reise pîn,
   ich wil doch hînte drûfe sîn.'
25 diu maget trûrec, niht gemeit,
   âne urloup dannen reit,
   al weinde si dicke wider sach.
   nû hœrt, wie si ze jungest sprach:
   'ei Munsalvæsche, jâmers zil!
30 wê, daz dich niemen trœsten wil!'

319   Kundrîe la surziere,
   diu unsüeze und doch diu fiere,
   den Wâleis si beswæret hât.
   waz half in küenes herzen rât
 5 und wâriu zuht bî manheit?
   und dennoch mêr im was bereit
   schame ob allen sînen siten:
   den rehten valsch hete er vermiten,
   wan schame gît prîs ze lône
10 und ist doch der sêle krône,
   schame ist ob siten ein güebet uop.
   Kunnewâre daz êrste weinen huop,
   daz Parzivâl den degen balt
   Kundrîe surziere sus beschalt,
15 ein alsô wunderlîch geschaf.
   herzen jâmer ougen saf
   gap maneger werden vrouwen:
   die man weinde muoste schouwen,
   Kundrîe was ir trûrens wer.
20   diu reit enwec: nû reit dort her
   ein ritter, der truoc hôhen muot.
   al sîn harnas was sô guot
   von den vuozen unz an shouptes dach,
   daz mans vür grôze koste jach:
25 sîn zimierde was rîche.
   gewâpent ritterlîche
   was des ors und sîn selbes lîp.
   nû vant er maget, man und wîp

trûrec an dem ringe hie.
30 dâ reit er zuo, nû hœret wie:
320 sîn muot stuont hôch, doch jâmers vol.
die beide schanze ich nennen sol:
hôchvart riet sîn manheit,
jâmer lêrte in herzenleit.
5 er reit ûzen zuo dem ringe.
ob man in dâ iht dringe?
vil knappen spranc dar nâher sân.
dô emphiengen si den werden man:
sîn schilt und er wâren unbekant.
10 den helm er niht von im bant:
der vreuden ellende
truoc daz swert in sîner hende,
bedecket mit der scheiden.
dô vrâcte er nâch in beiden:
15 'wâst Artûs und Gâwân?'
juncherren zeicten im die sân.
sus gienc er durch den rinc wît.
tiure was sîn kursît,
mit liehtem phelle wol gevar.
20 vür den wirt des ringes schar
stuont er unde sprach alsus:
'got halde den künec Artus,
dar zuo vrouwen unde man!
swaz ich der hie gesehen hân,
25 den biute ich dienestlîchen gruoz.
wan einem tuot mîn dienest buoz,
im enwirt mîn dienest nimmer schîn.
ich wil bî sînem hazze sîn:
swaz hazzes er geleisten mac,
30 mîn haz im biutet hazzes slac.
321 ich sol doch nennen, wer der sî.
ach ich armman und ouwî,
daz er mîn herze ie sus versneit!
mîn jâmer ist von im ze breit.
5 daz ist hie her Gâwân.
der dicke prîs hât getân
und hôhe werdekeit bezalt,

unprîs sîn hete aldâ gewalt,
dô in sîn gir dar zuo vertruoc,
10 im gruoze er mînen herren sluoc.
ein kus, den Jûdas teilte,
im solhen willen veilte:
ez tuot manec tûsent herzen wê.
daz strenge mortlîche rê
15 an mînem herren ist getân.
lougent des her Gâwân,
des antwurte ûf kamphes slac
von hiute über den vierzegesten tac
vor dem künege von Askalûn
20 in der hôhen stat ze Schamphanzûn.
ich lade in kamphlîche dar
gein mir ze komen in kamphes vâr.
kan sîn lîp des niht verzagen,
er enwelle dâ schildes ammet tragen,
25 sô mane ich in dennoch mêre
bî des helmes êre
und durch ritter ordenlîchez leben:
dem sint zwuo rîche urbor gegeben,
rehtiu schame und werdiu triuwe
30 gebent prîs alt und niuwe.
322 her Gâwân sol sich niht verschemen,
ob er geselleschaft wil nemen
ob der tavelrunder.
diu dort stêt besunder,
5 der reht wære gebrochen sân,
sæze drobe ein triuwenlôser man.
ich enbin her niht durch schelten komen:
geloubet, sît irz habet vernomen,
ich vorder kamph vür schelten,
10 der niht wan tôt sol gelten
oder leben mit êren,
swenz wil diu sælde lêren.'
der künec swîcte und was unvrô,
doch antwurte er der rede alsô:
15 'herre, erst mîner swester sun:
wære Gâwân tôt, ich wolde tuon

den kamph, ê sîn gebeine
læge triuwenlôs unreine.
wil gelücke, iu sol Gâwânes hant
20 mit kamphe tuon daz wol bekant,
daz sîn lîp mit triuwen vert
und sich des valsches hât erwert.
habe iu anders iemen leit
getân, sô enmachet niht sô breit
25 sîn laster âne schulde:
wan erwirbet er iuwer hulde,
sô daz sîn lîp unschuldec ist,
ir habet in dirre kurzen vrist
von im gesaget, daz iuwern prîs
30 krenket, sint die liute wîs.'

323   Bêâkurs der stolze man,
des bruoder was her Gâwân,
der spranc ûf und sprach zehant:
'herre, ich sol dâ wesen phant.
5 swar Gâwâne ist der kamph geleget.
sîn velschen mich unsanfte reget.
welt irs niht erlâzen in,
habet iuch an mich: sîn phant ich bin,
ich sol vür in ze kamphe stên.
10 ez mac mit rede niht ergên,
daz hôher prîs geneiget sî,
der Gâwâne ist ledeclîche bî.'
er kêrte, aldâ sîn bruoder saz:
vuozvallens er dâ niht vergaz.
15 den bat er sus, nû hœret wie:
'gedenke, bruoder, daz dû ie
mir hülfe grôzer werdekeit.
lâ mich vür dîn arbeit
ein kamphlîchez gîsel wesen.
20 ob ich in kamphe sol genesen,
des hâstû immer êre.'
er bat in vürbaz mêre
durch bruoderlîchen ritters prîs.
Gâwân sprach: 'ich bin sô wîs,
25 daz ich dich, bruoder, niht gewer

dîner bruoderlîchen ger.
ich enweiz, war um ich strîten sol.
ouch entuot mir strîten niht sô wol:
ungerne wolde ich dir versagen,
30 wan daz ichz laster müeste tragen.'
324 Bêâkurs al vaste bat,
der gast stuont an sîner stat.
   er sprach: 'mir biutet kamph ein man,
des ich neheine künde hân:
5 ich enhân ouch niht ze sprechen dar.
starc, küene, wol gevar,
getriuwe unde rîche,
hât er diu vollelîche,
er mac borgen deste baz.
10 ich entrage gein im deheinen haz:
er was mîn herre und mîn mâc,
durch den ich hebe disen bâc.
unser veter gebruoder hiezen,
die nihts ein ander liezen.
15 nehein man gekrœnet wart
nie, ich enhete im vollen art
mit kamphe rede ze bieten,
mich râche gein im nieten.
ich bin ein vürste ûz Askalûn,
20 der lantgrâve von Schamphanzûn,
und heize Kingrimursel.
ist her Gâwân lobes snel,
der mac sich anders niht entsagen,
er enmüeze kamph dâ gein mir tragen.
25 ouch gibe ich im vride über al daz lant,
niwan von mîn eines hant:
mit triuwen ich vride geheize
ûzerhalp des kamphes kreize.
got hüete al der ich lâze hie,
30 wan eines, er weiz wol selbe wie.'
325 sus schiet der wol gelobete man
von dem Plimizôles plân.
   dô Kingrimursel wart genant,
ohteiz, dô wart er schiere erkant:

5 werden virregen prîs
  hete an im der vürste wîs.
  si jâhen, daz her Gâwân
  des kamphes sorge müeste hân
  gein sîner wâren manheit,
10 des vürsten, der dâ von in reit.
  ouch wande manegen trûrens nôt,
  daz man im dâ niht êre bôt:
  dar wâren solhiu mære komen,
  als ir wol ê hât vernomen,
15 die lîhte erwanden einen gast,
  daz wirtes gruozes im gebrast.
    von Kundrîen man ouch innen wart
  Parzivâles namen und sîner art,
  daz in gebar ein künegîn
20 und wie die erwarp der Anschevîn.
  maneger sprach: 'vil wol ichz weiz,
  daz er si vor Kanvoleiz
  gediende hurteclîche
  mit manegem poinder rîche
25 und daz sîn ellen unverzaget
  erwarp die sældebæren maget.
  Amphlîse diu gehêrte
  ouch Gahmureten lêrte,
  dâ von der helt wart kurtois.
30 nû sol ein ieslîch Bertenois

326   sich vreun, daz uns der helt ist komen,
  dâ prîs mit wârheit ist vernomen
  an im und ouch an Gahmurete.
  reht werdekeit was sîn gewete.'
5   Artûses her was an dem tage
  komen vreude unde klage:
  ein solh geparriertez leben
  was den helden dâ gegeben.
  si stuonden ûf über al:
10 dâ was trûren âne zal.
  ouch giengen die werden sân,
  dâ Parzivâl und Gâwân
  bî ein ander stuonden:

si trôsten si, als si kunden.
15 Klâmidên den wol geborn
dûhte, er hete mêr verlorn
dan iemen, der dâ möhte sîn,
und daz ze scharph wære sîn pîn.
er sprach ze Parzivâle:
20 'wært ir bî dem grâle,
sô muoz ich sprechen âne spot,
in heidenschaft Tribalibot,
dar zuo daz gebirge in Kaukasas,
swaz munt von rîcheit ie gelas
25 und des grâles werdekeit,
die envergülten niht mîn herzeleit,
daz ich vor Pelrapeire gewan.
ach, ich arm unsælec man!
mich schiet von vreuden iuwer hant.
30 hiest vrou Kunnewâre de Lalant:
327   ouch wil diu edele vürstîn
sô verre ziuwerm gebote sîn,
daz ir diu niemen dienen lât.
swie vil si dienestgeltes hât,
5 si möhte iedoch erlangen,
daz ich bin ir gevangen
alsus lange hie gewesen.
ob ich an vreuden sol genesen,
sô helft mir, daz si êre sich,
10 sô daz ir minne ergetze mich
ein teil, des ich von iu verlôs.
dâ mich der vreuden zil verkôs,
ich hetez behalten wol, wan ir.
nû helfet dirre megede mir.'
15 'daz tuon ich' sprach der Wâleis.
'ist si bete volge kurteis,
ich ergetze iuch gerne, wan sist doch mîn,
durch die ir welt bî sorgen sîn.
ich meine, diu treit den bêâ curs,
20 Kondwîren âmûrs.'
von Jamfûse diu heidenîn,
Artûs und daz wîp sîn

und Kunnewâre de Lalant
und vrou Jeschûte von Karnant,
25 die giengen dâ durch trœsten zuo.
waz welt ir, daz man mêr nû tuo?
Kunnewâren si gâben Klâmidê,
wan dem was nâch ir minne wê.
sînen lîp gap er ir ze lône
30 und ir houbet eine krône.

328   dâz diu von Jamfûse sach,
diu heidenîn zem Wâleis sprach:
'Kundrîe nande uns einen man,
des ich iu wol ze bruoder gan:
5 des kraft ist wît unde breit.
zweier krône rîcheit
stêt vorhteclîche in sîner phlege
ûf dem wazzer und der erden wege:
Azagouc und Zazamanc.
10 diu lant sint kreftec, ninder kranc.
sînem rîchtuom gelîchet niht
âne den bâruc, swâ mans giht,
und âne Tribalibot.
man betet in an als einen got:
15 sîn vel hât vil spæhen glast.
erst aller mannes varwe ein gast:
wîz und swarz ist er erkant.
ich vuor dâ her durch ein sîn lant.
er wolde gerne erwendet hân
20 mîn vart, die ich dâ her hân getân:
daz warp er, dô enmohter.
sîner muoter muomen tohter
bin ich: er ist ein künec hêr.
ich sage iu von im wunders mêr:
25 niemen gesaz von sîner tjost,
sîn prîs hât vil hôhe kost,
sô milter lîp gesouc nie brust,
sîn site ist valscheite vlust,
Feirefîz Anschevîn,
30 des tât durch wîp kan lîden pîn.

329   swie vremde ez mir hie wære,

ich kom ouch her durch mære
und zerkennen âventiure.
nû liget diu hœste stiure
5 an iu, des al getouftiu diet
mit prîse sich von laster schiet,
sol guot gebærde iuch helfen iht,
uud daz man iu mit wârheit giht
liehter varwe und manlîcher site.
10 kraft mit jugende vert dâ mite.'
diu rîche wîse heidenin
hete an künste den gewin,
daz si wol redete franzeis.
    dô antwurte ir der Wâleis.
15 solh was sîn rede wider sie:
'got lône iu, vrouwe, daz ir hie
mir gebet sô güetlîchen trôst.
ich enbin doch trûrens niht erlôst
und wil iuch des bescheiden.
20 ich enmac es sô niht geleiden,
als ez mir leide kündet,
daz sich nû maneger sündet
an mir, der niht weiz mîner klage,
und ich dâ bî sîn spotten trage.
25 ich enwil deheiner vreude jehen,
ich enmüeze alrêst den grâl gesehen,
diu wîle sî kurz oder lanc.
mich jaget des endes mîn gedanc:
dâ von gescheide ich nimmer
30 mînes lebens immer.
330   sol ich durch mîner zuht gebot
hœren nû der werlde spot,
sô mac sîn râten niht sîn ganz:
mir riet der werde Gurnemanz,
5 daz ich vrevellîche vrâge mite
und immer gein unvuoge strite.
vil werder ritter sihe ich hie:
durch iuwer zuht nû rât mir wie,
daz ich iuwern hulden næhe mich.
10 ez ist ein strenge scherph gerich

gein mir mit worten hie getân:
swes hulde ich drum verlorn hân,
daz wil ich wênec wîzen im.
swenne ich her nâch prîs genim,
15 sô habet mich aber denne dar nâch.
mir ist ze scheiden von iu gâch.
ir gâbt mir alle geselleschaft,
die wîle ich stuont in prîses kraft:
der sît nû ledec, unz ich bezal,
20 dâ von mîn grüeniu vreude ist val.
mîn sol grôz jâmer alsô phlegen,
daz herze gebe den ougen regen,
sît ich ûf Munsalvæsche liez,
daz mich von wâren vreuden stiez,
25 ohteiz, wie manege klâre maget!
swaz iemen wunders hât gesaget,
dennoch phliget es mêr der grâl.
der wirt hât siufzebæren twâl:
ei helfelôser Amfortas,
30 waz half dich, daz ich bî dir was?'

331   si enmugen niht langer hie gestên:
ez muoz nû an ein scheiden gên.
dô sprach der Wâleise
z Artûse dem Berteneise
5 und zen rittern und zen vrouwen,
er wolde ir urloup schouwen
und mit ir hulden vernemen.
des mohte et niemen dâ gezemen,
daz er sô trûrec von in reit.
10 ich wæne, daz was in allen leit.
Artûs lobete im an die hant,
kœme immer in solhe nôt sîn lant,
als ez von Klâmidê gewan,
des lasters wolde er phlihte hân;
15 im wære ouch leit, daz Lehelîn
im næme zwuo rîche krônen sîn.
vil dienstes im dâ maneger bôt:
den helt treip von in trûrens nôt.
vrou Kunnewâre diu klâre maget

20 nam den helt unverzaget
 mit ir hant und vuorte in dan.
 dô kuste in mîn her Gâwân.
 dô sprach der manlîche
 ze dem helde ellens rîche:
25 'ich weiz wol, vriunt, daz dîn vart
 gein strîtes reise ist ungespart:
 dâ gebe dir got gelücke zuo
 und helfe ouch mir, daz ich getuo
 dir noch den dienst, als ich kan gern.
30 des müeze mich sîn kraft gewern.'

332 der Wâleis sprach: 'wê, waz ist got?
 wære der gewaldec, solhen spot
 hete er uns beiden niht gegeben.
 kunde got mit kreften leben,
5 ich was im dienstes undertân,
 sît ich genâden mich versan:
 nû wil ich im dienest widersagen.
 hât er haz, den wil ich tragen.
 vriunt, an dînes kamphes zît
10 dâ neme ein wîp vür dich den strît:
 diu müeze ziehen dîne hant.
 an der dû kiusche hâs bekant
 und wîplîche güete,
 ir minne dich dâ behüete.
15 ich enweiz, wenne ich dich mêr gesehe:
 mîn wünschen sus an dir geschehe.'
 ir scheiden gap in trûren
 ze strengen nâchgebûren.
  vrou Kunnewâre de Lalant
20 in vuorte, dâ si ir poulûn vant:
 sîn harnas hiez si bringen dar,
 ir linden hende wol gevar
 wâpenden Gahmuretes sun.
 si sprach: 'ich solz von rehte tuon,
25 sît der künec von Brandigân
 von iuwern schulden mich wil hân.
 grôz kummer iuwer werdekeit
 gît mir siufzebærez leit.

17*

swenne ir sît trûrens niht erwert,

30 iuwer sorge mîne vreude zert.'

333   nû was sîn ors verdecket,
sîn selbes nôt erwecket.
ouch hete der degen wol getân
lieht wîz îserharnas an,

5 tiure âne aller slahte getroc:
sîn kursît, sîn wâpenroc
was gehêret mit gesteine.
sînen helm al eine
hete er niht ûf gebunden:

10 dô kuste er an den stunden
Kunnewâren die klâren maget.
alsus wart mir von ir gesaget:
dâ ergienc ein trûrec scheiden.
von den gelieben beiden

15 hin reit Gahmuretes kint.
    swaz âventiure gesprochen sint,
die endarf hie niemen mezzen zuo,
ir enhœrt alrêst, waz er nû tuo,
war er kêre und war er var.

20 swer den lîp gein ritterschefte spar,
der endenke die wîle niht an in,
ob ez im rætet stolzer sin.
Kondwîrâmûrs,
dîn minneclîcher bêâ curs,

25 an den wirt dicke nû gedâht.
waz dir wirt âventiure brâht!
schildes ammet um den grâl
wirt nû vil güebet sunder twâl
von im, den Herzeloide bar.

30 er was ouch ganerbe dar.

334   dô vuor der massenîe vil
gein dem arbeitlîchen zil,
ein âventiur ze schouwen,
dâ vier hundert juncvrouwen

5 und vier küneginne
gevangen wâren inne,
ze Schastel Marveile.

swaz in dâ wart ze teile,
daz haben âne mînen haz:
10 ich bin doch vrouwen lônes laz.
dô sprach der Krieche Klîas:
'ich bin, der dâ versûmet was.'
(vor in allen er des jach)
'der turkoite mich dâ stach
15 hinderz ors: ich muoz mich schamen.
doch sagete er mir vier vrouwen namen,
die dâ krônebære sint.
zwuo sint alt, zwuo sint noch kint:
der heizet einiu Itonjê,
20 diu ander heizet Kundrîe,
diu dritte Arnîve,
diu vierde Sangîve.'
daz wolde ieslîcher dâ besehen.
ez enmohte ir reise niht volspehen:
25 si muosten schaden dâ bejagen.
den sol ouch ich ze mâzen klagen,
wan swer durch wîp hât arbeit,
daz gît im vreude, etswenne ouch leit
an dem orte vürbaz wiget.
30 sus dicke minne ir lônes phliget.

335   dô bereite ouch sich her Gâwân
als ein kamphbære man
hin vür den künec von Askalûn.
des trûrte manec Bertûn
5 und manec wîp unde maget:
herzenlîche wart geklaget
von in sîn strîtes reise.
der werdekeit ein weise
wart nû diu tavelrunder.
10 Gâwân maz besunder,
wâ mite er möhte wol gesigen.
alt herte schilte wol gedigen
(er enruochte, wie si wâren gevar:
die brâhten koufliute dar
15 ûf ir soumen, doch niht veile),
der wurden im drî ze teile.

dô erwarp der mære strîtes helt
siben ors ze kamphe erwelt.
ze sînen vriunden er dô nam
20 zwelf scherphiu sper von Angram,
starke rœrîne schefte drîn
von Oraste Gentesîn
ûz einem heidenschen muor.
Gâwân nam urloup unde vuor
25 mit unverzageter manheit.
Artûs was im vil bereit:
er gap im rîcher koste solt,
lieht gesteine und rôtez golt
und silbers manegen stærlinc.
30 gein sorgen wielzen sîniu dinc.

336   Ekubâ diu junge
vuor gein ir schiffunge,
ich meine die rîchen heidenin.
dô kêrte manegen ende hin
5 daz volc von dem Plimizôl:
Artûs vuor gein Karidôl,
Kunnewâre und Klâmidê
die nâmen ouch sînen urloup ê.
Orilus der vürste erkant
10 und vrou Jeschûte von Karnant
die nâmen ouch sînen urloup sân,
doch beliben si ûf dem plân
bî Klâmidê den dritten tac,
wande er der brûtloufte phlac
15 niht mit benander hôchgezît:
si wart dâ heime grœzer sît,
wande im sîn milte daz geriet.
vil ritter, kummerhaftiu diet,
beleip in Klâmidês schar
20 und ouch daz varnde volc vil gar:
die vuorte er heim ze lande.
mit êren âne schande
wart in geteilet dâ sîn habe,
mit valsche niht gewîset abe.
25 dô vuor vrou Jeschûte

mit Orilus, ir trûte,
durch Klâmidên ze Brandigân:
daz wart zeinen êren getân
vroun Kunnewâren der künegîn.
30 dâ krônte man die swester sîn.

337   Nû weiz ich, swelh sinnec wîp,
ob si hât getriuwen lîp,
diu diz mære geschriben siht,
daz si mir mit wârheit giht,
5 ich kunde wîben sprechen baz,
denne als ich sanc gein einer maz.
diu künegîn Belakâne
was missewenden âne
und aller valscheite laz,
10 dô si ein tôter künec besaz.
sît gap vroun Herzeloiden troum
siufzebæren herzeroum.
welh was vroun Ginovêren klage
an Îthêres endetage!
15 dar zuo was mir ein trûren leit,
daz alsô schamelîchen reit
des küneges kint von Karnant,
vrou Jeschûte von kiusche erkant.
wie wart vrou Kunnewâre
20 gâlûnet mit ir hâre!
des sint si vaste wider komen:
ir beider schame hât prîs genomen.
   ze machen neme diz mære ein man,
der âventiure prüeven kan
25 und rîme künne sprechen,
beidiu samenen und zebrechen.
ich tætez iu gerne vürbaz kunt,
woldez gebieten mir ein munt,
den doch ander vüeze tragent,
30 denne die mir ze stegereifen wagent.

Druckfehler.

Druck von Ehrhardt Karras, Halle a. S.